戦国の肥前と
龍造寺隆信

川副義敦

宮帯出版社

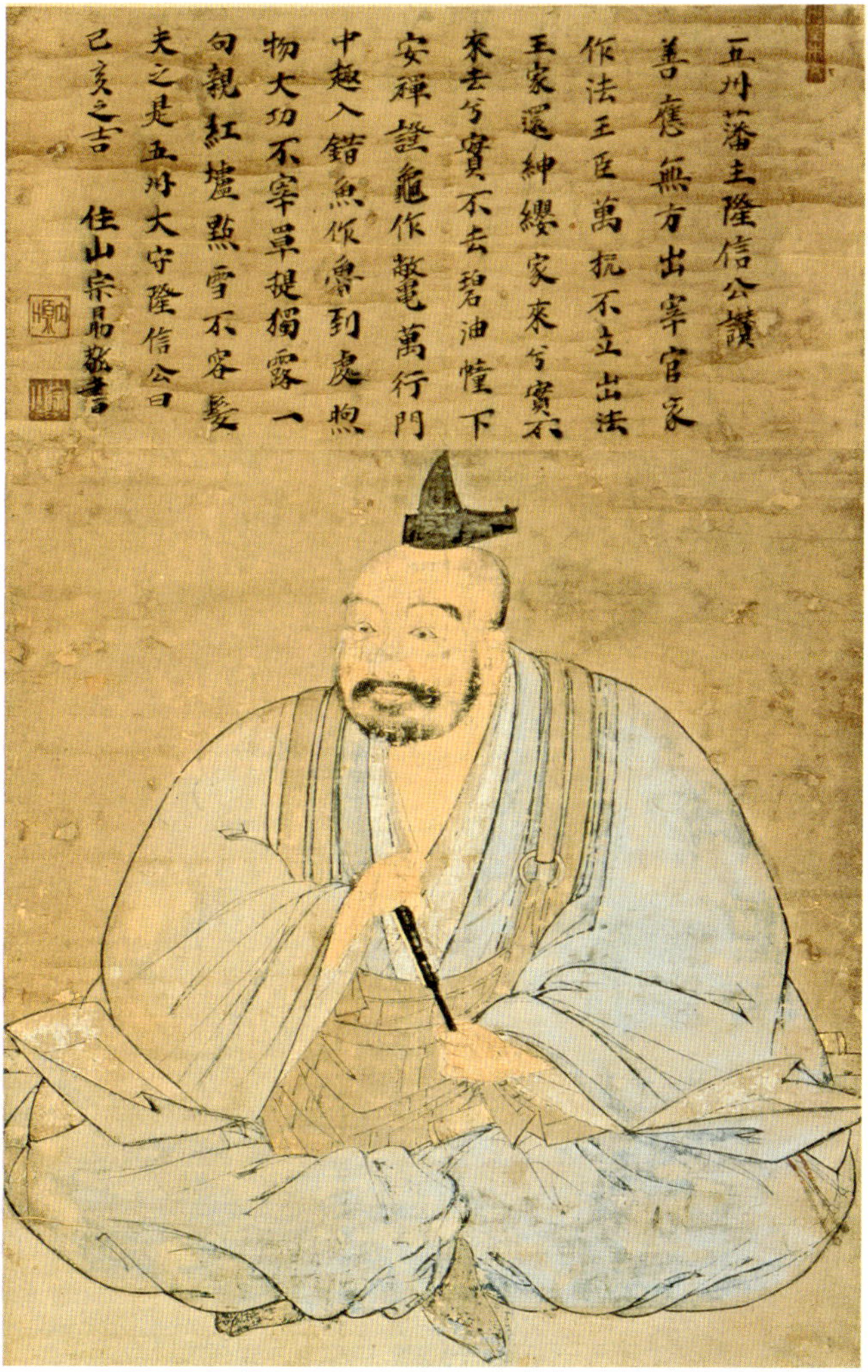

龍造寺隆信像

（宗昜賛、宗龍寺蔵、佐賀県立博物館寄託、佐賀県指定重要文化財）

没後まもなく制作されたと思われる袈裟姿の隆信像。「大肥満の大将」（『九州治乱記』）を彷彿とさせるユーモラスな作品。賛は後世に継ぎ足したもので、隆信自身の偈を着賛している。

龍造寺隆信佩刀（長巻なおし） **折返銘「正平十□肥州末貞」**（公益財団法人鍋島報效会蔵、佐賀県指定重要文化財）
鍛造が正平十年とすれば、一三五五年。南北朝時代前期の作である。刀工の末貞は、塚崎荘（現在の武雄市）に住したといわれる。

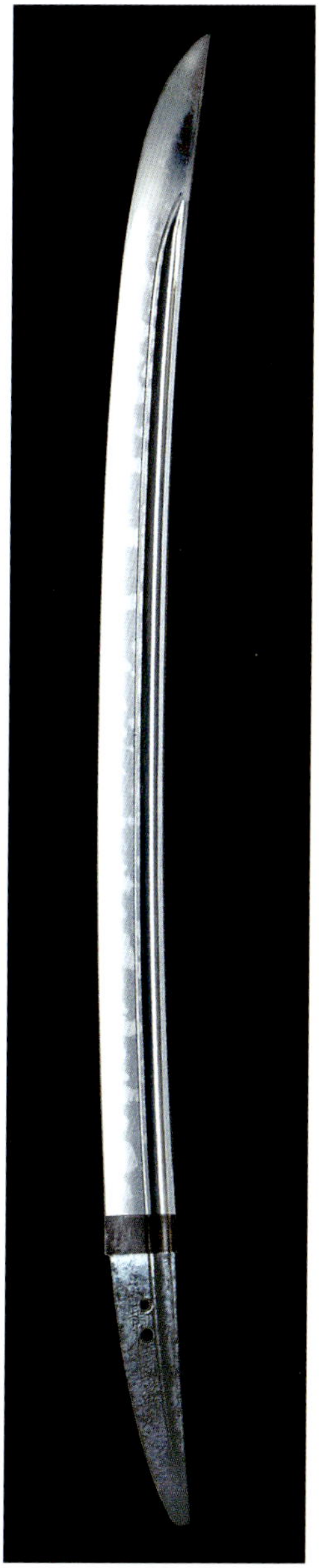

龍造寺隆信（沖田畷の戦い）**佩刀 脇差 銘「相州住国次作 永正十一年二月」**（佐賀県立博物館蔵、川上久堅氏寄贈）

沖田畷の戦いで、島津家家臣の川上忠堅（左京亮）が隆信を討った時に分捕った脇差。現代まで忠堅の子孫に受け継がれ、平成二十年に佐賀県に寄贈された。

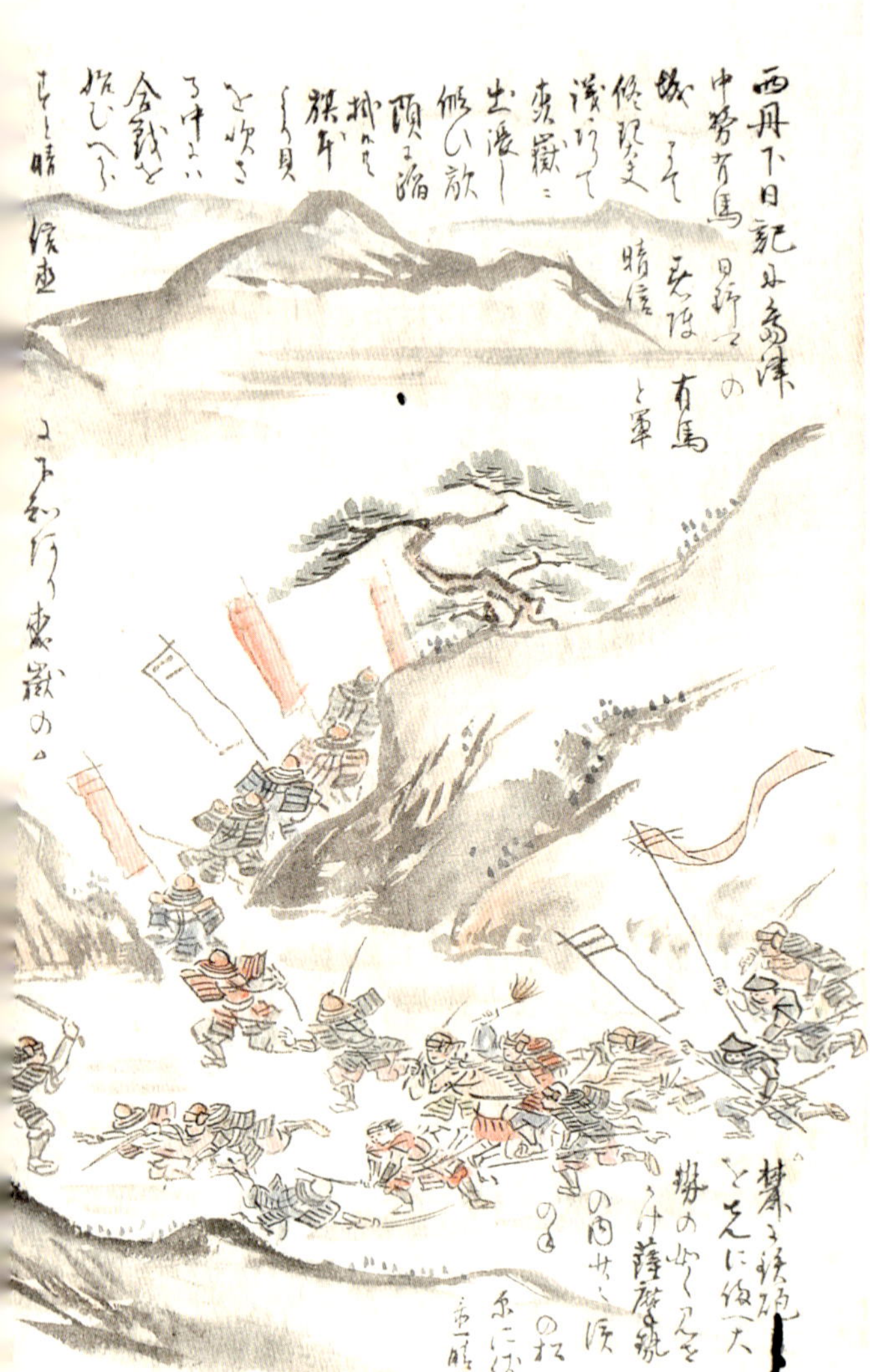

西丹下日記に、島津中務（家久）、有馬日野郷の城まで着陣、有馬修理大夫晴信と軍議ありて、森嶽に出張し候ひ、敵頭に蹈掛候共、旗本より貝を吹さる中には合戦を始むべからずと、晴信直に下知あり。森嶽の麓に鉄砲を先に備へ、大勢の如く見せかけ、薩摩勢の内、廿之濱の手の松原に伏置、晴信は森岳に備へ、三月四日未明、隆信、森嶽まで攻来る。其間、廿四五間と成、弓鉄砲せり合、森嶽より相図の貝を吹と戦ひを始め、松原の薩摩勢突ひて出て森嶽より横鎗に突かかり、中務、人数も相掛ニ候に付、敵陣乱れ立を、安留越中、船十三艘より鉄砲烟敷打立候故、隆信、終ニ敗軍となる。

『倭文麻環《しずのおだまき》』沖田畷の戦いを描いた部分①（尚古集成館蔵）

島津家久と有馬晴信が軍議で決めた作戦、すなわち龍造寺軍を山の麓で迎え撃ちながら、松原に伏せておいた兵が横から攻撃する場面が描かれている。

豊久、十五歳先陣に進んで大に隆信勢と戦ふ。

『倭文麻環』沖田畷の戦いを描いた部分②（尚古集成館蔵）
15歳の島津豊久が先陣を切って龍造寺軍と戦っている。

龍造寺隆信木像(上) **龍造寺信周木像**(右) **龍造寺高房木像**(左)(法泉寺蔵)

天正８年(1580)、隆信は須古城に隠居した。須古城にほど近い法泉寺は隆信を中興開基とし、これらの木像を収蔵している。信周は、隆信の弟で、近世佐賀藩須古邑(領)の邑祖である。

はじめに

戦国時代後期、九州内の版図を三分する勢力に成長したのが肥前の龍造寺氏である。九州三強のなかで、豊後の大友氏と薩摩の島津氏がともに鎌倉時代以来の守護としての権力基盤を背景に、室町時代には守護大名から戦国大名へと安定的に成長を遂げたのに対して、戦国肥前の覇者となる龍造寺氏の出自には不明な点が多い。一般の見解に従えば、鎌倉時代の小地頭クラスの土豪が次第に成長して一大勢力を形成し戦国大名に発展したものと考えられている。

その龍造寺氏のなかでも、特記すべきはやはり、その絶頂期を「五州二島の太守」と謳われた龍造寺隆信である。

龍造寺隆信は、享禄二（一五二九）年に、龍造寺氏の支城である水ケ江《みずがえ》城東館《じょうひがしんたち》天神屋敷（現在、佐賀市中《なか》の館町《たてまち》）の水ケ江龍造寺家で周家《かねいえ》と慶誾《けいぎん》夫人の間に生まれた。幼名は長法師丸《ちょうほうしまる》を名乗り、容貌雄偉《ようぼうゆうい》、眼光炯々《がんこうけいけい》であったと伝えられる。幼い頃より聡明で、「一子出家すれば、九族天《きゅうぞく》に生ずるの果《か》を得べし（祖先にまで魂が通じて大人物となる）」との教えに倣《なら》い、天文四（一五三五）年、七歳の時、水ヶ江城に近い宝琳院《ほうりんいん》に入り出家し、円月《えんげつ》と号して禅僧としての修行をはじめた。

ところが、天文十四（一五四五）年に龍造寺一族の大半が謀殺されるという大事件が起こり、一族存亡の危機の中で青年期を迎えた円月は急遽還俗《げんぞく》し、天文十七（一五四八）年に龍造寺家の総領となったのである。天文十九（一五五〇）年には諱《いみな》も隆信と改めた。戦国武将龍造寺隆信の出発点である。

その後、家臣の謀反のため、一時的に筑後への退去を余儀なくされるなどの不遇にも見舞われ、また、鎌倉時代以来の北部九州の名族少弐《しょうに》氏や佐嘉郡北部山内《さんない》を支配する神代《くましろ》氏、あるいは周辺勢力との絶え間ない抗争、豊後の大友氏の侵攻などに悩みながらも、まさしく東奔西走し、次第に肥前を代表する戦国大名としての地歩を固めていった。

とくに、北部九州の戦国史にその名をのこす元亀元（一五七〇）年の今山の合戦で、肥前支配の野望に燃える大友宗麟《そうりん》指揮下の六万からなる軍勢による佐嘉城包囲網を、隆信の家臣鍋島信昌《のぶまさ》（のちの直茂）の奇襲で駆逐したことは、『歴代鎮西志』に「隆信の猛威ここに始まり」と記述されるように、龍造寺隆信の勢力拡大の契機となったと伝わる。

その後、隆信は、周辺諸国に兵を進め、天正九(一五八一)年ごろには、周辺五ヶ国と壱岐・対馬に支配の領域を及ぼし、「五州二島の太守」の名を残すほどになった。『歴代鎮西要略』は、「隆信を五州太守と呼ぶは、けだし此時の事也」として「其の旗下に属し、其の指揮に従う兵馬二十万騎に及ぶ」と記されるほどの威勢を振るい、「是に於て島津・大友・龍造寺、鎮西を三分する」と九州三強の戦国大名に成長したとしている。

一方、当時、北部九州地方に一大勢力を形成しつつあった大村・有馬・大友氏らキリシタン大名やキリスト教の信徒集団とことごとく敵対したことから、ポルトガルのイエズス会宣教師ルイス＝フロイスはその著『日本史』の中で、龍造寺隆信を「キリシタン宗団の大敵、かつ暴君であり、その上、迫害者」と、悪魔の如く非難し、また恐怖した。

だが、その隆信も、描かれたほとんどの肖像画がそうであるように、晩年には戦国乱世を生きる武将としての気持ちが弛緩《しかん》したのか、「大肥満の大将」と呼ばれるほどの巨漢となったという。そして天正十二(一五八四)年、六人担ぎの駕籠《かご》に乗せられ出陣した沖田《おきた》畷《なわて》の戦場で非業《ひごう》の死を遂げることになるのである。

本著は、肥前に生まれ、戦国大名として成長を遂げた龍造寺隆信の生涯を中心に、北部九州の戦国史を記述した。龍造寺前史としてその発展の基礎を築いたというべき曽祖父家兼の威徳、また、隆信の最強の家来であり義理の弟となる鍋島信昌（佐賀藩祖鍋島直茂）の活躍、あるいは気丈な性格で佐賀の賢婦人の代表格というべき隆信の母慶誾の逸話などにも興味を抱いていただけるだろうか。

本著では、『龍造寺記』『普聞集』『藤龍家譜』など龍造寺氏に関わる基本史書に加え、九州戦国史を読み解くうえで貴重な軍記物である『九州治乱記（北肥戦誌）』『歴代鎮西志』『肥陽軍記』など、いずれも江戸時代に成立した史書を多く参考にして記述した。これらの諸本については、成立の時期からも、史実としての信憑性《しんぴょうせい》が不鮮明であることは論を要しない。しかし、いずれも実際の史料を織り込みながら、戦国乱世の時代を実に詳細に、そしてダイナミックに描き出しており、読み手に興味をつきさせることがない。

それぞれの史書の躍動感・臨場感・緊迫感を、どこまで引き出し、反映させることができたかははなはだ疑問だが、戦国を駆け、戦国の世をもがきながら、まさしく死闘に明け暮れた戦国人龍造寺隆信の生涯の史伝として、読み進めていただければと思う。

二〇一七年十二月

著者　識

戦国の肥前と龍造寺隆信

目次

第一章　龍造寺氏のおこり

１ 龍造寺氏の出自

龍造寺氏については通常、肥前国佐嘉《さか》郡にあった甘南備峰城《かんなびのみねじょう》［佐賀県佐賀市大和町久池井字城山］城主高木氏の二男南次郎季家《すえいえ》を始祖（初代）とし、季家が同郡南部の龍造寺村［佐賀市城内一丁目］に居住したため、龍造寺を称するようになったと伝えられる。しかし、甘南備峰城は、季家以後の築城と思われ、季家はもとは高木の館《たち》（別名、高木城）に居住していたとするのが妥当と考えられる。

龍造寺氏の家系は、季家以前は明らかでないが、『鍋島始龍造寺略御系図』等は季家の前を季喜《すえよし》とし、季家を「実ハ高木季経（綱ヵ）の男南次郎」としているため、季家は高木氏からの養子ということになる。

その先祖について、同系図には、平将門の乱を平定したことで有名な藤原秀郷（別称・俵藤太）の後裔《こうえい》で、五代後の佐藤公清の子季清《すえきよ》が、久寿元（一一五四）年、監使となり肥前国に下向したとする。この監使という官職名は不詳だが、監督の臨時官という意味ではないだろうか。また、佐藤季清は、そのとき、子季喜を同伴し、佐嘉郡小津《おづ》東郷龍造寺村に居住したとされている。

そのころ九州では、源為朝《ためとも》が猛威を振るっていた。源為朝は、「鎮西《ちんぜい》八郎為朝」と称された勇者で、「力、人を凌ぐ」とさえ言われ、父為義もてあまし、九州に追放されていた。だが、為朝は自ら「九州総追捕使」を名乗り、肥後の阿蘇（曽）平四郎時国の後援を得て九州全域に力を及ぼしたため、朝廷は彼を追討しようと、季清父子を九州に送ったのである。

『龍造寺記』にも記載があるが、ここには「志を得ずして肥前の国に下向す」として、さらに「為朝、勅を承けて肥後の逆徒を退治し、東肥前に城を築く。その地を呼んで屋形原《やかたばる》［佐賀県三養基《みやき》郡上峰《かみみね》町堤屋形原］と云ふ。別館は高木村［佐賀市高木瀬町高木］に有り、藤原季喜、同季次等相従ふて功あり、湯浴《とうよく》の地を賜はる。その地は佐嘉郡小津の東郷［佐賀市中心部］にあり、季喜・季次《すえつぐ》の名、今尚存す」とあって、季喜・季次の名（地名）が今なお残っていると記している。「湯浴の地」とは領地のことで、季喜が賜った土地はのちに「季喜（末吉）名」と呼ばれ、後世「水ケ江」［佐賀市水ケ江］と呼ばれるようになった。また、季次はのちの「末次」［佐賀市本庄町末次］である。

季清・季喜について、諸史によれば、一つには「監使となって肥前に下向」とあり、また、一つには「志を得ずして肥前の国に下向す」「為朝、勅を承けて」「藤原季喜、同季次等相従ふて功あり」とあるなど、それぞれの記述に齟齬《そご》がみられる。

ともかくも、龍造寺氏について記述される諸本を要約すれば、源為朝が九州で勢力を張っている時、藤原秀郷の末裔である佐藤季清が、その子季喜とともに佐嘉郡に下向し龍造寺村に住み、その村号を家号として、高木氏の二男季家を季喜の養子にしたということになろう。高木氏は、『歴代鎮西要略』に「河上之宮司職」と記される一族で、「河上の宮司」とは、與止日女《よどひめ》（与止日女）神社［佐賀市大和町川上］の大宮司である。後世、高木氏の一族国分氏は、氏神高城寺《こうじょうじ》［佐賀市大和町久池井《くちい》］を與止日女神社に近い甘南備峰の麓《ふもと》に創始し、その南に氏神春日神社を祀って拝殿を甘南備神社と共通にした。そして甘南備峰城を構えたとされる。

以上が、龍造寺氏について伝えられるところだが、あくまでも史書に見る龍造寺氏の系譜であり、近年の考察では、佐嘉郡内に蟠踞《ばんきょ》した土豪が武士化し勢力を得て成長したものとする見方が一般的である。

2 龍造寺の名と館

ところで、一族が姓とした「龍造寺」という名については、一族が居住した場所の地名に由来するものであるが、次のような地名伝説が残る。

それは、かつて日本武尊《やまとたけるのみこと》が乗船した龍艦がこの地に着岸したため、「龍艚島《りゅうぞうじま》」と名付けたというもので、さらにこの地に平安時代中期以降ごろ、「龍造寺」という名の寺院が置かれたことに由来すると『藤龍家譜』にある。

龍造寺氏の館の位置は、『歴代鎮西志』には、諫早《いさはや》屋敷（近世佐賀藩家老諫早氏の上屋敷）の場所とされており、現在の佐賀県立佐賀西高等学校［佐賀市城内一丁目］の敷地の南から西にあたる一帯で、平成二十一～二十二（二〇〇九～一〇）年には、この地で発掘調査も実施された。当時から、武士の館は、防備を施していたため「城」と呼ばれており、つまり、この地が「龍造寺城」であった。

十六世紀半ばごろの龍造寺の位置は、江戸中期成立の『葉隠聞書《はかくれききがき》』（通称『葉隠』）にも、「其所《その》は唯今《ただいま》の御城の西北に懸かり、寺の旧跡は、当時鍋島能登殿屋敷の東北」と記され、龍造寺館の北隣にあったと思われる。だが、天文十七（一五四八）年、龍造寺胤栄《たねみつ》が、この隆造寺を城外北方の白山《しらやま》に移したと伝えられ、俗に「高寺《たかでら》」と呼ばれて、今日にいたっている。

また、龍造寺八幡宮は、季家の子季益《すえます》の時、建久年間（一一九〇〜九九）に鎌倉の鶴岡八幡宮を城内に勧請して龍造寺八幡宮としたもので、その位置は、『葉隠聞書』では「龍造寺の西脇」と記されており、館の北隣であった。勧請の年代についても、文治三（一一八七）年とする説もあるが、寛文四（一六六四）年に龍造寺の支流である多《た》久《く》茂辰《しげとき》が古老に尋ねて書いた『龍造寺八幡宮文書』（第二次世界大戦中に散逸）には、建久年間の勧請とされていたという。龍造寺八幡宮もまた、龍造寺同様、天文十七年、龍造寺胤栄によって城外北方の白山の龍造寺の西隣の地に移されたと伝えられ、さらに明治三十二（一八九九）年ごろ、道路新設のため、旧長崎街道南の現在地へ移されたのである。

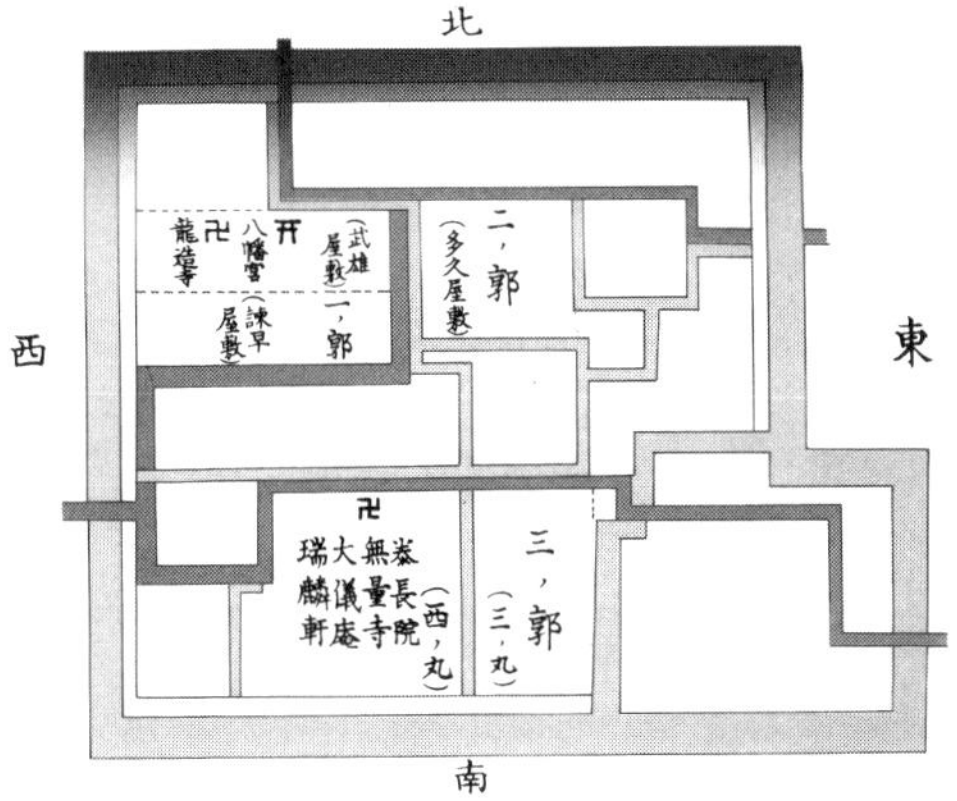

村中城図（『佐賀市史』上巻 1945年） 本来は鍋島家に原本があったと推測されるが、現在は所在が確認できない。

3　龍造寺の家紋

龍造寺の家紋は、「十二日足紋《じゅうにひあしもん》」を用いている。日輪を象《かたど》った円に光芒《こうぼう》が脛《すね》のような形で十二本付いており、神を意味するとされる。

『歴代鎮西志』に、「龍造寺家の紋は日に光《ひあし》なり。略家伝に曰く、往昔《おうせき》、先祖初めて下る時、夢に旭日《きょくじつ》の光晃曜《こうよう》として身を照らす。覚めて見るに、旭日東に映じて光《ひかり》身に徹す。宛《あたか》も

高寺（龍造寺）（佐賀市白山町）もと龍造寺館の北隣にあったが、天文17年に、龍造寺胤栄によって現在地に移築されたと伝えられる。

龍造寺八幡宮（佐賀市白山町）龍造寺季益が建久年間に鎌倉の鶴ヶ岡八幡宮を勧請して建立し、明治時代に現在の場所に移された。

龍造寺家家紋　十二日足紋

見る所の夢の如くなり。是に於いて、其の晃曜を尽くし、旗に著《あらわ》す。向ふ所利《り》を得、処《お》る所運開く、爾来永《じらいなが》く流《つた》へて家文《かもん》となす。所謂日光文是《いわゆるひあしのもんこれ》なり。総領家《そうりょうけ》には十二日光《ひあし》を、庶子には十一日光、若《も》しくは十日光を以てす。数多きは長棟。数少なきは末流。当家の嫡庶分《ちゃくしょわか》つこと斯《かく》の如《ごと》し」とある。総領とは一族の長、すなわち本家で、庶子とは分家をさすものである。

4　龍造寺氏の発展

前掲系図によれば、龍造寺季喜は龍造寺村居住ののち、隠居して鳥羽法皇のために鹿路山《ろくろさん》「佐賀県神埼《かんざき》市脊振《せふり》町鹿路」に庵を結び念仏三昧《ざんまい》を修した。「その地を鳥羽院山と称し、遺跡猶存ず」とされる。この地は、後世訛《なま》って「とばえ」というようになった。

また、後鳥羽上皇が隠岐島に配流された時、行在所《あんざいしょ》のあった苅田郷の領主西川家房が自分の領地の神埼郡絹巻《きぬまき》里「神埼市脊振町鹿路鳥羽院」に上皇を移し、上皇はこの地で崩御し、そのため、この地を鳥羽院《とばいん》と称したという伝説も残る。この脊振町鹿路に季喜の墓

龍造寺氏略系図

○数字は家督代数　△は養子　＊は同一人物

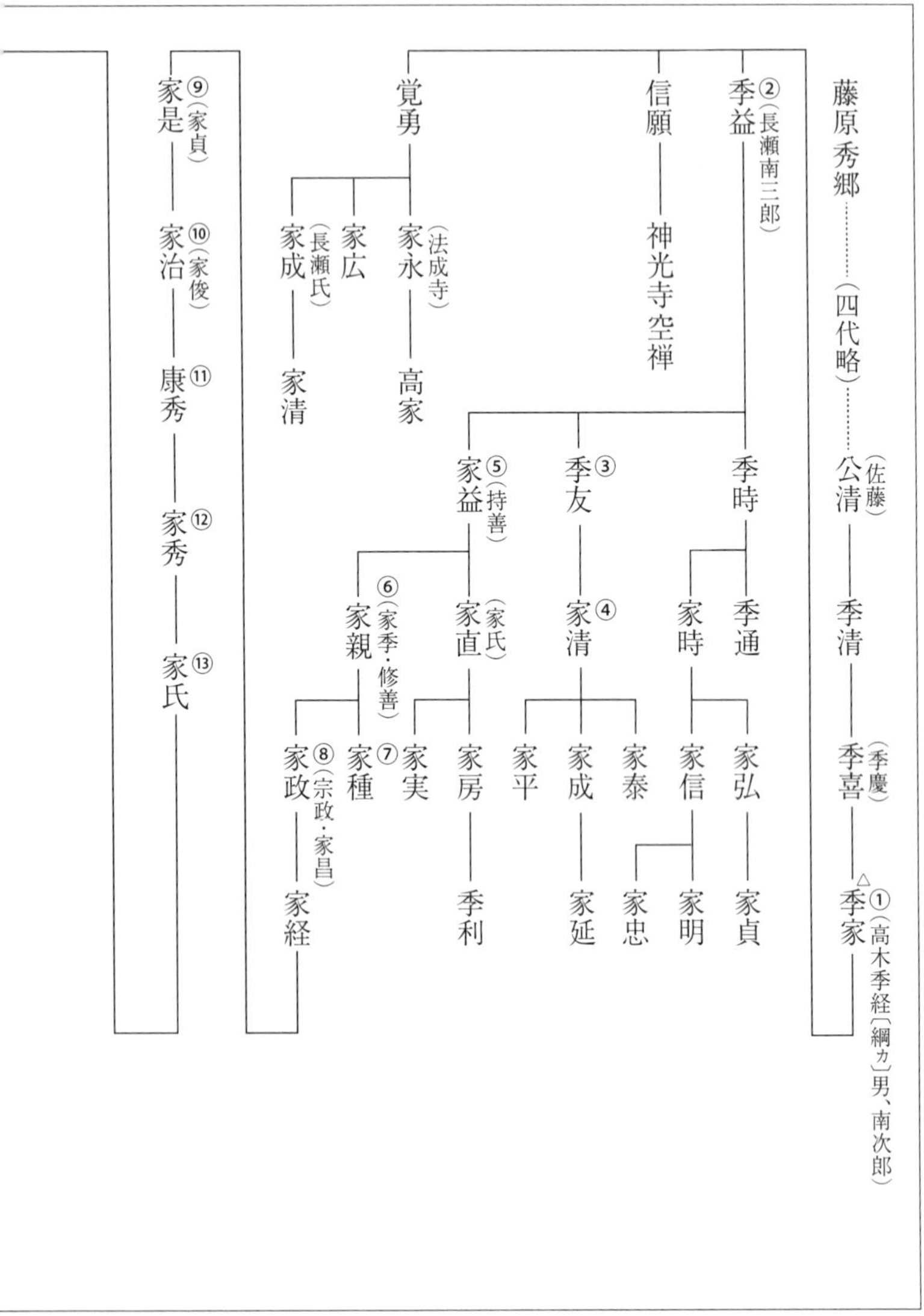

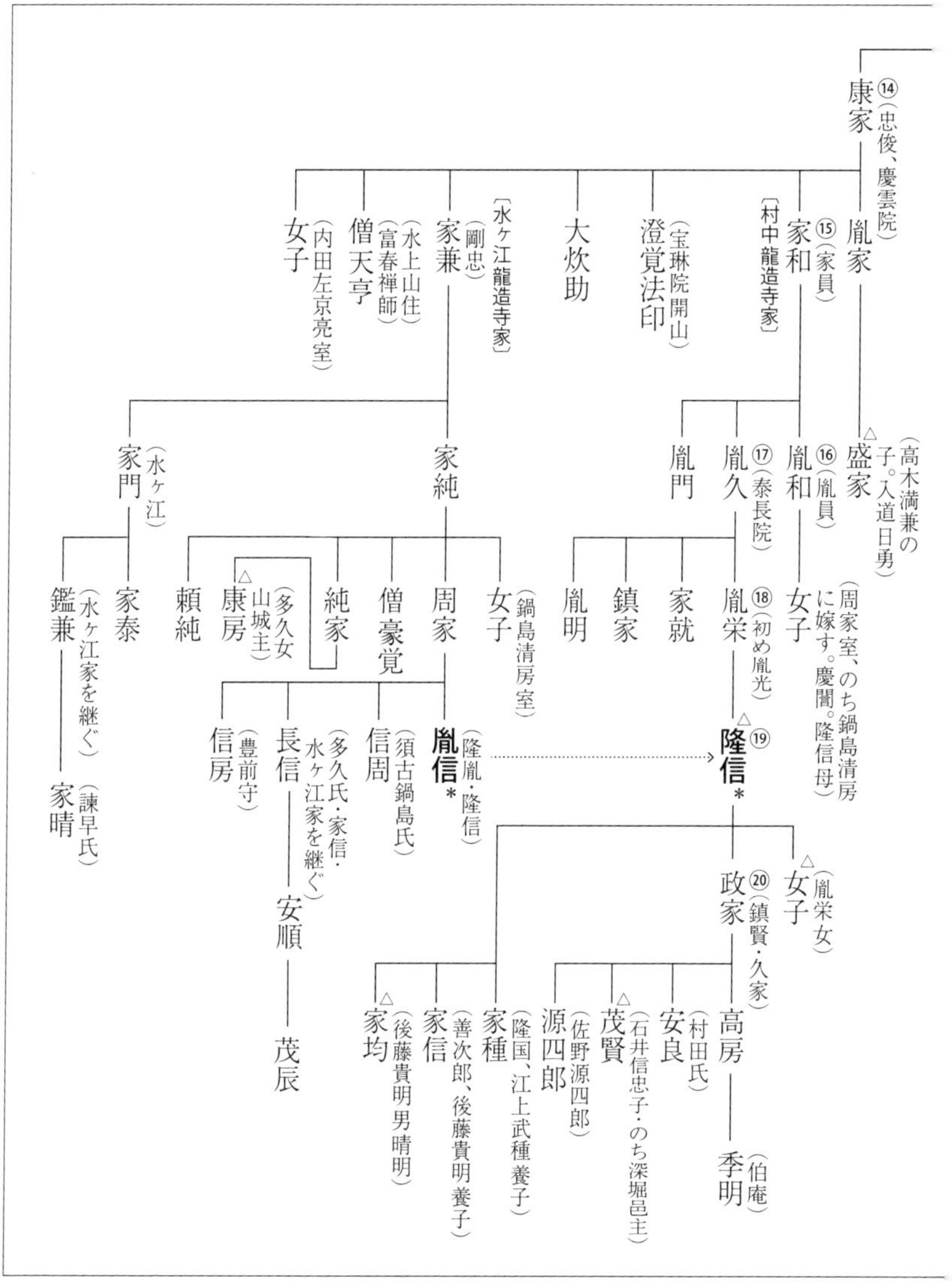
⑭康家（忠俊、慶雲院）
胤家
△盛家（高木満兼の子。入道日勇）
⑮家和（家員）
〔村中龍造寺家〕
澄覚法印（宝琳院開山）
大炊助
家兼（剛忠）
〔水ヶ江龍造寺家〕
僧天亨（水上山住）（富春禅師）
女子（内田左京亮室）
⑯胤和（胤員）
女子（周家室、のち鍋島清房に嫁す。慶誾。隆信母）
⑰胤久（泰長院）
胤門
⑱胤栄（初め胤光）
家就
鎮家
胤明
△⑲隆信＊
△女子（胤栄女）
⑳政家（鎮賢・久家）
高房
季明（伯庵）
安良（村田氏）
△茂賢（石井信忠子・のち深堀邑主）
源四郎（佐野源四郎）
家種（隆国、江上武種養子）
家信（善次郎、後藤貴明養子）
△家均（後藤貴明男晴明）
家純
女子（鍋島清房室）
周家
僧豪覚
純家
△康房（多久女山城主）
頼純
胤信＊（隆胤・隆信）
信周（須古鍋島氏）
長信（多久氏・家信・水ヶ江家を継ぐ）
安順
茂辰
信房（豊前守）
家門（水ヶ江）
家泰
鑑兼（水ヶ江家を継ぐ）
家晴（諫早氏）

と伝えられるものがあったが、明治四（一八七一）年に、旧佐賀藩主鍋島直大《なおひろ》が菩提寺である高傳寺《こうでんじ》［佐賀市本庄町本庄］に移している。

季喜の子季家（高木南次郎）は、源頼朝挙兵の際、源範頼の平家追撃に従軍して豊後に向かい、軍忠を抽《ぬき》んで、文治《ぶんじ》二（一一八六）年九月二十七日、鎌倉幕府の御家人とする旨の下文《くだしぶみ》を受けた。季家は、鎌倉幕府執権北条泰時のころまで当主として活躍していたが、嘉禄三（一二二七）年、「龍造寺」と改名、次いで家督を子の季益に譲った。季益は、龍造寺村の北、およそ十キロメートルの長瀬［佐賀市高木瀬町長瀬］の館にいたので、長瀬南三郎と称された人である。建長元（一二四九）年五月二十日には、執権北条時頼の命で京都蓮華王院（俗称、三十三間堂）の造営を行い、その後、肥後国玉名郡野原《のばる》西郷増永名［熊本県荒尾市野原］の地頭に任じられた。

さらに、鎌倉時代の後期、蒙古襲来（文永・弘安の役）の時、龍造寺氏は大宰少弐の武藤（少弐）経資に従って、九州・中国地方の他の武士団とともに敵の撃退に努めた。また、九州御家人の負担であった建治二（一二七六）年からの石築地（防塁）の築造にも季益が参加し、弘安の役でも、季益の子季友・家益の兄弟は壱岐に渡り、元軍との戦闘に力を尽くした。季友は、この時の戦功を肥前国守護北条時定に注進したため、時定は弘安五（一二八二）年九月九日に幕府へ注進すべきことを季友に報じている。

季益の子季時、次いで季友も戦没し、季友の子家清は季時以来の戦功によって、龍造寺村のほかに筑前早良《さわら》郡比伊《ひい》郷［福岡県福岡市城南区］・筑後三潴《みづま》郡荒木村［福岡県久留米市荒木町］の地頭に補任された。このため、龍造寺氏は、肥前をはじめとして筑前・筑後にまで勢力を伸張させることとなった。

その後も、三度目の侵攻に備えて石築地の防衛など、異国警固番役は継続されたが、龍造寺氏からも、季益の子家益、さらに家益の孫家種、曽孫の季利らが交代で博多姪浜《めいのはま》の警護にあたっている。

また、鎌倉幕府滅亡時、幕府が蒙古襲来後に九州支配強化のために設置した鎮西探題を少弐氏・大友氏が襲撃して滅ぼした際には、少弐氏・大友氏の軍勢催促に応じ、家益は子家親、家清の子家泰とともに肥前・肥後の御家人を率いて参加した。

建武中興期の元弘三（南朝年号、北朝では正慶二）（一三三三）年十月二十日、龍造寺氏四代家清の子家泰は、京都の足利高氏（尊氏）のもとに参じ、着到状を高氏に差し出し証判を得た。翌年には、豊前の北条氏の一族規矩《きく》高政・筑後の糸田貞義らが蜂起したが、家泰は武藤（少弐）貞経に従って鎮定のため出陣するなどしている。

こののち、足利高氏が建武新政権に不満を抱き反乱を起こしたが敗れ、九州へ下った時には、龍造寺家泰は一族の家房とともに高氏の軍勢に加わり、高氏の再挙に加勢した。その後も南北朝の時代を通じ、龍造寺氏は専ら北朝方（武家方）に立って活動していることが知られる。

5 少弐氏と九州

少弐氏は、龍造寺氏にとって最も関わりの深い一族である。

鎌倉時代初頭以来の九州の名族で本来「武藤」を姓とした。武藤の名は、武者所に謹仕した藤原だからとも、武蔵国にいた藤原だからともいわれる。武蔵国を本貫地とし、武藤資頼の時、平家の家人として源平の争乱に参加したが、のちに鎌倉幕府の御家人となった。建久年間（一一九〇〜九九）の末に九州に下向、嘉禄二（一二二六）年に大宰少弐《だいさいしょうに》（大宰府の次官=現地管理者）となり、以来、代々大宰少弐の職を世襲したため、少弐氏の名で呼ばれるようになった。資頼は、鎮西《ちんぜい》奉行と呼ばれ、筑前・豊前・肥前・対馬の守護となり、少弐氏の基礎を築いた。

資頼に続く資能は、大宰少弐として筑前・豊前・肥前・肥後、さらには対馬・壱岐の守護として、蒙古襲来（文永・弘安の役）では子経資とともに陣頭に立って戦った。盛経を経て貞経の時、元弘三（正慶二）（一三三三）年には、大友貞宗とともに、鎮西探題北条英時を博多姪浜の館に襲って討滅する指揮を執った。

続く後醍醐《ごだいご》天皇による建武新政権が二年半で崩壊し、南北朝時代に入ると、正平四（貞和五）（一三四九）年、九州では、従来の後醍醐天皇を中心とした宮方と足利高氏（尊氏）を中心とする武家方の対立に加えて、武家方内部の混乱から、佐殿方《すけどのかた》という新たな派閥が生まれ、三つ巴となって争うという事態が現出した。

これは、室町幕府内部で、足利高氏と結ぶ高師直《こうのもろなお》と高氏の弟直義《ただよし》との対立が表面化したもので、高氏の子でありながら疎まれて、直義の養子となった直冬《ただふゆ》（左兵衛佐＝佐殿）が九州に下って来て、九州の諸氏の間に複雑な対立関係をうみだし、一時的に一大勢力となった。九州では、少弐氏をはじめ、幕府を快く思わない諸士を糾合して直冬（佐殿）を担ぎ上げるようになったのである。

直冬は、正平五（観応元）（一三五〇）年の初め、大宰府の攻撃を企て、二月に今川直貞を肥前から出発させたが、龍造寺氏もこれに従って三月に出発した。こうして、直冬は諸国の兵を引き入れ、まず肥後玉名郡木葉《このは》城［熊本県玉名郡玉東《ぎょくとう》町］の宇都宮隆房を攻略した。

龍造寺家平は四月二十二日に河尻幸俊らと飽田《あきた》郡［熊本県熊本市を中心とする地域］の鹿子木大炊助《かのこぎおおいのすけ》を鹿子木城［熊本市北区鹿子木町］に攻め、五月二十一日に城の追手に押し寄せ木戸を破って戦い、頭に射疵を負いながらも大激戦の末、これを攻略したので、翌年正月、直冬から恩賞として本領安堵《ほんりょうあんど》のうえ、玉名郡野原西郷増永名内の田畑・屋敷の地頭職を与えられた。さらに直冬の勢力が拡大して、大宰府を攻略すると、龍造寺家房は大宰府に馳せ参じ、同年三月には再び感状を与えられた。また、このころから少弐頼尚も直冬に連合することとなって、ここに武家方の九州探題一色氏との争いが起こり、宮方との争いは中断の形となった。

だが、正平七（観応三）（一三五二）年になると、直冬にとって衝撃となる事件が起きた。養父である叔父直義が急死したのである。一挙に後ろ盾を失った直冬のもとからは多くの武士たちが次々に離反し、ついに十一月には、直冬も九州を去り長門へ逃れていった。

これにより、佐殿方勢力に押されて一時は宮方と結んだ一色範氏《のりうじ》も、再び宮方を離れ、一方、敵対する少弐氏は一時的に宮方と結んで肥前に根拠地を固め争うこととなった。この時期の九州の係争関係はきわめて複雑であった。

建武政権成立期以降、少弐貞経の跡を受けた子頼尚《よりひさ》は、本来の「大宰少弐」という九州総管者的な地位への復帰を目指して筑前・豊前・肥後・対馬の守護となったが、正平十四(延文四)(一三五九)年の大保原《おおほばる》[福岡県小郡市大保《おおほ》]の戦い(筑後川の戦い)で、懐良《かねなが》親王・菊池武光の南朝方(宮方)の軍に敗れて失墜した。

少弐頼尚の子、冬資《ふゆすけ》・頼澄《よりずみ》は、それぞれが北朝方(武家方)・南朝方(宮方)の大宰少弐に分かれて対立した。

だが、室町幕府が九州統制のために設置した九州探題に今川了俊《りょうしゅん》(貞世《さだよ》)が就任し下向してくると、本来、九州を統管する地位にあった少弐氏と激しく対立することとなった。天授元(永和元)(一三七五)年、冬資は了俊に招かれ、肥後の水島[熊本県菊池市七城町]に出かけたところ、騙されて殺害されてしまった。

その後、了俊が九州を去り、少弐頼澄の子貞頼の代になったが、貞頼も九州探題と対立した。

応永三(一三九六)年、九州探題となった渋川満頼《みつより》は実力に乏しく、幕府の権威を盾に号令するばかりで、また大内氏の援助なしには行動できないという有様であった。このため、周防の大内《おおち(おおうち)》氏は勢力を豊前・筑前に伸張させ、少弐氏は肥前に退却することになり、ここに北部九州は大内・少弐・大友の三者が鼎立《ていりつ》する状態となった。

少弐氏略系図

○数字は家督代数

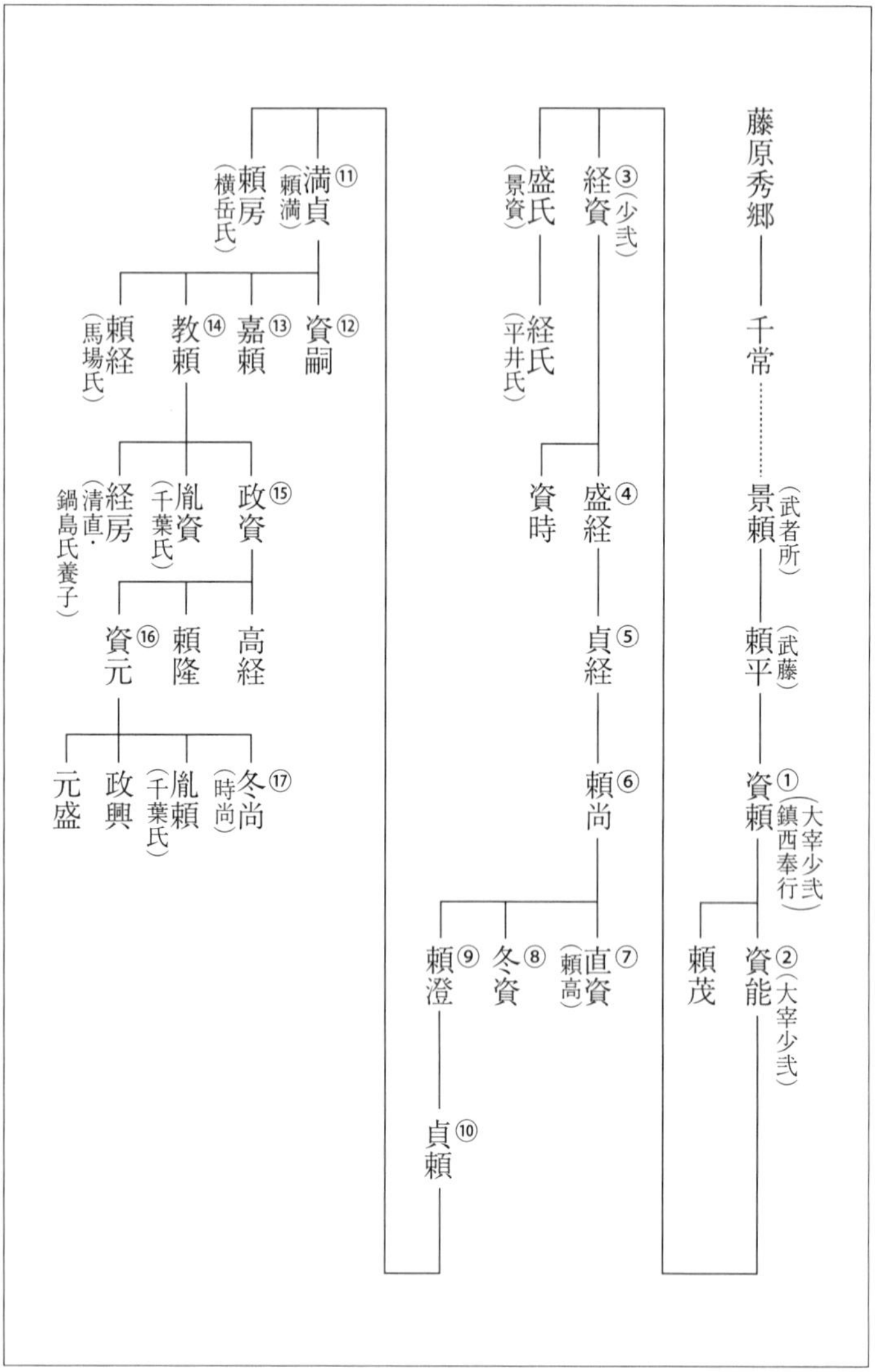

応永二十五(一四一八)年、渋川満頼の子義俊が九州探題として下向し、肥前勝尾城《かつのお》[佐賀県鳥栖市]に入った。少弐貞頼の子満貞は、大宰府を本拠として、渋川義俊を追って攻撃をしかけ九州探題衰亡の因を作り、また一方で、活発に対朝鮮通行を行って勢力を伸張させた。だが、渋川義俊が周防国の大内盛見《もりはる》に応援を要請したため、盛見は筑後で少弐満貞を破り肥前に敗走させ、以後、少弐氏は大内氏との対立を顕著にするようになった。

その後、義俊は自身が九州探題としての力に乏しいことを自覚し職を辞したため、盛見は渋川満直を探題に推挙したが、満直もまた非力で、結局、大内盛見が後見として政務を執り、九州への支配を強めることとなったのである。

この盛見の功績に対し、六代将軍足利義教《よしのり》は筑前の直轄領の管理を依頼した。これに応え、盛見は直轄領の年貢の取り立てを厳しくすると同時に、直轄領の領有を目論《もくろ》んだため、九州内の諸将が反乱を起こすこととなった。『九州治乱記』は「大内盛見は大友・少弐らの諸氏と争い、満貞を追って肥前で戦い、佐嘉郡与賀本荘という龍造寺の南郊まで攻め入った」と記している。

6　龍造寺氏と少弐氏

このような状況の中で、龍造寺氏の当主は、家是・家治・康秀・家秀・家氏と相継いだ。

永享五（一四三三）年八月、少弐満貞は大内《おおち（おおうち）》持世《もちよ》に敗れ、子資嗣とともに戦没。満貞の弟横岳頼房、資嗣の弟法師丸（嘉頼）・松法師丸（教頼）らは対馬に逃れ、島主の宗《そう》貞盛から扶《ふ》持《ち》を受けた。しかし、横岳頼房はその冬ひそかに東肥前に来て、翌年正月に少弐氏旧好の諸氏を味方につけ勢力を得た。

また、嘉吉元（一四四一）年三月、少弐嘉頼が死に、弟松法師丸は宗貞盛の斡旋《あっせん》で、将軍足利義教の偏諱《へんき》（将軍・大名らが、家臣らに名の一字を与えること）を得て、名を教頼と改め、大宰少弐に任ぜられた。

しかし、六月二十四日、播磨など数ヶ国の守護であった赤松満祐《みつすけ》が足利義教を殺害するという嘉吉《かきつ》の乱が起こると、幕府は赤松満祐追討の綸旨《りんじ》を受け、諸将を赤松氏討伐のために播磨へ向かわせた。龍造寺氏もまた、探題渋川教直らとともに播磨に討ち入った。少弐教頼も同様に、赤松討伐に向かったが、途中、海難のため着陣が遅れ、九月下旬となってしまった。赤松満祐は幕府軍の総攻撃の中、播磨国城山城《きのやま》［兵庫県たつの市］で、九月十日すでに切腹してしまっていたのである。

この少弐教頼の遅延を、かねてから少弐氏を快く思っていなかった大内氏が讒言《ざんげん》したため、十月十四日、幕府は大内教弘らに命じ少弐教頼追討の兵を出させた。しかし、肥前小城《おぎ》の千葉胤鎮《たねしげ》や少弐氏の一族の馬場出雲らがこれを撃退し、教頼は一時的に肥前や対馬に潜んだ。その時、龍造寺氏は教頼を庇護《ひご》して佐嘉郡与賀荘《よかのしょう》［佐賀市与賀町とその一帯］の要害にかくまった。このころから龍造寺氏は少弐氏との関係を深くしたと考えられる。

そののち、文安三（一四四六）年には、宗貞盛が管領細川勝元を通じ、将軍足利義政に愁訴《しゅうそ》したため、少弐教頼は赦免となり再び大宰府の館に入ることができたのである。

続いて起こった応仁元（一四六七）年の応仁の乱では、教頼は東軍に応じ、対馬の宗盛直とともに兵を率いて西軍方の大内氏の兵と戦ったが、翌年十二月、志摩郡［福岡県糸島市］での渋川氏との戦いで陣没した。

教頼の子頼忠は、対馬島主宗貞国のもとで蟄居《ちっきょ》の身であったが、宗氏の仲介を得て、足利義政から偏諱を受けて政尚と改め、さらに政資《まさすけ》を名乗った。しかし、のちにまた、将軍の勘気を受けて肥前に追われることとなった。

この時、龍造寺家氏の跡を継いだ子康家は、文明十四（一四八二）年ごろ、かつて政資の父教頼が居住した地を政資に与えて館とし、ここを与賀《よか》館、あるいは与賀城と呼んだ。

のちに、龍造寺隆信は、この地を由緒ある土地として龍泰寺［佐賀市赤松町］を開創し、館の東北にあった與止日女《よどひめ》大明神（前名を蘆原大明神、のちに与賀大明神）を鬼門の鎮守とした。現在、重要文化財に指定されている與賀《よか》（与賀）神社の楼門は、おそらく少弐政資が修造したものと考えられ、境内には少弐神社も残されている。

ところで、この時、政資は小津［佐賀市中心部］の入江の商家が騒がしいと、入江を西に移し、両岸にあった民家を他所に移した。東岸の民家を移した場所を今宿《いましゅく》［佐賀市今宿町］、西岸の民家を移した場所を今津［佐賀市西与賀町今津］と名付け、また、その小津江《おづえ》と高橋《たかはし》江《え》との合流点を相応《そうおう》［佐賀市西与賀町相応津］と名付けたと伝える。

與賀神社楼門（佐賀市与賀町）室町末期の建造物と推定される朱塗りの楼門。重要文化財。

明応三（一四九四）年、政資が松浦《まつら》へ出陣すると、龍造寺康家は従軍し、波多《はた》・鶴田《つるだ》の諸氏もこれに参加してきたため、筑前に入り怡土《いと》郡高祖《たかす》城［福岡県糸島市高祖］の原田興種を攻めた。さらに島原半島高来《たかく》郡［長崎県南部地方］の有馬貴純《ありまたかずみ》

核割梅（多久市多久町専称寺）少弐政資自害の場所。中央が「核割梅」、また、その右下が「血曳の石」。

も政資に投じ、下松浦郡佐々《さざ》城（東光寺山城）〔長崎県北松浦郡佐々町〕に平戸の松浦弘定《まつらひろさだ》を攻めて降服させた。

一方、これを知った大内義興は、「政資は勘気の身でありながら、私事に弓矢を弄《ろう》するのは不届きである」として将軍足利義稙《よしたね》に訴えたため、将軍から少弐氏殲滅《せんめつ》の命を受け、明応六（一四九七）年正月には筑前に討ち入った。少弐氏と大内氏は、筑前から肥前にかけての各所で一進一退の攻防を展開したが、ついに大内勢に追われ、明応七（一四九八）年四月十九日、少弐政資は多久《たく》の専称寺《せんしょうじ》〔佐賀県多久市多久町〕で無念の自害を遂げた。

政資は「花ぞ散る思へば風も科《とが》ならず時到りぬる春の夕暮」の辞世を残したが、この時、政資が腰かけた石を「血曳《ちびき》の石」という。また、政資は口にしていた梅の実を噛み割って吐き捨てたと伝えるが、それがのちに萌え出して花を咲かせ、その実がおのずから割れるので「核割梅《さねわりうめ》」と呼ばれ、現在もなお境内に残されている。

また、政資と行動をともにした子の高経と弟頼隆も、大内勢に追われ、頼隆は討ち死にし、高経も小城郡の天山の北麓市ノ川《いちのかわ》［佐賀市富士町市川］で自決を遂げた。

百年後、少弐氏の領内神埼郡広滝《ひろたき》［佐賀県神埼市脊振《せふり》町の内］に高経の霊魂が現れ怪異を為すので、大明神として同郡境原《さかいばる》［佐賀県神埼市千代田町境原］に祀った。これが現在の境原神社であると伝える。

第二章　龍造寺家兼

１小城千葉氏の由来

小城《おぎ》［佐賀県小城市］の千葉《ちば》氏も、龍造寺氏とは縁が深い。

元来、千葉氏は、下総《しもうさ》平氏の流れで、鎌倉幕府将軍の源頼朝の宿将千葉常胤《つねたね》が小城郡晴気荘《はるけのしょう》［小城市小城町晴気］を与えられて以来世襲し、六代頼胤の時、文永年間（一二六四〜七五）、蒙古襲来の際の軍役で九州に下り戦死、そののち二男の宗胤が小城千葉氏の祖となった。そしてその子、胤貞が初めて下向し、郡内甕《みかづき》調郷高田［小城市三日月町長神田《ちょうかんだ》高田］に居住した。

小城の須賀神社（俗称、祇園社）［小城市小城町松尾］の『山挽《やまびき》由来記』によれば、「胤貞自ら太鼓を打ち、笛を鳴らし、兵来、兵来飛来兵来兵々と吹いた」と伝える。山挽は同社の小城祇園夏祭りである。

千葉氏略系図

△は養子　＊は同一人物

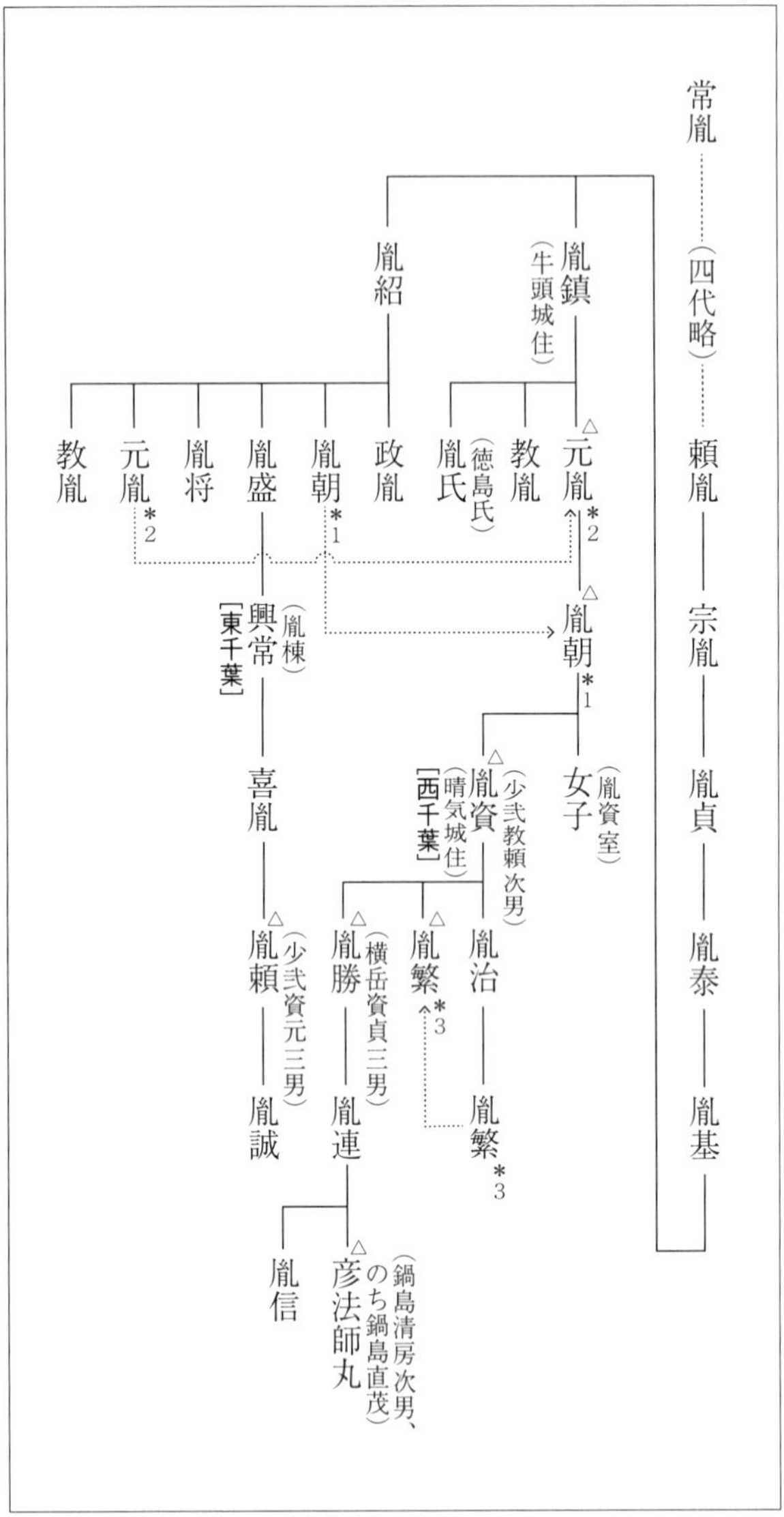

晴気城址（小城市小城町）千葉氏の菩提寺本龍院から撮影した。中央の山頂部の平たい山が晴気城址。

次いで嘉暦三（一三二八）年、胤貞の子胤泰が北条氏の命を受けこの地を支配した。孫胤鎮《たねしげ》は、その家臣中村胤宣《たねのぶ》が胤鎮の弟胤紹《たねつぐ》を奉じて謀反を起こしたため出奔したが、やがて胤紹や中村胤宣を降して、この須賀社の山、牛頭《ごず》山（祭神須佐男尊《すさのおのみこと》を仏教では祇園牛頭《ごず》天王とするに因《ちな》む）に城を築いてそこに拠り、「肥前国主」と自称した。その後、胤鎮の子元胤が継いで全盛を誇った。

しかし、元胤の弟教胤が早世し継嗣がなかったため、胤紹の子胤朝を養子に入れたが、文明十八（一四八六）年十月三日、弟胤将に討たれ、その胤将もいずこかへ逐電した。このため、少弐政資が、胤朝の娘に弟を迎えさせて胤資と名乗らせ、小城の西、一本松峠の晴気城に移した。この晴気城は、小城平原《ひらばる》「小城市小城町畑田平原《ひらばる》」から多久盆地に至る枢要の地で、天険を利用して築かれた名城であった。

牛頭城址（小城市小城町、小城市教育委員会提供）中央の小高い山が牛頭城址。千葉城ともよばれ、小城千葉氏の居城であった。山の中央が千葉公園、左手前に須賀神社がある。

一方、千葉胤盛は大内氏を頼って胤資と対抗し、子の胤棟は名を興常と改め牛頭城《ごず》「小城市小城町松尾」を居城とした。これを東千葉と呼び、晴気城に拠った胤資の本家を西千葉と称した。以来、千葉氏は本家の西千葉、傍系の東千葉の二家に分かれて抗争を続けたが、興常は牛頭城から同郡甕調郷の赤自城「小城市小城町織島赤司」に移った。また、胤資は、明応六（一四九七）年四月、興常に味方する大内氏に攻められて戦没した。

2 水ヶ江龍造寺家

龍造寺康家は、延徳年間（一四八九〜九二）ごろ、別館を城外槇村「佐賀市中《なか》の館《たて》町」に構え、のち明応年間（一四九二〜一五〇二）の末、この地で隠居した。康家には七人の子供があり、長子は小城の千葉氏から偏諱を得て胤家と称した。

当時、龍造寺家では、胤家が大内方に与《くみ》した千葉氏に従って行動していたためか、龍造寺家を継がず、二男の家和（家員とも）が嗣子となって、先祖伝来の龍造寺村八十町、同郡本荘（与賀本荘）八十町、同与賀荘千町を譲られた。さらに千葉興常の推挙で、文亀二（一五〇二）年正月、前将軍足利義稙《よしたね》に聘礼《へいれい》を遂げ、小城郡内光武《みつたけ》分十八町と佐嘉郡下嘉世《かせ》（嘉瀬）百町、同郡有重十二町、法成寺十六町を加恩された。また、三年後の永正二（一五〇五）三月十六日には、千葉氏から佐嘉郡川副下荘袋《かわそえしものしょうふくろ》［佐賀市本庄町袋《ふくろ》］の内、瑞応寺一所の安堵を受けた。こうして龍造寺家の勢力も次第に拡大し、東肥前に威を振るうようになった。

また、系図によって異同はあるが、康家の三男は天台宗の教義を受けて澄覚法印といい、文明五（一四七三）年、先祖の開いた宝琳院《ほうりんいん》龍造教寺を再興し住持となった。四男は大炊助《おおいのすけ》、五男は家兼、六男は川上［佐賀市大和町川上］の水上山万寿寺の住持となった天亨《てんこう》（富春禅師）である。残る一人は娘で、内田左京亮に嫁いだ。

五男家兼は、槇村の父の別館を譲られ、のち兵庫頭、そして山城守となり、晩年は入道して剛忠《こうちゅう（ごうちゅう）》といったが、「智・仁・勇」兼備の大将として仰がれ、後世、龍造寺家「中興の祖」といわれた人である。母は、大宰府小鳥居信元の娘であった。

佐賀では、一昔《ひとむかし》前までは、古い時代のことを呼ぶ「剛忠さんの時代」という言葉があった。

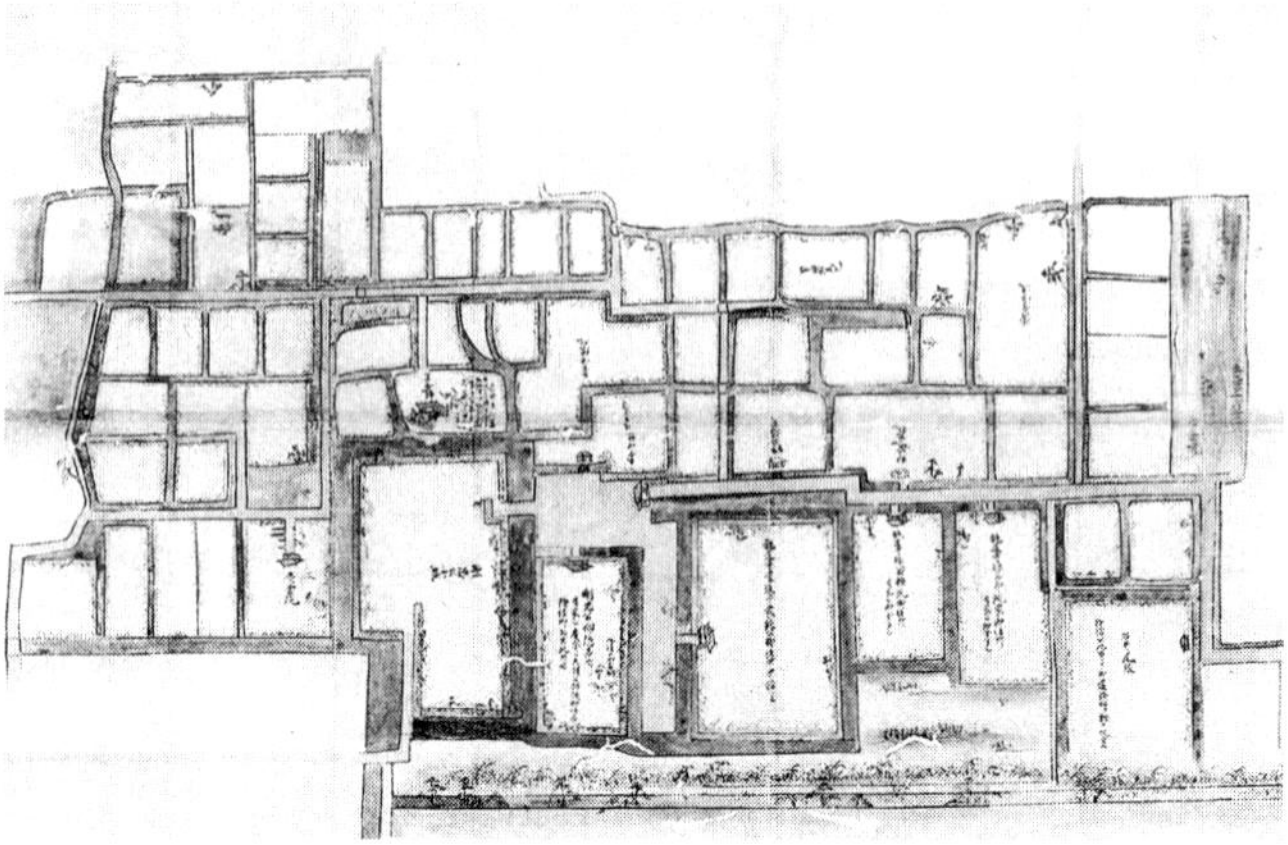

水ヶ江城絵図（佐賀県立博物館蔵）

例えば、古い時代のこととして、「剛忠さんの時代からそうだ」などという言い方をしたという。ことほどかほどに、佐賀の人びとにとっては、家兼は親しみと敬意の対象であった。

家兼は、この時代、群雄に対する備えとして本家の城を固め、さらに自身も父から譲られた土地に、別に一城を構えた。このため、本家の城を「村中城（龍造寺村の中の城の意）」、そして家兼が築いた新城を「水ヶ江城《みずがえ》」と呼んだ。「水ヶ江」の江は、家（方言で「え」）で、水の家という意味である。また、龍は架空の生き物だが、水の中に住むとされる。つまり、「水ヶ江（水の家）」は「龍の家」であり、「龍造寺の館」という意味であった。

水ヶ江城は、佐嘉城南の濠《ほり》の外側に接して築かれ、城内は三十町で東館《ひがしんたち》（本館）・中館《なかんたち》・西館《にしんたち》に分かれ、本館は、家兼が永正四（一五〇七）年に天亨を請じて開いた乾亨院《けんこういん》が、のちに移築された現在地［佐賀市中の館町］にあった。中館は字名として残っていたが、現在は本館のあった付近にまで及んで町名となっている。

家兼は、片田江氏の娘を娶《めと》って家純・家門の二男を儲《もう》けたが、家純は病身で家を継がず、家門が水ヶ江家の家督を継いだ。家純は蒲原《かもわら》信濃守の娘を娶り四男四女を儲けた。嫡子を周家《かねいえ》といい、これが龍造寺隆信の父である。

一方、本家の村中家は、龍造寺家和の引退後は子の胤和が継いだが、早世して嗣子がなく、弟新次郎が家督を継ぎ総領となり、小城の千葉胤勝の偏諱を得て胤久と称し、兄胤和の後室を娶った。

３ 太田氏の来住

享禄二（一五二九）年、龍造寺氏に一つの勢力が加わった。太田道灌《どうかん》四代の後胤《こういん》太田美濃守資元が、龍造寺家兼に臣従したのである。家兼は、資元を、対立する蓮池《はすのいけ》［佐賀市蓮池町《はすいけ》］の小田氏の備えとして、蓮池に近い川副郷の北東端に置いた。このため、この地を太田

田中城（太田城）址（佐賀市諸富町） 現太田神社の場所。周囲に濠をめぐらせた城砦であったことがわかる。

［佐賀市諸富町大堂］と称し、資元はここに田中城（太田城）を築いて城下を経営、佐嘉郡春日［佐賀市大和町春日］の玉林寺竹翁大宅和尚に請じて、天文二（一五三三）年に慈廣寺［佐賀市諸富町大堂］を建立して菩提寺とした。『諸富町史』（一九八四年刊）には、太田城址周辺に東館《たち》・西館・館橋・北小路《くうじ》（小路とは武士の邸のある通り）・門前・構口《かまえぐち》などの小字名が遺存していることが記されている。

太田氏は、天文五（一五三六）年、龍造寺家兼と蓮池の小田氏の勢力が衝突した木原《きわら》［佐賀市木原］の戦いで活躍、その後、江戸時代の鍋島藩政下ではその縁戚となり「鍋島」の姓を与えられて大身に列した。佐賀城下に太田氏が住した屋敷跡は、八幡小路《はちまんくうじ》［佐賀市八幡小路］に違い矢の紋をつけた鬼瓦を上げる大門（佐賀市重要文化財・豊増家住宅）を残している。

田手畷古戦場付近（神埼郡吉野ヶ里町田手）　田手畷の古戦場は、撮影場所より手前（東）の方角にあたると思われる。正面一帯が吉野ヶ里遺跡。

４　田手畷の戦い

　明応七（一四九八）年、少弐政資が自刃した時、子の資元《すけもと》は七歳の幼少であったため、横岳氏にかくまわれ西島城［三養基郡みやき町西島］に居住した。成人後、豊後の大友政親の娘を娶り、少弐氏旧交の士を集め永正年間（一五〇四～一二）に大友氏と和を結び、一時は小城郡多久の梶峰城［多久市多久町］に居を移した。

　だが、享禄元（一五二八）年十二月二十日、周防《すおう》の大内義興が死に、子の義隆《よしたか》が跡を継ぐと、義隆は少弐資元を攻撃することを企て、享禄三（一五三〇）年には筑後守護代の杉興運《おきゆき》を派遣した。

　興運の率いる軍勢は、基肆《きい》・養父《やぶ》両郡に攻め入り、そのため、少弐資元は多久の城に隠居し、子の松法師丸（のちの冬尚）は綾部城［三養基郡みやき町原古賀］より神埼勢福寺《せいふくじ》城［神埼市神埼町城原《じょうばる》］に移った。

大内氏は、筑紫尚門を降し養父郡に迫り、少弐氏股肱《ここう》の臣朝日頼貫も降して、両氏に先陣を命じた。また、千葉胤勝も大内氏に応じたため、その勢は一万にも達し、野路宿《のじしゅく》［佐賀県神埼郡吉野ヶ里町吉田苔野《こけの》付近］まで進んで、城原《じょうばる》の勢福寺城へ迫った。

これに対し、少弐勢は、譜代の馬場頼周《よりちか》・江上元種・宗秀恒・出雲頼通・姉川惟安・本告《もとおい》頼景・執行《しぎょう》兼貞以下、養父・神埼両郡の諸将で迎え撃つことになったが、松法師丸が幼少のため、龍造寺氏へ勢福寺城の防戦を依頼してきた。

水ヶ江龍造寺家の家兼は、子家門以下一族を催促し、千余兵を集め佐嘉を出発、於保《おほ》・高木・小田、神埼郡直鳥《なおとり》の犬塚《いんつか》家清・尚家父子以下、佐嘉・神埼両郡の諸将を率いて参陣し、八月十五日、神埼の東田手《たで》［神埼郡吉野ヶ里町田手］に出て鬨《とき》の声を上げて戦った。

龍造寺軍の勢いに、一旦は大内勢の先陣は崩れ退いたものの、その後、大内勢が巻き返し、次第に少弐勢の敗色が濃厚となった。ところが、その時、突如、赤熊《しゃぐま》を被《かぶ》った武者の一団が、村祭りの田楽《でんがく》と見せかけ、横合いからどっと大内勢の中へ突進してきた。この異様な集団の思わぬ攻撃に大内勢は俄《にわ》かに浮足立ってしまった。

龍造寺家兼は、これに力を得て部下を励まし、大内勢の中堅筑紫尚門の軍を破り、尚門の首を挙げた。また、朝日頼貫も討ち死にし、大内勢は敗北して撤退した。大内方で討ち取られた首は八百余とも伝える。

この戦いが、肥前の戦国史上名高い田手畷《たでなわて》の戦いで、『普聞集』には苔野口《こけのぐち》の地名で記されるため、苔野口の戦いとも呼ばれる。田手畷古戦場の場所は明確ではないが、現在、神埼郡吉野ヶ里町の目達原《めたばる》の西、力田《りきた》・苔野一帯ではなかったかと思われる。こののち、家兼は松法師丸から恩賞として佐嘉郡川副荘《かわそえのしょう》千町を加封され、これが龍造寺氏発展の経済的基盤となったのである。

5 赤熊武者

赤熊の奇襲部隊を指揮したのは本荘《ほんじょう》［佐賀市本庄町］の浪人鍋島清久・清房父子とその一族、および野田・石井一党であった。家兼は彼らの勇敢な行動に感激し、子の龍造寺重純（のち尚純、さらに家純）の長女を、清久の次男清房に嫁がせた。この二人から生まれたのが彦法師丸、すなわち、のちの佐賀藩祖鍋島直茂である。また、家兼は、鍋島氏に婿引出物《むこひきでもの》として佐嘉郡本荘八十町を与えた。これが、鍋島氏と龍造寺氏が所縁を結ぶ端緒となった。

ところで、この「赤熊武者」であるが、その数について、『九州治乱記（北肥戦誌）』は「二、三百人」、『肥陽軍記』『歴代鎮西志』は「百騎計《ばかり》」、『龍造寺記』や『隆信公御年譜』には「数輩」

とあってまちまちだが、おそらくは数十人ほどの集団だったろうか。

また、この武者が被っていた「赤熊」は、元来は中央アジアの高原に棲む犛牛《ヤク》の尾の毛である。強靭で、法具の払子《ほっす》や旗飾りに用いられ、これに模して赤く染めた毛も赤熊と呼ばれた。しかし、この戦場には、赤熊などあろうはずもなく、麦藁《むぎわら》などを赤く染めて被ったものであったろう。この赤熊武者を村田楽浮立《ふりゅう》、とくに佐賀地方一帯に残る鬼面《きめん》を付けて舞う民俗芸能「面浮立《めんぶりゅう》」の起源に結び付ける説も多い。ただ、田手畷の戦いの際の赤熊武者は、面を付けてはいない。

佐賀地方一帯に残る民俗芸能「面浮立」
（武雄市教育委員会 提供）赤熊武者をこの祭りの起源に結びつける説は多い。

後世、堀江玄蕃《げんば》の創案による浮立は、鉦《かね》・太鼓を打ち、笛を吹いて伴奏とし、中央の主役が天衝《てんつき》舞いを舞う。兜《かぶと》の前立ての一種の天衝を大きく作り、それを額にかざして、脇差を帯び、蓆《むしろ》を腰に下げて舞い、面は付けない。

このほか、現在も佐賀県各地でさまざまな装束・所作の浮立が伝えられている。いずれにせよ、昔は舞いを途中で間違うと、即座に蓆を敷き脇差を抜いて自決しなければならないという悲壮なものであったという。

6 鍋島氏の由来

鍋島氏の出自も、不明な点が多い。宇多源氏佐佐木氏の一族で、山城国乙訓《おとくに》郡長岡邑《むら》［京都府長岡京市］の住人長岡伊勢守経秀入道崇元が、南北朝時代末の弘和三（永徳三）（一三八三）年、子経直とともに配下を従え小城の千葉氏を頼り肥前に下向し、千葉氏の領地と川上川（嘉瀬川）を隔てて隣地である佐嘉郡鍋島［佐賀市鍋島町］に館を建て居住したと伝える。その地を「長岡荘」と呼び、山城長岡から天神と、館内には観世音菩薩像を勧請したという。『九州治乱記』に「本名を隠して、鍋島と在名を称せらる」とあり、「長岡」ではなく「鍋島」を名乗ったと記される。

御館の森（佐賀市鍋島町）　南北朝期、鍋島氏の祖、長岡経秀が肥前に下向、館を築いたとされる。鍋島氏発祥の地。

長岡天神（佐賀市鍋島町）　鍋島氏の祖、長岡経秀が山城国長岡の地から勧請したといわれる。

高傳寺（佐賀市本庄町本庄）

この館址を「御館《おたち》の森」［佐賀市鍋島町鍋島］と称し一部が保存され、また、天神も「長岡天神」といい、佐賀藩祖鍋島直茂の時、館の西南に天満宮を建て、観音像はその西に観音寺を建てて祀った。

その後、経秀の子経直の時、応永年間（一三九四〜一四二八）、佐嘉郡の与賀本荘《よかほんじょう》［佐賀市与賀町・本庄町］に移った。経直には男子がなく、娘婿の少弐教頼が応仁の乱で戦死したため、その子経房を養子にして鍋島氏を継がせた。また、この経房の子茂尚（のちの清久）の時、「高揚庵の地に禅寺を建て、子清房を本願として菩提寺とすべし」と塚原大明神（本庄大明神）［佐賀市本庄町本庄］の夢告があり、館の西南の地（高揚庵）に清房を開基として氏寺を建立、かねてより信仰していた神埼の曹洞宗妙雲寺［神埼郡吉野ヶ里町田手］の住持玲岩玄坡を開山とした。恵日山高傳寺《えにちさんこうでんじ》［佐賀市本庄町本庄］である。

『龍造寺記』には、鍋島清久を「本荘の浪人」としているが、『九州治乱記』に「少弐教頼、長禄・寛正の頃、時の変を待って、与賀の館に住し、平生に参会せられしとぞ聞こえし」とあって、すでにそのころから少弐氏と接近し、少弐教頼の別館である与賀の館に出入りしていたと記される。

鍋島氏略系図　△は養子

７ 少弐氏との亀裂

享禄四（一五三一）年春、大友義鑑《よしあき》の臣下で筑後国生葉《いくは》郡妙見《みょうけん》城［福岡県うきは市浮羽町］城主の星野親忠が謀反を起こした。このため、義鑑は城を包囲したが、城は堅固で容易に抜けず、越年して天文元（一五三二）年となった。親忠は大内義隆に援助を求め、義隆はこれに応じ筑前守護代の杉興運《おきゆき》に出兵を命じた。

このため、大友義鑑は少弐資元の援助を依頼、龍造寺家兼はこれに応じて翌天文二（一五三三）年正月に出兵、星野親忠はついに下城したのである。

しかし、大内義隆は、次には臣下の陶興房らを少弐氏の追討に差し向けたため、資元は原田興種の筑前高祖《たかす》城［福岡県糸島市高祖］に逃れた。七月に入ると、陶興房らは杉興運と談合、原田興種を攻撃したため興種が変心、少弐資元はついに多久の梶峰城へと逃れることとなった。つづいて、この年の暮れ、陶興房は肥前に入り基肄《きい》郡園部［三養基郡基山町］・養父《やぶ》郡山浦［鳥栖市山浦町］などの諸城を攻め、さらに綾部城も攻略した。

龍造寺家兼は子の家門とともに、馬場頼周《よりちか》はじめ、横岳《よこだけ》・犬塚《いんつか》・内田・姉川の諸将と少弐資元父子を迎えて勢福寺城に入れ、城主江上元種に守護させ、各自はそれぞれの居城に立て籠って大内勢の襲来に備えたのである。

これに対し大内勢は、神埼郡三津山の籾岳《もみだけ》［神埼郡吉野ヶ里町］に陣して少弐氏と戦い、翌天文三（一五三四）年正月には朝日山《あさひやま》城［鳥栖市村田町］を落とし佐嘉郡に迫り、五月十六日には、陶興房の軍勢が水ヶ江城に攻めかかった。しかし、留守を預かる福地家盈《いえみち》、末次家通、野田家俊らがよく防戦し、興房は杓岳の本陣に引き上げた。

また、七月十四日には、夕方から夜にかけて風雨が激しくなり、翌日はいよいよ大雨となりついに洪水となった。龍造寺家兼は、この機逸すべからずと、家門とともに深夜、風雨の中、三百余の軍勢で杓岳の大内方の本陣へ奇襲をかけた。不意を突かれた大内方は敗走し、園部城に撤退した。

大内義隆は、この敗報を聞くと憤慨し、十月には自ら陶興房ら三万余の兵を率いて筑前に侵攻、大宰府を本営として少弐氏の拠る勢福寺城に攻め寄せたのである。

ところが、その一方で大内義隆は、千葉興常・同喜胤・波多隠岐守に命じ、家兼を諭して少弐資元・松法師丸父子に和議を持ちかけた。波多隠岐守は「資元が速やかに蟄居すれば、松法師丸には東肥前の地に安堵を与えよう」と説いたという。家兼が、江上・馬場・小田・横岳氏の諸将らが列席するなか、このことを少弐父子に披露すると、蓮池城主小田資光は「大内は少弐代々の敵である。一度、大軍をもって宿怨を晴らすべきである。たとえ、骸《むくろ》を野山に曝《さら》すことになっても、それは武士の面目ではないか」と不満を示した。また、少弐資元も「大内への旧怨は一朝一夕に忘れることはできない。義隆自身も来陣しているので、ここで先祖累代の仇敵を討ち果たしたい」と言って容易に応じようとしなかったが、ついに十月末になって家兼の諫《いさ》めを受け入れ、資元は勢福寺城を大内氏に明け渡した。

この大内・少弐両氏の和議を聞き、大友氏も大内氏と和平した。大内義隆は周防に引き上げ、陶興房も大宰府へ陣を引き、ここに大内・少弐両者の和議が調《ととの》ったのである。

だが、翌天文四（一五三五）年になると、大内義隆は陶興房に命じ、少弐資元の東肥前の所領のうち三根・神埼・佐嘉三郡を没収、資元は同年十二月晦日《みそか》、多久に退き、その子松法師丸（のち冬尚）も小田資光の蓮池城に身を寄せた。こののち、小田資光は松法師丸に「龍造寺家兼に異心あり」と讒言《ざんげん》したため、以後、資元・松法師丸と家兼との間に軋轢《あつれき》を生むことになるのである。

8 少弐資元の自殺

天文五（一五三六）年の秋になり、大内義隆は再び、少弐資元の追討を陶興房に命じた。興房は小城で大内方の千葉興常と合流し多久へ向かい、その報を聞いた杵島《きしま》郡柄崎《つかざき》［佐賀県武雄市武雄町］の武雄城主後藤氏、上松浦の吉志見《きしみ》城（鬼子嶽城・岸岳城）［佐賀県唐津市北波多町・相知町境］城主波多《はた》氏、鬼ヶ城［唐津市浜玉町谷口］城主草野氏らも興房に合流、九月初めに多久に押し寄せた。

　このため、九月四日、少弐資元はもはや敵《かな》わずと覚悟してか、梶峰城を出て麓の専称寺に行き、譜代の家臣今泉播磨守らに、松法師丸と四男でまだ幼い元盛のことを頼み、自殺し果てた。ただ、『肥陽軍記』には「病死」とあり、『歴代鎮西志』には「梶峰城主多久宗時、自殺を進む」とある。享年四十八。専称寺には、父政資と並んで葬られている。

少弐政資・資元の墓（多久市多久町）専称寺に父子ともに葬られている。向かって右が資元、左が政資の墓碑。

　元盛は、この時、妹とともに旧領佐嘉郡の川副郷江上［佐賀市北川副町江上］の福満寺にいた。また、今泉播磨守は、こののち播磨坊朝覚と称し、諸国を行脚《あんぎゃ》し少弐氏の復興を図ったという。

９　龍造寺家兼の出家

　豊後の大友義鑑《よしあき》は、少弐資元の自殺の報を聞くとこれを悔やみ、龍造寺本家の胤久に通じ、松法師丸を資元の後嗣にしようと相談した。蓮池の小田資光もこれを希望し、少弐氏が衰えたことは龍造寺家兼の二心からのことと信じ、資元への孝養に水ヶ江城と一戦すべしと主張し、同じ天文五年の冬、家臣とともに水ヶ江城に来襲した。

家兼もこれを迎え討たんと子の尚純（のち家純）・家門、孫の周家《かねいえ》・常家、鍋島の一族らとともに出発。城の東方の木原《きわら》［佐賀市木原］では、小田勢の攻撃で家兼自身も危機に陥った。さいわい味方の反撃で敵も崩れ去り、家兼らも帰城した。木原の戦いと呼ぶが、龍造寺氏と少弐氏との亀裂が表面化した出来事であった。

天文七（一五三八）年二月、家兼は剃髪《ていはつ》して剛忠と号した。長男尚純（のち家純）が病身だったため、その弟の家門が跡を継いだ。しかし、家兼（剛忠）は出家したのちも依然として水ヶ江城にあって軍政をつかさどった。

その後、天文十（一五四一）年ごろ、少弐冬尚（松法師丸改名）が水ヶ江城に剛忠を訪ねてきた。父資元の時同様に、龍造寺一門の力添えで少弐の家を支えてほしいとの願いであった。

剛忠は、先年、小田資光から攻撃を受けた木原の戦いは冬尚の命によるものと考えていたが、冬尚の一途な謝罪によって誤解を解き、従前のように冬尚を勢福寺城に据え、家門を後見として、江上元種・馬場頼周を補佐に当て、少弐氏を助けることとしたのである。

10 千葉両家の和順

小城の千葉氏は、前記したように、文明年間（一四六九～八七）の終わりごろ以降、東西両家に分かれて紛争を起こしていた。

しかし、『河上神社文書』によれば、天文二（一五三三）年十月十七日、千葉胤朝の二代後の胤勝が興常と連署（名前を連ねること）して、佐嘉郡川上山座主《ざす》坊職および與止日女《よどひめ》神社（河上神社）の社領を安堵させ、翌三年二月十五日、同じく連署して川上実相院（與止日女神社の別当寺）［佐賀市大和町川上］に軍勢や庶民の乱暴狼藉《ろうぜき》を戒めた禁制を出している。これは両家が和平したかにみえるが、一時的・表面的なものであったのだろうか。

天文九（一五四〇）年、千葉興常が没し、子の喜胤《よしたね》が跡を継いで平井城［小城市三日月町久米］に入るとまたも大内氏に通じたため、両千葉家は再び反目するようになった。しかも、千葉氏の本家である西千葉家の胤勝は、子の胤連《たねただ》と不和だったため、島原半島高来《たかく》郡に勢力を有する有馬晴純《はるずみ》がこの隙を衝いて千葉氏を討とうと攻め寄せた。有馬氏はすでに文明年間（一四六九～八七）には、藤津地方［佐賀県鹿島市・嬉野市・太良町］を支配下におさめており、多久梶峰城城主の多久宗時もこれに応じたため、有馬氏は力を得、さらに杵島郡須古《すこ》［佐賀県杵島郡白石《しろいし》町堤］の平井頼庶《よりちか》、同郡佐留志《さるし》［杵島郡江北町佐留志］の前田志摩守、同郡山口［杵島郡江北《こうほく》町山口］の井元左近大夫らに命じて、まず千葉氏の領地に近い同郡横《よこ》辺田《べた》［杵島郡大町《おおまち》町大町］に討ち入り、民家に火を放って乱暴し、小城へ殺到しようとした。

こうして、千葉喜胤は、東に少弐一族、西に有馬勢と、両方に敵を受けることとなり、ついに少弐冬尚に和を申し入れた。

一方、冬尚は、龍造寺家門・江上尚種・馬場頼周と談合したところ、家門は「有馬勢が須古・佐留志・山口などの勢を従え小城に攻め込めば、千葉氏を倒すことなど容易《たやす》い。そうなれば、千葉氏を潰した勢いで佐嘉へも攻めてくることが考えられる。戦いの勝敗は図り難いが、千葉・少弐・龍造寺の三家が合同して有馬勢に当たれば、容易に防ぐことができよう」と話した。そして、家門は自ら小城に出向き、両千葉氏に話をもちかけたところ、ただちに同意を得、少弐冬尚と東千葉家の喜胤の間に和が結ばれ、九歳になる冬尚の弟新介を喜胤の女婿として、平井館に送って胤頼と名乗らせた。

龍造寺氏もまた、家純の女婿である鍋島清房の四歳になる二男彦法師丸を、西千葉家の胤連《たねただ》の養子として晴気館に遣わした。

こうして、両千葉家の内紛も止み、千葉・少弐・龍造寺三家の連繫も成ったことで、小城・神埼・佐嘉三郡の間も静謐した。このため、有馬勢は攻撃の不利を悟って撤退した。

その後、東千葉家の喜胤は永年の悪瘡《あくそう》を苦にして、天文十（一五四一）年三月二十九日、四十四歳で自殺した。養子胤頼はまだ幼少だったが家督を継ぎ、本城牛頭《ごず》城に入り、後年、喜胤の娘を妻とした。

一方、本家の西千葉家では、その後、胤連に実子が生まれたので、胤連は彦法師丸を伴って同郡の南の牛尾《うしのお》［小城郡小城町池上《いけのうえ》］に引退し、隠居分の地であった同郡美奈岐八十町を彦法師丸に譲り、また、譜代の武士十二人を知行地に副《そ》えて与えた。その武士は、平田・鑰尼《かぎあま》・野辺田・金原・仁戸田《にへだ》・堀江・小出《こいで》・陣内《じんのうち》・巨勢《こせ》・田中・浜野・井手であった。そののち、彦法師丸は、天文二十（一五五一）年に、千葉家を辞し鍋島家に帰った。これが、のちの鍋島信昌、つまり佐賀藩藩祖鍋島直茂である。

11 東肥前静まる

千葉・少弐・龍造寺三家の和睦で、小城・神埼・佐嘉三郡は鎮静したが、三根《みね》・養父両郡も少弐氏の旧縁の地であるため、自然に鎮静した。

この状態をうかがい知ることができるのが、天文十二（一五四三）年二月四日、龍造寺・少弐氏、そして一族・譜代の家臣らが連署して、宇佐八幡宮の分社「九州五八幡」の一つ、養父郡の千栗《ちりく》八幡宮［三養基郡みやき町白壁］に奉納した銅鐘の銘である。しかし、この鐘は明治初年の神仏分離で八幡宮の別当寺である妙覚院に移されたのちに売却され、所在不明となったという。ただ、佐賀藩の枝吉経種《えだよしつねたね》（神陽《しんよう》、副島種臣の兄）らが藩命で資料採訪を行った際に「肥前古鐘銘」として拓本がとられ、これが残された。

［千栗八幡宮旧蔵鐘銘］

大檀那之事

太（大）宰少弐藤原冬尚

馬場六良（郎）藤原政員

前肥前守頼周（馬場）

筑紫四郎惟門

亶（檀）越　宗筑後入道本盛

馬場右衛門大夫周詮

馬場大蔵丞周盛

江上石見守元種

檀那　東弾正少弼盛親
龍造寺山城入道剛忠（家兼）
龍造寺新次良（郎）胤栄
同三良（郎）兵衛尉家門
同伯耆入道日勇（盛家）
小田九郎政光
宝泉
（常喜道林妙円）
（浄円道弟妙一）
（住国六十六部本願）
（道三妙安）
前筑国（筑前）
大僧都法印祐賢
妙珍
天文十二年癸卯二月四日願主妙覚院
□
惣官大工　平総茂

総□□（官大）工　源□（時）貞

※『龍造寺隆信』と『社寺縁起并鐘花表銘』川副博著（鍋島文庫）により記述した。

これにより、少弐氏の一族とその同士である東肥前の諸城主との関係が融和されたこと、また、少弐氏と龍造寺氏の関係も一応平穏となったであろうことが知られる。

だが、この平和も長くは続かなかった。

12 馬場頼周の計略

龍造寺剛忠が少弐氏に尽くした功績は大きかったが、また、少弐氏が剛忠を信頼するところも大きかった。しかし、譜代の臣や一族の内には、大内義隆の勧めで少弐氏を講和させ、しかも領地は没収され、剰《あまつさ》え少弐資元を死に至らしめたのは、剛忠の罪であると考える者たちがおり、馬場頼周《よりちか》もその一人であった。馬場氏は少弐満貞に始まり、満貞の子頼経が馬場氏を称した。その孫が頼周である。頼周は綾部城に居住したといわれるが、『肥陽軍記』では三根郡中野城［三養基郡みやき町江口中野］城主とされる。

龍造寺氏を計略により滅ぼそうと考えた頼周は、「天文三（一五三四）年に大内氏が肥前に攻め込んできた際、合議の中で大軍を準備してこれを誅伐すべしとの意見が出たが、剛

多久梶峰城址（多久市多久町）天文９年、千葉氏内乱の隙をみた有馬晴純は、千葉氏攻撃に出陣し、梶峰城主多久宗時もこれに同心した。

忠は異心あって賛同しなかった。剛忠は、大内氏に通じて自立しようとする考えを抱いている」と冬尚に讒言した。このため冬尚は頼周の言葉を信じ、龍造寺氏討滅の準備にとりかかるようになった。そして、天文十三（一五四四）年冬、西肥前の城主らが少弐氏に背いたと見せかけ、龍造寺一族にその討伐を命じ、龍造寺氏の勢力を分散させ、その隙に攻め滅ぼそうと考えたのである。

そこで、冬尚は先ず島原半島日野江（日之江《ひのえ》）城［長崎県南島原市北有馬町戊《ぼ》］城主有馬晴純《はるずみ》（仙岩《せんがん》）にその意を伝えた。これを聞いた晴純は、自ら少弐氏への反乱を装い、杵島郡長島［武雄市橘町永島］に出兵、同時に波多《はた》・鶴田《つるだ》・馬渡《もうたい》・多久氏もこの計略を承知し、多久宗利は居城梶峰城で、また波多・鶴田らは杵島郡川古《かわご》［武雄市若《わか》木《き》町川古］の日鼓《ひつづみ》城［多久市・唐津市・武雄市にまたがる日鼓岳（八幡岳）に置かれた城」に出張し、少弐氏への反乱を装った。

少弐冬尚は、龍造寺剛忠を勢福寺城に招き、有馬以下の叛旗のことを伝え、その討伐を命じた。剛忠はこれを承諾し、水ヶ江城に帰ると一族・老臣を集め評議した。その結果、自身は老齢で出馬は叶わなかったが、一族を三手に分けて、十一月二十一日ことごとく出兵させたのである。

一手は、高木満兼の子で龍造寺胤家の養子盛家入道日勇《にちゆう》、長男家重・二男三郎四郎・龍造寺伊賀守家直以下で、上松浦《かみまつら》へ向かわせた。

つづく一手は、剛忠の子尚純（のち家純）・孫周家、同じく甥胤門とその子胤直以下で、多久梶峰城へ向かい、彼らは追手（大手）の長尾口「多久市南多久町長尾」から迫り、龍造寺胤久の子胤明と一族の於保《おほ》胤宗以下は南方の搦手《からめて》（城の裏門）に進み、杵島郡横辺田を西に回り南から多久に迫った。

さらに一手は、剛忠の子家門・孫頼純、龍造寺胤家の子右京亮胤直（胤有ヵ）、同常家・同家宗以下で、有馬勢を駆逐するため長島方面へと向かったのである。

多久に出撃した龍造寺尚純の軍に対し、多久宗利はこれを迎え撃ったが、先陣の周家らはものともせず蹴散らし、梶峰城へ迫った。梶峰城は、西北に船山《ふなやま》（女山《おんなやま》）・日鼓岳（八幡岳）

吉志見（鬼子嶽）城址（唐津市北波多・相知町）

の高山を控えて、雄城・雌城・孫城という三城からなる要害堅固で鳴らした城であった。

一方、上松浦に向かった龍造寺盛家（日勇）の一手は、この地の相知《おうち》入道宝秀や広瀬氏・中島氏が加わったため、彼らを案内として、まず鶴田前《すすむ》の居城、獅子ヶ城［佐賀県唐津市厳木町浪瀬］に押し寄せた。だが、この城も「万仞《ばんじん》の青岩、峰を遮り、茸茸《じょうじょう》たる荊棘《しきょく》、谷を閉す」といわれ、攻め口がただ一つという無双の要害で、すぐには攻略する術もなかった。

このため、日勇は軍を二手に分け、一手を獅子ヶ城の押さえとし、別動隊で波多鎮《はたしずむ》の吉志見《きしみ》城（鬼子嶽城）［唐津市北波多・相知町の岸岳］、鶴田直の日割《ひわり》城（日在城）［佐賀県伊万里市大川町大川野］などを攻撃しようと、翌二十二日早朝、日勇自ら兵を率いて進発、大川野の東、竜ノ川（立ノ川）に着陣し、日割城に攻めかけた。これに対し、馬場・徳須《とくす》

志久峠遠望（武雄市北方町）　奥から２列目の山並み中央から右寄りの箇所が志久峠。武雄市北方町焼米より撮影。

恵《え》・山口ら松浦党《まつらとう》の諸兵が出合わせ、日勇の軍を取り囲み猛攻を加えたため、日勇はこの地で三郎四郎とともに討ち死にを遂げた。『九州治乱記』には、この地に、盛家松という大木が長く残っていたが、元禄時代に唐津藩主土井氏が用材として切り倒したと記される。また、龍造寺家和の孫家久、日勇の末孫信以《のぶもち》、家臣成富刑部少輔も戦死、相知入道・広瀬氏も討たれた。

一方、獅子ヶ城攻めは年を越し、翌天文十四（一五四五）年正月七日に陥落、馬渡《もうたい》俊信を城番としたが、十二日に急襲を受け一旦は撃退したものの、夜になって城の背後から険阻《けんそ》をよじ登った敵兵に襲撃され、俊信は六十余名の兵とともに討ち死にし、城も奪還されてしまった。

さきの多久梶峰城は、同月十八日に陥落したものの、搦手に向かった龍造寺胤明、於保胤宗以下は、すでに十四日、志久《しく》峠［武雄市北方町志久］で、須古の平井、佐留志の前田、山口の井元らと戦い、討ち死にした。また、長島方面に向かった龍造寺家門の軍は、十五日（『龍造寺記』『歴代鎮西要略』は十六日）に、藤津郡冬野原《ふゆのばる》［嬉野市塩田町久間《くま》］の戦いで有馬軍に敗れ、胤直（胤有ヵ）らが戦死した。

以上の如く、龍造寺軍は各所で大きな損害を受け、ようやく佐嘉に引き返す有様となったのである。

こののち、『九州治乱記』などには、こうして龍造寺軍が退却すると、有馬・松浦の軍勢は、勝ちに乗じて佐嘉を攻めんと、井元上総介を先駆けとして来襲し、少弐方の十九部将を中心に二、三万の軍勢で水ヶ江城を取り囲んだとされる。

龍造寺一族は、案に相違する結果となったことに、ただ呆然とするばかりであった。馬場頼周の術数にことごとく陥ったのである。

13 剛忠の筑後落ちと一族の悲劇

馬場頼周は、龍造寺剛忠の一門を思う壺にはめ、大半を戦死させたうえに水ヶ江城を包囲した。頼周は、子政員が剛忠の孫婿である縁から剛忠に近づき「貴公の一門のうちに、貴公が大内に内通したと讒言する者があり、また、戦いにも敗れたため、冬尚公は怒り、龍造寺家を滅ぼそうと考えておられる。このうえは貴公は居城を去って罪無き旨を述べられたら必ず赦《ゆる》されるであろう」と勧めた。この頼周の言葉に対し、鍋島清久はひそかに剛忠の性急な行動を諫めたが、その効なく、一月二十二日、剛忠はついに頼周の言葉に従い、城を明け渡して孫鑑兼《あきかね》とともに筑後に退き、翌二十三日、家純・家門・孫純家に四十余名を付けて筑前に退去のため出発させ、また、周家《かねいえ》・家泰《いえひろ》・頼純を神崎・勢福寺城の少弐冬尚のもとに謝罪に向かわせた。

　頼周は、またしても家兼を謀略にかけたと喜び、佐嘉北部山内《さんない》の神代勝利《くましろかつとし》と相談し、家純ら三人を川上［佐賀市大和町川上］で迎え撃とうと夜中に子馬場政員、神代勝利らの多勢をもって、家純らが一夜を明かしているところへ乗り込んだ。家純は、ここで家運も極まったと與止日女《よどひめ》神社（河上神社）の社殿で自殺をとげた。河上社頭の戦いと呼んでいる。

與止日女神社（佐賀市大和町）龍造寺家純・家門・純家らは馬場政員・神代勝利らに攻められ、壮絶な最期を遂げた。

この時、純家（家純とも）は社殿の扉（板壁とも）に「山遠くして雲は行客の跡を埋め　松寒うして風は旅人の夢を破る」の古詩を血書し、社殿の外に躍り出て石を盾にして奮戦、敵を近づけなかった。そのため、この石をのちに屏風石と言ったという。

『肥前国誌』には、三将の墓の代わりに、川岸に六地蔵を祀ったとあるが、今は約一キロメートル西の水上［佐賀市大和町川上］という場所に移されている。

一方、龍造寺周家・家泰・頼純は、二十三日の夕刻に佐賀を出て勢福寺城に急いだが、日が暮れたため、和泉村［佐賀市久保泉町下和泉］の玉泉坊で一夜を明かし、翌早朝、出発した。

川上の六地蔵（佐賀市大和町）　馬場頼周の謀略によって討死にした龍造寺三将の菩提を弔うために建てられた。

ところが、一行が祇園原《ぎおんばる》［神埼市神埼町尾崎］にさしかかったところ、頼周の家臣薬王寺隼人佑《はやとのすけ》を大将とする一団が、突然前後から取り囲み襲撃した。

周家は逃れられないと覚悟すると「皆潔《いさぎよ》く討ち死にされよ」と叫び、敵の中に飛び込み奮戦したが、ついに神代の家

祇園原周辺（神埼市神埼町尾崎） 中央奥に見える頂上部が平らな山が少弐氏の居城した勢福寺城址。

臣馬場四郎左衛門に討たれた。このわずか前、鍋島清久は頼周に謀られたことを悟り、野田越前守を遣わし「冬尚への謝罪はやめて、頼周を討伐されよ」と周家に伝えようとしたが、三将はすでに敵に囲まれどうすることもできなかった。周家は「天運の尽きるところ。清久公によろしく伝えてくれ」と言い残したが、野田越前守も「御供しましょう」と敵中に切り込み戦死してしまったという。こうして戦闘は卯刻（午前六時）から始まり辰刻（午前八時）に終わった。和泉村の也足庵《やそくあん》の住持は龍造寺一族の出で、彼らを葬り位牌を也足庵に置いた。

龍造寺家門の二男鑑兼《あきかね》は、川上や祇園原で戦没した父家門や兄家泰の供養塔を乾亨院（鍋島直茂のとき、現在の佐賀市中の館町の水ヶ江城東館址に移築）に建てた。また、周家の室慶誾《けいぎん》夫人も、夫周家や家純・頼純・純家の供養塔を祇園原に建て、その地を塔前《とうのまえ》と呼んだ。

なお、明治五（一八七二）年、旧藩主鍋島直大は川上や祇園原で戦没した六将の墓を菩提寺の高傳寺に改葬した。

14 剛忠の水ヶ江城復帰

馬場頼周は、水ヶ江龍造寺の一族のうち中堅の六人を討ち取ったことを喜び、勢福寺城の少弐冬尚のもとへその首を桶に入れ実検に差し出した。『歴代鎮西志』には、「頼周は城門の土中に六人の首を埋め、出入りの者に踏ませた」とある。冬尚は、やがて剛忠一族の所領を没収し、水ヶ江城には馬場・神代・小田らの家臣を入れ交代で城番を勤めさせた。

一方、龍造寺剛忠は筑後の一木《ひとつき》［福岡県大川市一木］で、長子家純はじめ一族の者が殺害されたことを聞き憤った。鍋島清久・清房父子は、龍造寺家断絶の恐れを歎き、三月には佐嘉郡川副・与賀の郷士ら三百人を集め、剛忠の帰国を促した。だが、剛忠はその無勢を嘆いたため、鍋島父子は佐嘉に帰り、重ねて郷士を誘い、鹿江《かのえ》兼明・南里《なんり》国有・久布白《くぶしろ》兼基・内田兼智・太田美濃守ら千二百余名を同心させ、兵船数十艘で寺井江（千年川あるいは筑後川）を渡って一木に剛忠を迎えた。剛忠はこれを喜び、川副郷鰡江《しくつえ》［佐賀市川副町西古賀］の無量寺で旗揚げをし、水ヶ江城に向かい、城番の小田政光を攻め落とし入城した。

同年四月二日、剛忠は、この時、少弐冬尚の弟で、千葉氏に養子に入った千葉胤頼の牛頭《ごず》城（祇園岳城）に居城する馬場頼周・政員父子を攻め、城から追い落とした。馬場政員は、南方の大外ヶ里《おおとがり》（大戸ヶ里）［杵島郡白石町福吉大戸ヵ］まで逃れたが、野田家俊に馬の背を射られ立往生したところを討たれた。また、頼周は城の裏口から逃走、大願寺郷［佐賀市大和町川上］から川上川をかろうじて渡ったものの、そこで馬が倒れたため、引き返して與止日女神社の社家に走り込み、芋釜の穴に隠れたところを引き出され、ついに首を刎《は》ねられたという。

剛忠はこの時、佐嘉郡高木に陣を置いていたが、馬場頼周・政員父子の首を膝に乗せ、「わが子家純は何の罪もなきになぜ殺した。このように、恨みはたちまちに報いられるものぞ」と言った。この時、野田家俊が進み出て、「聞くところでは、馬場父子は御子孫の首を踏んだということです。この首も踏まれてはいかがでしょう」と言うと、剛忠は「いや、それは武士の道ではない。そのような情のなきことはゆめゆめあるべからず」と言い、その首を春日山高城寺《こうじょうじ》と水上山万寿寺に送り、銭五十貫を添えて冥福を祈らせ、自身は水ヶ江城に帰還した。

『九州治乱記』では、この時、馬場頼周の家臣薬王寺隼人允《はやとのじょう》は、遠方に使者として出かけていたために主君の最期に間に合わなかった。そして「私は頼周殿に懇《ねんご》ろに召し使われた者なのに、死に遅れたことは大変遺憾《いかん》だ」と切腹を申し出たのを、剛忠は「主君に忠なる者だ。助命すべし」と言ったが、ついに切腹して果ててしまったという。

15 佐賀万部島《まんぶじま》の起こり

龍造寺剛忠は、これ以前、永正二(一五〇五)年三月、水ヶ江城内に百人の僧侶を招き、弟の水上山万寿寺の天亨和尚を導師として大乗妙典一万部を読誦《どくじゅ》させ、国土安穏・子孫繁栄を祈らせた。つづいて、天文七(一五三八)年には、高城寺の登岳和尚を導師とし同じく百僧に勤修《ごんしゅ》させ、九千部を転読させた。

また、天文十四(一五四五)年、馬場頼周・政員父子を討ち果たした剛忠は「近年不運にして子孫ことごとく不慮の害に遇う、是に於いて善根を以て万部に満たせたし」と言い、剛忠自身が精進潔斎して、毎日焼香礼拝した。そして同年十一月、城内に仮道場を建て、導師の天亨和尚以下、高城寺・慶雲院[佐賀市水ヶ江五丁目]・泰長院《たいちょういん》[佐賀市与賀町]などから百僧を集め、さらに一千部を修し結願させたという。ただ、結願《けちがん》の導師については、高城寺の登岳和尚とする史書もある。

万部島に並ぶ結願碑(佐賀市水ヶ江１丁目)

布施も長老には鵝眼《ががん》(銭)五十貫、平僧には十貫ずつとし、民衆のためには休息所百間、饗応所三十間を設けた。また、かねてから貯え置いた財物をことごとく蔵から出し貧民に施し、町の辻々に高札《こうさつ》を立てて、借用した金銀はことごとく免除するという徳政を行なった。それゆえ、前述のごとく、領内の人びとはその仁《じん》政《せい》を偲び、「剛忠さんの時代」という言葉が永く残ることとなったのである。

『歴代鎮西要略』には、剛忠はこの時、「我が子孫中、秀づる者あらば、すなわち下民を撫育《ぶいく》し、慈恵を垂れて家臣を憐み、人道を勤めて怠るなかれ」と述べたとある。こうして、万部の経を修読し終えると、百部を写してこれを城の鬼門(東北)に埋め、結願《けちがん》の碑を建てた。

このことは、鍋島氏の藩政に移ってからも続けられ、藩主襲封《しゅうふう》の時、同様に領内の天台宗の僧衆を請《しょう》じて国土安穏・武運長久を祈祷し、経巻を地中に埋めて結願の碑を建てた。

この地はのちに霊場とされ、周囲に濠をめぐらし、「万部島《まんぶじま》」と呼び森厳《しんげん》の地として、みだりに衆人が出入りすることを禁じた。万部島は、近世の佐嘉城東ノ門から二ノ丸に至る間にあり、現在も佐賀藩十代藩主鍋島直正に至るまで十一基の碑が立っている。

16 剛忠卒す

天文十五（一五四六）年、龍造寺剛忠も九十三歳となり、日毎に衰弱が目立ち、起《た》つことも容易にできなくなった。そこで剛忠は、一族・老臣を集め、「我、馬場頼周に謀られ恥辱を受けたが、さいわい天の憐みを受け、頼周父子を討ち果たすことができた。こののち、水ケ江の総領家門《いえかど》の跡は、その子鑑兼《あきかね》が継ぎ、家純の跡ならびに我が隠居分は周家の二男慶法師丸（のち長信）に与えよ。宝琳院［佐賀市鬼丸町］の中納言僧（のち隆信）は性倜儻《てきとう》（才気があり優れる）にして大器（人並み外れた才能の大きさ）を有す。向後《きょうご》当家を興す者は彼《か》の者である。時をもって還俗させよ」と遺言し、三月十日に没した。法号を剛忠浄金大居士といい、慶雲院に葬られた。遺言により、父康家の墓に面した場所に墓が建てられ、乾亨院には、分祀《ぶんし》して石塔を建て位牌を置いた。明治五（一八七二）年、旧藩主鍋島直大はその墓を菩提寺の高傳寺に改葬した。

戦国末期東肥前(佐賀県)の群雄割拠図

第三章　隆信の登場

1 隆信の誕生と出家

龍造寺隆信生誕地碑（佐賀市中の館町）

龍造寺隆信は、享禄二（一五二九）年二月十五日、水ヶ江家の周家の子として、水ヶ江城東館《ひがしんたち》天神屋敷で生まれた。現在の佐賀市中《なか》の館《たて》町の乾亭院西隣にあたる。

母は、龍造寺宗家（村中家）胤久の兄胤和の娘で、賢夫人として知られるが、俗名は分からず、法名から慶誾尼《けいぎんに》または慶誾と呼ばれる。

隆信は、幼名を長法師丸（千代法師丸）といい、慶誾夫人の老女（侍女）であった木下覚順の妻室

隆信胞衣塚(佐賀市中の館町)　龍造寺隆信生誕地碑の西隣に所在。隆信出産時の胎盤を埋めたと伝える。

(玉峰妙瑞)が養育したが「容貌雄偉《ようぼうゆうい》、眼光炯々《がんこうけいけい》」であったと伝える。

ある時、侍女に平家物語を読ませていたが、「わしは源氏か、平家か」と尋ねたので、侍女は「源平にはありません。藤原の御末孫《ごまっそん》です」と答えたところ、「藤原の武勇は、源平と比べてどうか」と再び尋ねた。そこで侍女は、藤原氏代々の武勇を語ったところ、長法師丸は機嫌よく壇ノ浦の戦の話を聞いて、一度ですっかり覚えてしまったという。

また、この時、曽祖父の家兼(剛忠)が部屋に入って来て、壇ノ浦の軍話《いくさばなし》を所望すると、長法師丸は、その条を空で読んだので、家兼は驚き、深く感心したという。

家兼は「一子《いっし》出家すれば必ず仏乗を悟り、九族《きゅうぞく》天に生《しょう》ず(先祖まで魂が通じて大人物となる)」との教えから、長法師丸の父周家に語り、長法師丸が七歳(数え年)になった天文四(一五三五)年に、家純の子豪覚和尚の仏弟子として出家させた。こうして長法師丸は、先

宝琳院（佐賀市赤松町）隆信は、7歳のとき叔父豪覚和尚の弟子となり、円月と号し、中納言と称した。

祖の開いた宝琳院に入り、円月《えんげつ》と号し、また中納言と称した。そして、十二、三歳ごろには、品格も備わり、頭脳明晰、力量抜群で、優れた才能を顕したという。

ある時、寺僧が付近の民人と喧嘩《けんか》をして逃げ帰り寺の門を閉ざして震えていた。外では六、七人の者が扉を押し破ろうとして怒声を挙げていた。そこに円月が出てきてただ一人で押さえたところ、勢い余って扉がはずれ、押し開けようとしていた者たちの上に倒れ、四、五人が下敷きになり、皆、恐れをなして逃げ帰ってしまった。この時、円月は十五歳。こうしたこともしばしばあって、寺中の者をはじめ、近隣の者までが円月に一目置くようになったという。

2 還俗

天文十五（一五四六）年、龍造寺剛忠が死に臨み、その遺言に「宝琳院の中納言僧は性倜《てき》儻《とう》にして大器を有す。向後《きょうご》当家を興す者は彼の者である。時をもって還俗させよ」とあったのは前述のとおりである。一族・老臣の意見はまちまちであったが、結局、中納言円月を還俗させ水ヶ江家の跡目に定むべしと満座同意した。しかし、さらに神意を問うため「八幡宮に詣でて籤《くじ》を引いて決すべし」ということになり、一同揃って龍造寺八幡宮に参拝、籤《くじ》を引いたところ、三度とも円月に落ちたので、ついに円月を水ヶ江龍造寺家の当主とすることに決定したという。中納言円月は時に十八歳であったが、石井忠房の家で還俗して元服、胤信《たねのぶ》を名乗った。

本家の村中龍造寺家は、すでに述べたように、家兼（剛忠）の兄家和が享禄元（一五二八）年に死に、子胤和が家督を継いだが早逝したため、その弟胤久が継いだ。そのころ、大友氏は少弐氏に加担しつつ、龍造寺氏にも好意を示しており、大友義鑑《おおともよしあき》は胤久に天文五（一五三六）年七月、筑後国の百町分を、八月には同国生葉《いくは》郡に八十町分を充行《あてが》っている。

同八年八月三日に胤久が死に、城内の泰長院《たいちょういん》に葬られた。泰長院はのちに城外精町《しらげまち》［佐賀市与賀町］に移された。胤久の内室は、兄胤和の室であったが、胤和が早逝したため胤

泰長院（佐賀市与賀町）龍造寺胤久の菩提寺で、臨済宗の名刹である。

賀昌院（佐賀市与賀町）龍造寺胤久の内室の菩提寺。泰長院の北隣にある。

久に嫁し、天文三（一五三四）年、城内に日蓮宗本寿院を開いた。そして、弘治元（一五五五）年に没したのち、法号に因《ちな》んで賀昌院《がしょういん》が建立されて菩提所となり、これも近世になって精町に移った。

胤久の跡は子の胤栄《たねみつ》が継ぎ、家兼の子家門の娘を室にした。胤栄の読みについては、『歴代鎮西志』に引用される天文十七（一五四八）年三月十二日の慶誾《けいぎん》夫人に宛てた書状の差出書に「太年栄」と書き、編者が「タ子ミツ（タネミツ）」と仮名をふっていることに拠った。「栄」の訓を「ミツ」

と読ませるのは、「光」に通じる、瑞光の意味であろう。

胤栄は、『九州治乱記』によると、天文十五（一五四六）年正月十八日、少弐冬尚《ふゆひさ》に攻められ佐嘉城を追われ、浪人のようになったが、その後、大内氏の筑前守護代杉隆満を通じて大内義隆に助力を乞うた。こうして、胤栄は大内氏の援助を得て、少弐氏の軍を破り、義隆から佐嘉郡のうち五千町、神埼郡のうち西郷五百町、三根郡のうち下村二百町、坊所三百町を充行われた。

そののち、閏《うるう》七月には少弐冬尚の居城勢福寺城に迫り、八月には神埼郡米田原《めたばる》（目達原）［神埼郡吉野ヶ里町立野］で戦うなど少弐方の勢力を削ぎ、十月十六日には冬尚を筑後に出奔させたが、胤栄自身も同十七年三月二十二日に病死した。法名賢誉。佐嘉城内無量寺に葬られたが、明治の初め、鍋島直大が高傳寺に改葬した。無量寺は、のち松原［佐賀市金立町金立松原］に、ついで精町泰長院大門内にあったが、現在は泰長院に併せられている。

3 龍造寺本家相続

龍造寺胤栄には、一女あるのみで相続者がなく、龍造寺本家の系統は絶えようとしていた。老臣小河筑後守武純（のち信安）にいたっては「今は主人なし、誰に従うべきか」と言い、自害しようとする有様であった。

そのため、総領を立てるため一族・老臣が集まって相談が行われた。しかし、胤久の子家就を立てんと主張する者、胤信（隆信）を立てんと主張する者と、意見が分かれたため、ついに龍造寺八幡宮の神前で籤《くじ》占いを行い、総領を決めることとなった。その結果、三度とも胤信に落ちたので、ついに龍造寺家の総領が決定したという。だが、このいきさつは、胤信が水ヶ江家を継ぐ時の話と混同されているようにも思える。事実は判然としないが、水ヶ江家を相続していた胤信を諭《さと》して、胤栄の跡を継がせたのだろうか。

ここに胤信は、先祖相伝の二千余町（佐嘉郡与賀荘千町、龍造寺八十町、小城・佐嘉両郡の勲功地五百町・筑後生葉荘百町、その他所領、都合二千町）の所領と、胤栄の遺領六千町も合わせ知行することとなった。『隆信公御年譜』には、七千二百三十町とし、知行にして十八万五千石とある。鍋島清房を後見とし、龍造寺家直・同名家宗・小河武純（のち信安）・納富信景・福地主計允らが家事を執行した。

また、胤信はこれと前後し、胤栄の後室を妻室とし、遺された一女を養女とした。

こうして天文十七（一五四八）年、龍造寺胤信は、二十歳にして、龍造寺本家も合わせ龍造寺家の総領の地位に就いたのである。

しかしながら、胤信の性質は、やや激しすぎた。『歴代鎮西志』には、胤信が大胆かつ剛強だったことから、人に従うことを好まず、威勢のある者はこれを嫌ったと見える。

だが反面、文を好み、武を重んじ、山林に狩りし、川沢に漁し、水に泳ぎ、田野を走り、その行動は常に人の意表をついた。そして、以下のようなことも記される。胤信には五人の寵臣《ちょうしん》がいた。ある時、胤信が濠に入り魚を捕えようとしたものの、その業が拙劣で思うに任せなかった。が、やがて胤信はその五人に濠に入り魚を捕えることを命じた。彼らは一瞬躊躇《ちゅうちょ》したが、すぐに着衣のまま濠に入り、銘々に魚を捕えて胤信に差し出した。胤信はこれを喜び、五人を連れて館に帰ると、それを肴《さかな》に酒宴を開いたという。ほかの家臣たちの中には、こうした傲慢《ごうまん》な振る舞いを嫌う者もあり、のちに起こる胤信排斥の決意はこの時に持たれたともいわれる。

また、ちょうどこの時期、筑後に流浪していた少弐冬尚は、龍造寺胤栄が死んだことを知ると、その隙に乗じ勢福寺城を取り戻そうと、天文十七（一五四八）年に城原《じょうばる》を攻め、その後、ついに失地を回復した。

胤信は、この事態を黙止することができず、天文十九（一五五〇）年には老臣らを集め、「我らの代に国中が乱れることは許せない。まして少弐冬尚を討つことは、曽祖父剛忠への孝養でもある。我らは少弐・蓮池の小田・城原の江上を討ち、肥前の東を得、さらに有馬を討って西を治めたい。これに成功すれば、次は隣国に出馬して、菊池・大友・原田・秋月・島津をも従え、中国・四国へ乗り出したい。五年ほどもあれば達成できるであろう。皆も油断なく、五年を限って軍備を整えよ」と命令した。

老臣らは、「いまだ肥前の一国すら治まっていない状態なのに、諸方へ手を伸ばすのは、かえって失敗のもととなります」と胤信を諌めたが、胤信は眼の色を変え、席を蹴って退出してしまった。一同は「あれでは国を治めることはできない」と嘆息し、ついには、龍造寺家門の子、水ヶ江龍造寺家の鑑兼を家督に立てようと主張する者もあり、胤栄に仕えて功のあった老臣土橋栄益《みつます》も先君胤栄の早世を朝暮悲嘆したという。

土橋栄益は、かねて胤信の家督相続を快く思わず、水ヶ江龍造寺家の鑑兼《あきかね》こそが寛仁《かんじん》（心が広く情深い）の人物で、天文二（一五三三）年に鑑兼が元服した時も大友義鑑が烏帽子親《えぼしおや》となり、その実名一字「鑑」を与えたほどであるから、大友氏の後楯を得られるだろうと考えていた。そうした時に、先の胤信の出陣計画を聞いたため、「龍造寺家を滅ぼす者は胤信である」と陰で憎むようになったという。

4 胤信排斥の策謀

胤信の妻室は、鑑兼の妹であったため、兄鑑兼を慕う老臣たちの気持ちを思うと心が乱れた。そのうえ、前夫胤栄のことも思い出され、胤信との情も薄くなりがちになった。また、家中の心も動《やや》もすれば、鑑兼や土橋のほうへ傾いていった。さらに、鑑兼は大友氏と通じて佐嘉を攻める考えだとか、少弐・神代の軍勢が攻め寄せるだとかの風評も乱れ飛び、龍造寺家は危機的な状況に立ち至ったのである。

そのような時、老臣の小河筑後守武純(のち信安)が意を決して登城し、胤信夫人のもとに押しかけ快然を祝賀し、つづけて姫君への接見を願った。

夫人が武純の望みに任せて姫を連れてくると、武純は姫を抱き上げ涙を流し「さても幸せ薄き姫君よ。幼くして父上(胤栄)を亡くし、いまだ十歳にならずして、今、私の手にかかりて、命を落とし給う」と、やにわに脇差を抜いて姫を刺し殺そうとした。

夫人は驚き、その心中を糺《ただ》すと、武純は「今や、世の中は蜂の巣をつついたように乱れており、大友氏は九州を手中に収めんと計をめぐらし、当家にも間者が入っていると聞きます。胤信公は武将の大器ですが、にもかかわらず家中は和親を欠き、混乱を極めております。この時に大友が攻め来れば、ことごとく捕えられ、姫も豊後に連れ去られてしまうでしょう。私はそれを見るに忍びず、今、姫を害して胤栄公の恩に報いたいとするものです」と述べた。

夫人はあわてて「我誤《あやま》てり。汝の言、至極《しごく》尤もである。我、どうして一身の愛憎を思うて、一家断滅の振る舞いをしようか。そのようなことはない。安心せよ」と説いたので、武純は感涙をおさえて退出した。その後、胤信夫妻は和合し、家中にもはじめて安堵の色が見えたという。

この姫は、当時七歳で、名を於安《おやす》といい、秀前《ひでのまえ》と称して蓮池城主小田鎮光に嫁し、鎮光の死後、上松浦の吉志見城（岸岳城）城主波多親《はたちかし》に再嫁した人で、のちの妙安尼である。

胤信は、天文十九（一五五〇）年七月一日、大内義隆からかねて所望の山城守を天皇に奏上してもらい、さらに義隆の偏諱《へんき》を得て隆胤《たかたね》と改め、ついで隆信と改めた。

ところが、翌天文二十（一五五一）年九月一日、大内氏の家臣陶隆房は義隆を襲撃して自殺させ、さらに、大内義隆と縁続きであるとして、大友義鑑の跡を継いだ義鎮《よししげ》（のち宗麟《そうりん》）の弟晴英《はるひで》に「大内」を名乗らせたのである。大友氏もまた、その前年に内紛が起こり義鑑が死去していた。いずれにしても、こうした動きは九州における大内方の諸将に大きな動揺を与えることとなり、大友義鎮は、これを機に、九州平定を目指し始めた。

このような中、龍造寺隆信の家臣土橋栄益は、大友義鎮に通じて隆信を廃し、大友氏と近しい龍造寺鑑兼を擁立しようと、ひそかに近隣の武将に呼びかけた。呼びかけに応じたのは、かねて隆信を快く思っていなかった神代勝利《くましろかつとし》・高木鑑房・同胤秀・小田政光・八戸《やへ(やえ)》宗暘《むねてる》・江上武種・横岳資誠《すけまさ》・馬場鑑周《あきちか》・筑紫惟門・姉川惟安・本告頼景《もとおい》・宗尚貞・藤崎盛義・出雲氏忠・綾部鎮幸《しげゆき》・朝日宗贇《むねよし》・犬塚鑑直《いんつか》・犬塚鎮尚・犬塚尚重《ひさしげ》の十九城将で、そのほかにも有馬・後藤・多久が加わった。

こうして、土橋栄益はいよいよ戦機到来と兵を挙げ、天文二十年十月、隆信の弟家信（長信）の居城水ヶ江城を攻囲し、続いて、反乱の兵は、村中城へ殺到して道路をふさぎ、隆信軍の連絡路を遮断した。城内には、隆信一族・鍋島一族をはじめ、納富《のうとみ》・小河・福地ら譜代の家臣があるのみで、包囲を突破することもできなかったため、隆信一党は自刃の道を選ぶほどに追い込まれたのであった。

5 筑後退去

ところが、十月二十五日の夕、蓮池城［佐賀市蓮池町］城主小田政光の老臣深町理忠《ふかまちまさただ》が「この度《たび》は、一度城を明け渡して時機の到来を待つのはいかがでしょう。その気があれば、自分が主（政光）と談合して調停してもよろしい」と勧めてきたが、隆信は、家兼（剛忠）の時、馬場頼周の言葉を信じ、一族が辛酸を嘗《な》めた記憶があるためなかなか承知せず、「先に計略により我が一族は害された。自分はこの城で潔く切腹する」と答えた。

『九州治乱記』には、深町理忠は重ねて「神かけて偽り申さぬ。疑われるならば、愚老が人質になって城中に入りましょう」と、太刀を渡して城中に入ったので、隆信もついに承知し、夫人をはじめ一族・家臣を伴って城を出た。この時、隆信一行は皆、槍の柄を短く切って手に提げ、敵陣包囲の中を通って川副郷井尾村［佐賀市北川副町光法《みつのり》犬尾］から寺井津［佐賀市諸富町寺井津］に着いたとあり、まさに虎の尾を踏む思いであったという。

隆信らは千年川（筑後川）を小舟で渡り、筑後三潴《みづま》郡堤津［福岡県大川市津］にたどり着いた。下妻郡蒲池《かまち》［福岡県柳川市蒲池］の城主蒲池鑑盛《あきもり》は大友方の武将であったが、「龍造寺氏は代々肥前に住する名高い武将である。時世により今は不遇に遭うが、武士同士は思いやりをせよ」と言い、大友宗麟に赦《ゆる》しを得て領内に迎え三百石を与えた。その好意で隆信は、曽祖父剛忠がかつて住んだ三潴郡一木《ひとつき》［大川市一木］に移り、この地で厚遇を得たのである。

一方、勝利を得た土橋栄益は、龍造寺鑑兼を佐嘉城の城主とし、隆信の所領の与賀・川副両郷を家臣の者に分け与え、また、海岸部の警備を高木鑑房に命じた。

6 佐嘉城奪回

こうして龍造寺隆信は、筑後の一木に住し、蒲池鑑盛の家臣原十郎恵俊《しげとし》(兼俊)から丁重な扱いを受けた。しかし、隆信はあくまでも佐嘉城奪還を図ろうと、翌天文二十一(一五五二)年、福地信重に廻文を持たせて肥前に遣わし、旧好の者に呼びかけた。これにまず、小林播磨守が、ついで与賀郷船津[佐賀市本庄町元船津]の村岡藤七兵衛はじめ、久米・村岡・副島・富吉の五人の郷長も応じた。さらに、芦ケ里《あしかり》[小城市芦刈町]の鴨打《かもち》胤忠は迎えの船を出すことにした。

そこで、隆信一族は鴨打忠胤の船に乗り、肥前に向かったが、天運開けず、途中で暴風雨に遭い、目指す場所に着岸できず、柳津留《やなぎつる》(柳鶴)[小城市牛津町下砥川]の入江(牛津川下流の西岸)に流れ着いた。だが、この地は杵島郡内で、有馬氏の支配下にあって有馬配下の者らが押しかけ襲ってきたため、隆信の船は漕ぎ返して筑後に戻ったのであった。

翌天文二十二(一五五三)年、隆信は、再び吉岡蔵人・早田《そうだ》次郎左衛門を与賀郷鹿子《かのこ》[佐賀市本庄町鹿子]の古賀民部のもとに遣わし、鹿子天神の連歌会にことよせ、かねてより通

龍造寺隆信 石像（佐賀市川副町犬井道）
昭和28年に建立されたが、像が老朽化したため、近年新たに再建された。

じていた五人の郷長と内談させ、鹿江《かのえ》兼明の船で七月二十五日、一木《ひとつき》を出発した。原恵《はらしげ》俊《とし》の一家は名残を惜しみ二人の子に供をさせた。また、蒲池鑑盛も「今日は他人の上、明日は身の上」と言い二百余の兵を付けたという。

　こうして隆信は千年川（筑後川）を渡り、その日のうちに佐賀郡川副郷の東南端鹿江崎《かのえざき》〔佐賀市川副町犬井道〕に上陸した。

　ところで、この時のこととして、『川副町誌』に「園田家由緒書」が収録されている。これによれば、隆信と弟長信は、佐嘉帰城を果たそうと鹿江遠江《とおとうみ》（兼明）・南里左衛門大夫、鹿江・飯盛《いさがい》の者たちに助力を依頼したが渡船が難航した。そこへちょうど川副郷犬井道（戌亥堂）の漁夫園田次郎兵衛と犬井道《いぬいどう》新兵衛が沖に出ていたため、二人を扇で招き寄せ、彼らの水先案内で無事に鹿江崎上陸を果たしたとされる。また、その褒美《ほうび》として、隆信は、園田次郎兵衛・犬井道新兵衛両名に、鹿江崎と大託間江《おおだくまえ》の「はじ指」（定置網）漁業の特権を

はじ指免状（右：表、左：裏）（個人蔵、佐賀県立博物館寄託）

与えたという。

園田次郎兵衛の後裔の家には、慶長十（一六〇五）年、隆信の弟長信の子与兵衛（多久二代目邑主安順《やすとし》）が園田と犬井道に対し、従来通り「はじ指」の特権を認め、代わりに魚百掛を藩に納めるように命じた木札判物「はじ指免状」が現在も保管されている。また、燈堂《あかしどう》と呼ばれる隆信の上陸地には龍造寺隆信の石像が置かれ、今も毎年、隆信の遺徳を顕彰する祭りが行われている。

さて、上陸後、隆信の一軍は、乾堂《いぬいどう》「佐賀市川副町犬井道」を過ぎ、二十七日に鹿江《かのえ》の威徳寺《いとくじ》に着き、ここで挙兵。鹿江兼明・同久明・石井和泉守・同石見守以下、村岡帯刀・副島・久米・御厨《みくりや》・飯盛《いさかい》・古賀・南里・犬塚・

威徳寺（佐賀市川副町）佐嘉城奪回をめざす隆信は、鹿江兼明の案内によりここで再挙の旗挙げをした。この時に使用したと伝える陣太鼓が残されている。

末次らが馳せ参じ、大人数となった。

そして、先ず、鹿子の龍昌庵に陣を置き、高木・八戸《やへ》の家来が海岸警備のために駐屯する与賀郷の飯盛館［佐賀市東与賀町飯盛］を急襲し勝利をおさめた。『普聞集』には、帰国最初の勝利であったため、ここを勝利島といい、同時に、本荘までの道筋を勝利道と呼んだとする。現在、佐賀市本庄町に「正里《しょうり》」という地名が残るのは、この地のことだろうか。

こののち、高木鑑房が突然千三百余の兵で攻め寄せてきた。また、八戸宗暘《むねてる》も「雲霞《うんか》のごとし」と言われるほど多数の軍勢で若村《じゅうごむら》に出陣してきたが、大激戦の末、ついにこれを大敗させた。八戸軍は八戸城［佐賀市八戸］に退き、鑑房は精町口［佐賀市与賀町］に追い詰められ、高木に敗退した。

『隆信公御年譜』には、この時の首塚は十五の北にあるとされる。戦いがあった若村の地は、後世、十五とも書き、城下に接する本荘北部で西の本荘宮〔佐賀市本庄町本庄〕をかつて若明神《じゅうごみょうじん》とも言ったとあるので、現在、佐賀大学が所在する一帯から西の域を指したと思われる。かつて十五畷という地名がのこっていたが、現在、佐賀大学北の本庄町から西与賀町に通じる県道五十四号の佐賀大学西側水路に架かる橋を「十五縄手橋」と呼んでいる。また、これとの関係は詳らかではないが、本荘宮前をさらに西に本荘江を超えていくと、嘉瀬の西端に「十五」〔佐賀市嘉瀬町十五〕という地域がある。

隆信は、戦いを終え、若村の南、西河内の梅林庵〔佐賀市本庄町西河内の梅林寺〕に陣を布いたが、『普聞集』には小井樋《おいび》〔佐賀市本庄町大井樋〕に陣易《じんがえ》したとある。小井樋は梅林庵の東北隣の村である。おそらく梅林庵を本営として付近一帯に兵を休めたのであろう。

隆信はこの時、「八戸・小田らを攻撃せよ」と命じたが、軍議の結果、八戸の城は溝浅く軍勢も少ないため、隆信自身の出馬には及ばないと、弟家信を大将として千七百の軍勢を手分けして攻撃させたところ、八戸宗暘から和議を申しかけてきたため、龍造寺領を侵取した分を返還させた。

こうして八戸城が開城すると、佐嘉城を警備する小田政光も隆信の来攻を恐れ、小田氏の本拠である蓮池城に退却したため、隆信はここに佐嘉城の奪還に成功し、ただちに入城したのである。『九州治乱記』によれば、八月八日のことであった。

７　蓮池城の戦い

龍造寺隆信は、佐嘉城に入ると城原の江上武種、佐嘉城の城番をしていた小田政光、若村《じゅうごむら》の戦いで逃した高木鑑房を攻めることとした。だが、江上武種は九月二十六日に降服を申し出たため、小田政光の蓮池城を攻撃することとし、十月八日、蓮池城へ向かった。

蓮池城は、別名亀甲《きっこう》城ともいい、北に江湖《ごうこ》を控えた天然の要害であった。攻撃の日は『龍造寺記』『隆信公御年譜』は十六日、『九州治乱記』『普聞集』には八日とある。

評定の結果、小田政光は城を出て戦うだろうから、隆信の弟信周《のぶちか》は北から、家信（長信）は西の駕輿丁口から急襲すること、馬渡《もうたい》栄信を先陣とし、二陣は納富《のうとみ》信景、三陣は龍造寺家就、四陣は本陣として、隆信および小河信安（武純改め）が陣を構えることに決定した。

こうして、夜明けに東の井尾《いにお》に本陣を置き、北の境原《さかいばる》［神埼市千代田町境原］へは隆信の弟龍造寺家信・同伊豆守・福地長門守・石井三河守忠本・鹿江兼明ら、駕輿丁口へは鍋島清房・龍造寺安房守・石井忠房らを回した。総勢三千七百余という。清房は、十六歳になる二男信昌《のぶまさ》（のちの直茂）を初めて従軍させていた。前記のごとく、信昌は千葉胤連の養子となり、千葉家譜代の平田・鑰尼《かぎあま》・金原・仁戸田《にへだ》ら十二人を付せられ小城郡美奈岐《みなき》に八十町を与えられたが、天文二十（一五五一）年、清房の家に戻り梅林庵に入っていた。

一方、蓮池の城には、小田政光・賢光《ともみつ》父子、江口入道源世（玄清または源清）、二陣には深町理忠《まさただ》らが備え、神埼郡崎村の城主犬塚鑑直、蒲田江の城主同名尚重《ひさしげ》、直鳥の城主同名鎮尚が来援し、夜明けには北から本告義景の一族が手勢三百を引き連れ、矢車の旗をひるがえして詰め寄せた。こうして総勢二千六百となり、これを三方に手分けして龍造寺軍の来攻を待った。

かくて双方の「矢合せ」ののち、城主政光の軍勢が木戸を開いてどっと突き出てきた。

龍造寺軍は馬渡栄信に数挺の鉄砲を撃たせて攻めたところ、蓮池方の本告義景・江口源世らが無二無三に駆け出てきたため、不意を突かれた栄信の備えが乱れかけた。しかし栄信は槍を取って士

蓮池城址（佐賀市蓮池町城内）小田政光の子鎮光が梶峰城に移った後、隆信の次男江上家種、のち鍋島氏が城主となる。敷地跡は蓮池神社と蓮池公園になっている。

卒を励ましたので、本告義景は高股《たかもも》を突かれて落馬し、ついに首を取られてしまった。これを見た蓮池の城兵は、一度に城外に打って出、小田政光は隆信目がけて突き進んで来たため、龍造寺家就が槍でこれを防ごうとした。だが、政光はものともせず激しく攻めたて、徳久・野田・久米らが駆けつけたが、政光の手兵のため討ち死にした。龍造寺軍も危うい中、多くの死傷者を出し、戦いは熾烈《しれつ》をきわめたが、やがて政光軍は敗れ、政光は城中に入って和を願った。

『隆信公御年譜』には、隆信は「小田政光は龍造寺を傾けんとした者なり。城中に攻め入り首を刎《は》ねよ」と命じたが、小河武純・納富信景らが「このたび、御戦《おんいくさ》の初めなり。降人（降服した者）を免じ給わずば、永く降《くだ》る者無からん」と諫めたため、隆信は政光の願いを許したとされる。『九州治乱記』には、龍造寺軍が危うい時、倉町信家がどこからか濁り酒を持ち帰り隆信に勧めた。隆信はこの一杯が弾みとなって頻りに采配を揚げ、このため龍造寺軍が立て直し「十死に一生」（『九州治乱記』記載のまま）の戦いを制したと記している。

この戦いののち、隆信は家臣らの功過《こうか》を糺《ただ》し、十月中旬には龍造寺鑑兼を水ヶ江家の当主から追放、小城（一説に筑後とも）に蟄居《ちっきょ》を命じた。また、弟家信（長信）には水ヶ江家を継がせ、龍造寺家門の遺領も与えた。また、土橋栄益以下は捕えて詰問のうえ誅殺した。

しかし、鑑兼は、なにぶんにも隆信の妻室の兄であったため、土橋栄益の逆意は存知せず、しかも前非を悔いていることを認め、のちに罪を赦し佐嘉に帰らせて所領を与えた。また、鑑兼の嫡子家晴も軍忠数回に及び、抜群の功を立てたので、筑後柳河［福岡県柳川市］の城代に据えた。この家晴は、のちに佐賀藩の親類同格、諫早家の祖となった。

これより隆信は、納富石見（入道道周）・小河武純・江副《えぞえ》久吉を執政に定め、弟家信を鑑兼の跡として水ヶ江城に置き、曽祖父剛忠の遺領を守らせた。

佐嘉城復帰によって、隆信は大内氏に改めて通じたと思われ、翌天文二十三（一五五四）年正月には、弟家信のために大内義長の偏諱を得て長信と改めさせた。

8 高木鑑房を攻略

つづいて、天文二十三（一五五四）年三月、龍造寺隆信は、若村の合戦で逃走させた高木鑑房《あきふさ》討伐のため出馬した。

当時、高木氏は東西の両家に分かれ、鑑房は東高木［佐賀市高木瀬町高木］、一方、西高木の当主は高木胤秀といった。東高木の館址は、高木八幡宮［佐賀市高木瀬東二丁目］とその北の高木氏の菩提寺正法寺の西隣の地とされ、今もその西に「館橋《やかたばし》」の名が残る。

また、鑑房は、実は龍造寺盛家入道日勇の嫡子高木満兼の嗣子で、大友宗麟の父義鑑《よしあき》から偏諱を受けて鑑兼と称したが、水ヶ江龍造寺家の鑑兼に憚《はばか》って鑑房と改めたという。この鑑房について『九州治乱記』には、「此鑑房、勇力万人に勝れ、早業は江都《こうと》の勁捷《けいしょう》にも超え、打物は関羽・張飛にも恥ぢず、其上魔法を修し、その妙を得て、ある時は闇夜に日月を現じ、ある時は酷暑に雪を降らせ、大空に立ち大海を飛び、其所為更に凡人にあらず」と記載される。どのような人物だったのか、ことさらに興味深い。

ところで、敵の来襲を知った高木鑑房は、八百の手兵を集めて三溝口《みつみぞ》［佐賀市神野］に出て隆信軍と戦った。この時、龍造寺方の若武者鍋島信昌《のぶまさ》はまだ十六歳であったが、ただ一騎で進み、千変万化して敵に当たった。一方、鑑房も士卒を励まして戦ったが、ついに大軍の前に屈し、東高木に敗退し子供を人質に和議を乞うた。また、これを見た西高木の胤秀も同じく降参した。高木鑑房は、杵島《きしま》郡佐留志《さるし》の前田家定のもとに落ちたが、将来を危ぶんだ隆信は、家定に鑑房を殺させ佐留志山の頂に葬ったという。

また、神埼郡蒲田江《かまたえ》城［佐賀市蓮池町小松］城主犬塚尚重も隆信に従い、隆信の妹婿になり、巨勢《こせ》・田尻・千住《せんじゅう》の氏族も隆信に従った。

9 少弐氏与党の追討

ところで、前述のように、天文二十（一五五一）年、陶晴賢《すえはるかた》が反逆して大内義隆を滅ぼしたことは、周辺諸国に波紋を投げかけた。同二十三年、毛利輝元の子隆元は、陶晴賢の大内方との交際を絶ち、安芸国内の大内氏の要害、賀茂郡西条［広島県東広島市］、厳島神社領の佐伯郡［広島県廿日市市］の地などを残らず征服し、翌二十四（一五五五）年九月には、反大内氏の少弐冬尚に対しても、時機をみて豊前・筑前に勢いを伸ばし、九州総管者としての少弐氏の本意を達すべきことを勧めた。これに冬尚も大いに励まされ、少弐氏の再興を図ろうと馬場・横岳らの老臣と談合した。

一方、龍造寺隆信は、曽祖父剛忠の時、馬場頼周の策謀を信じた少弐冬尚に一族を滅ぼされた恨みを晴らすため、天文二十四（一五五五）年、三根・養父両郡の諸城を攻略すべく、佐嘉城を発し、神埼の櫛田神社［神埼市神埼町］に陣した。これが、時まさに、冬尚が綾部城で馬場鑑周《あきちか》・横岳頼続《よこだけよりつぐ》らと会談している最中だったため、隆信はこの時とばかりに一万余の軍勢を二手に分けて綾部城に差し向け、四方から攻め寄せた。冬尚は、利あらずと判断して筑紫氏の山浦城へ退き、綾部城は落城した。

隆信はさらに山浦城にも押し寄せ激しく攻め立て、城を包囲した。城兵は固く守り、城を出て戦わず、筑紫・石動《いしない》・村田・立石らが懸命に防戦したがついに落城した。冬尚は筑後に逃走し、綾部鎮幸・犬塚鎮直・姉川惟安らはみな隆信に従うこととなった。

また、この年も暮れようとするころ、隆信は三根郡東南端の中野城［佐賀県三養基郡みやき町江口中野］城主馬場鑑周を攻めた。

宗筑後守・横岳頼続・同兵庫頭らが鑑周を援助して戦っている時、筑後に出奔した少弐冬尚が江上武種・神代勝利へ、ひそかに鑑周を応援せよと、再三使者を送ったため、武種と勝利はこれに応じた。

一方、龍造寺方では、家臣らが「雪が深く自由に動けない。しかも武種や勝利が変心すれば、綾部・姉川・犬塚などもこれに応じるであろう。まずは帰陣して、来春出馬されるのがよろしかろう」と勧めたため、隆信は帰城した。

また、同じころ、佐嘉郡久保田［佐賀市久保田町］の城主窪田胤豊は龍造寺胤和の女婿だったが、後継もなく卒したため、その跡は芦ヶ里［小城市芦刈町］の徳島氏に奪われていた。隆信は、この徳島氏を招いたが、来参しなかったため、近隣の鴨打胤忠と合同して攻め、ついに彼を屈服させ家臣とした。

第四章　東肥前の経略

1 山内神代氏

山内《さんない》の神代氏《くましろ》は、武内宿祢《たけのうちのすくね》の後裔と伝えられる。神功皇后《じんぐうこうごう》の新羅《しらぎ》出兵で、宿祢の活躍は神に代わるとの意からその姓を賜ったという。筑後高良山《こうらさん》大宮司鏡山保義の弟良続が武人となって、文治元（一一八五）年に高良山麓神代《くましろ》村［久留米市山川神代］に居住、そののち神代氏を称した。

神代勝利像（部分、勝宿神社蔵、佐賀市川久保町）戦国武将の精悍な姿が描かれるが、製作は近代のものと思われる。

戦国時代の初め、筑後では蒲池《かまち》・西牟田らの諸氏が勢威を振るっていたため、入道宗元（神代利久）は本領を去り、松浦《まつら》の波多《はた》氏を頼って肥前に来た。佐嘉郡千布《ちふ》［佐賀市金立《きんりゅう》町千布］を過ぎたところで雨に降られ、地蔵堂で雨宿りをしていたところ、領主の陣内《じんのうち》大和守に遇い、その居館に招かれ領地を与えられ、女婿となって千布に住した。神代勝利《かつとし》はその二男である。

勝利は若い時、小城の千葉興常の家に扶持されたが、剣術に優れていたため、神埼郡三瀬《みつぜ》城［佐賀市三瀬村］の城主野田宗利に教授し、それにより、ついに山内の主にされた。

神代氏略系図　△は養子

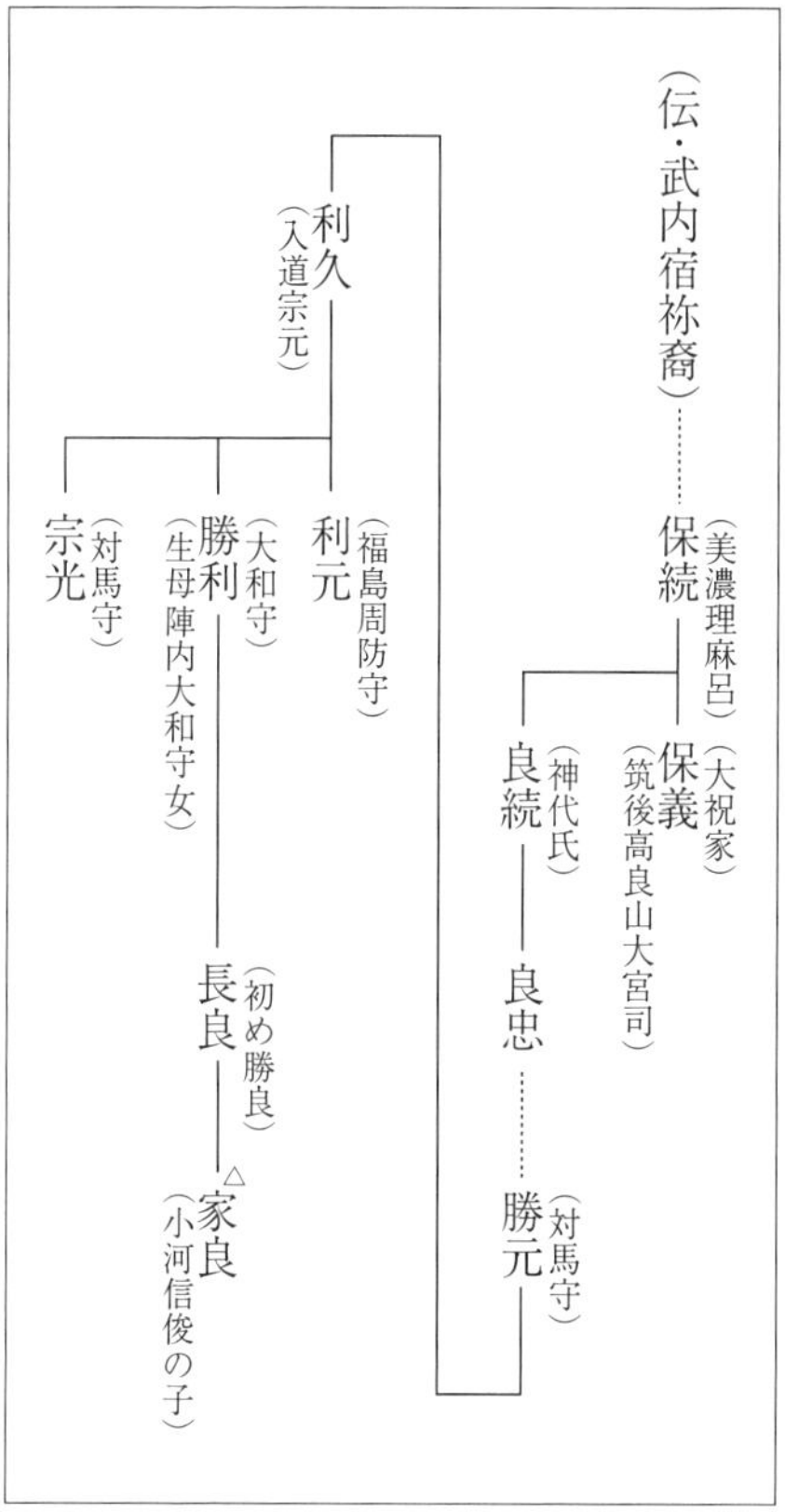

天文十七（一五四八）年ごろには、姓を武辺《もののべ》と称していたともいう。

山内《さんない》というのは、川上川上流の山谷で、脊振山地の南麓から小城郡天山の北麓にわたる南北五里（二〇キロメートル）、東西七里（二十八キロメートル）の一帯で、近世には北山《ほくざん》と呼ばれた。三瀬《みつせ》・藤原《ふじのはる》・久保山・服巻《はらまき》・鹿路《ろくろ》・広滝《ひろたき》・杠《ゆずりは》（以上、神埼郡）、関屋・名尾《なお》・松瀬《まつせ》・小副川《おそえがわ》・畑瀬《はたせ》・菖蒲《しょうぶ》・梅野《むめの》（以上、佐嘉郡）、合瀬《おうせ》・藤瀬《ふじのせ》・古場《こば》・無津呂《むつろ》・大野・麻那古《まなご》・古湯《ふるゆ》・大串・栗並《くりなみ》・波多瀬《はたぜ》・杉山・市ノ川《いちのかわ》（以上、小城郡）の二十六ヶ山で、現在の佐賀市・神埼市・小城市の山間地である。「山」とは山村の意味をもつ。

　こうして神代勝利は、三瀬・松瀬・杠（三人衆）、菖蒲・畑瀬（以上、五人衆）、藤原・栗並（以上、七人衆）と主従の契りを結び、三瀬に本城を置き、さらに下小副川［佐賀市富士町小副川］の谷田《たんだ》の奥や熊川《くまのかわ》［佐賀市富士町熊川《くまかわ》］などに城を構えた。また、肥前のほか、筑前の那珂《なか》・怡土《いと》・早良《さわら》三郡内にも所領を有した。そして永禄年間（一五五八～七〇）には、龍造寺隆信勃興時代の強敵となったのである。重畳《ちょうじょう》する山岳・渓谷に地の利があったため、平地に慣れた龍造寺勢にとって手強《てごわ》い敵となった。

　この神代勝利と龍造寺隆信とは、天文二十二（一五五三）年八月、隆信が八戸《やへ》の城を攻めた際、勝利との間に一旦和平がなされていた。しかし、『歴代鎮西志』『九州治乱記』には、天文二十四（一五五五）年二月、隆信が勝利に多布施館［佐賀市多布施］で会見したいと申し入れてきたため、勝利は不安を抱きながら究竟《くっきょう》の者を連れて会見したが、のちに、この時、隆信側で勝利毒殺の企てがあったとの風聞が立ち（饗膳《きょうぜん》の毒事件）、両氏は再び睨《にら》み合いの状態に戻ったのである。

同年三月、隆信は、少弐時尚（冬尚改め）が居城する城原の勢福寺城を攻撃せんと出馬した。

時尚は、当時横岳氏の三根郡西島の城にあり、勢福寺城は江上武種が守っていた。隆信は、まず始めに神埼郡姉川城［神埼市神埼町姉川］城主姉川惟安を攻めた。惟安は、四百の兵で防いだが、隆信の家臣小河信安（武純改め）が五百の兵を五手に分けて交互に攻めたため、ついに従者三人を従え軍門に降った。ついで隆信は、惟安を先導にして、先手を小河信安・納富信景・福地信重と定め、勢福寺城へ向かった。

小河信安は鍋島左近将監（清正）・福地信重ら九千八百余の兵で勢福寺城を包囲した。これに対し城兵は隆信の弟長信の軍を攻撃したが、長信は士卒を励まして追撃した。また、福地信重は大手口に押し寄せて、ここに七百の手勢を置き、自分は小勢を率いて東に回り、水路から攻め入って城中に火を放った。このため、城主武種は防ぎきれず、妻子とともに東北の仁比山《にひやま》城［神埼市神埼町的《いくは》］に逃れた。龍造寺軍は勢福寺城を攻め落とし、勝鬨《かちどき》を挙げて佐嘉に帰ったのである。この時、神代勝利は江上武種を援助するため後方の猿ヶ岳（土器山《どきやま》）に陣したともいう。

このの ち、隆信は八月二十一日、東方へ出陣すると揚言して出馬し、途中で俄かに馬首を転じて、川上口［佐賀市大和町川上］から山内へ向かった。川上の北方三段田《さんただ》［佐賀市大和町松瀬三反田］に本陣を置き、北西の神代勝利の居城谷田《たんだ》城［佐賀市富士町小副川谷田］を攻めようと、先手を折敷野《おりしきの》［佐賀市大和町名尾折敷野］に攻め上らせた。谷田城の手勢は少なく、しかもまさに不意打ちだったため、山内の諸城から救援に駆けつける余裕もなかった。勝利は、大敵にも屈せず防戦したが、龍造寺軍の一部は東方の松瀬から仏坂《ほとけざか》、環尾《めぐりお》に回り、峰づたいに谷田の後方の山に登り、城中を眼下に見下ろし、追手（大手）の合図を待って一気に攻め落とそうとしたのである。

谷田の城は峨々《がが》たる山岳と川上川の渓流に囲まれ要害堅固であったが、近接する松瀬・梅野・小副川の城衆の応援を合わせても小勢で、食料も尽きていた。

そのため、勝利もこの戦では命運を開くことができないと察し、捲土重来《けんどちょうらい》の機を待とうと決め、ひそかに妻子を伴って城を抜け出し、山を越えて筑前の怡土《いと》郡高祖《たかす》［糸島市高祖］の城主原田入道了栄のもとに身を寄せ、同郡長野［糸島市長野］に蟄居《ちっきょ》した。

隆信は、年来の宿敵を逸したことを不本意に思ったが、初めて山内を平定したので、諸所に城番を置いて帰城した。

２隆信の母、鍋島清房に嫁す

ところで、天文十九（一五五〇）年八月、鍋島清房の室（龍造寺家純の娘）が亡くなった。信昌《のぶまさ》（のち直茂）の生母で、隆信の伯母にあたる人である。

弘治二（一五五六）年春のこと、隆信の母慶誾《けいぎん》夫人が、この信昌の父鍋島清房のところに押しかけ女房（嫁入り）するという珍事があり、人々を驚かせた。

慶誾夫人はある日、清房に語った。「御辺、妻室に後れ、悲嘆の涙に満つと聞く。頼もしげないであろう。我、今、御辺に媒酌《ばいしゃく》しようと思う」と約束し、吉日を選んで、自ら乗り込んだのである。この慶誾夫人の振る舞いは、たしかに変わっていたので、口さがない人々はこれを軽率だと非難した。だが、夫人にはそれなりの考えがあった。すなわち、『龍造寺記』によれば、「今、天下定まらず、諸侯が雄を争い、威を立つるの所以《ゆえん》は人を得るにある。我、当家の諸士を覧《み》るに、鍋島の子信昌に如《し》くはなし。彼と隆信と兄弟の縁を結ばしめば、我が家を興すことができよう」と一人頷《うなず》いたという。

驚いたのは清房で、しばし呆然としていたが、慶誾夫人が諄々《じゅんじゅん》と事情を説いて納得させたので、清房もついに承諾したという。慶誾夫人、時に四十八歳であった。『肥陽軍記』『普聞集』『歴代鎮西志』にも同様に記されており、世々語り伝えて、夫人の美談としている。

信昌は生来、慈悲深い人であったが、一度戦場に出ると敵も恐れて降るという勇猛さを持ち、それでいて万民は親しみ懐《なつ》いてくるという、世にも得がたい器量人であった。後年、鍋島信昌はよく隆信を輔弼《ほひつ》し、隆信に大過なからしめ、戦場では身を投げ出して難局を切り抜け、龍造寺の興隆に尽くした。慶誾夫人の考えは間違っていなかったのである。

3　勝利の山内帰還

前述の如く、神代勝利《くましろかつとし》は、筑前長野に蟄居し、山内《さんない》の地は、龍造寺隆信が諸所に代官を置き、支配を強化していたため、勝利は容易に戻ることができなかった。

だが、弘治元（一五五五）年（十二月七日に改元）十二月晦日の夜、年始の準備に取り紛れる代官の隙を突こうと、勝利は人数を調《ととの》えて長野を発った。闇の中を松明《たいまつ》も点《とも》さず、声もたてずに雪を踏み分け、九十九折《つづらお》りの山路を越えて山内に入り、小城郡熊川《くまのかわ》［佐賀市富士町熊川《くまかわ》］まで出た。そして、翌二年元旦、東雲《しののめ》の明ける頃、背後の山から熊ノ川の代官の館に攻め入り占拠した。

夜来の大雪と山越えで、勝利はじめ将兵は手が凍え疲労困憊《こんぱい》し、ここで一夜を過ごすこととなったが、これを聞いた與止日女神社の社人小野式部をはじめ付近の者たちは粥《かゆ》を煮て持参し、旧領主の帰還を賀した。これに勝利も大いに勇気を得て周辺の代官をことごとく平定し、山内の者たちも集まって三千余となった。

この時より、元旦の粥は神代家の恒例となり、近世にいたるまで領内の民はこれを吉例としたという。

４　八戸宗暘攻め

八戸《やへ》城主の八戸氏は、もとは代々国府執行職《しぎょうしき》（在庁国司）を勤めた高木氏の流れを汲む一族で、佐嘉郡於保《おほ》村［佐賀市大和町池上於保］を知行していたというが、高木胤宗の時、龍造寺家兼（剛忠）の女婿となった。宗暘《むねてる》はその孫にあたり、八戸［佐賀市八戸］・新荘［佐賀市鍋島町森田］・於保・蛎久《かきひさ》［佐賀市鍋島町蛎久］など佐嘉郡中部（近世の中佐嘉、すなわち高木・鍋島・蛎久以南の西半）を領していた。

八戸宗暘は、天文二十二(一五五三)年、龍造寺氏と一旦和を講じたが、再び大友氏と通じ、神代勝利と手を握り、大友勢を城中に入れ交戦の構えが見えるとの風聞が立った。このため隆信はこれを攻伐すべしと、鍋島信昌・弟龍造寺信周・一族の家就・同氏家・納富信景・福地信重・石井忠房ら、四千七百余に攻撃を命じた。弘治三(一五五七)年元旦のことであった。

不意を突かれた八戸城は大騒ぎとなった。これを聞きつけた神代勝利は、杠主水《ゆずりはもんど》を加勢として龍造寺軍の東南に夜襲をかけてきたが、龍造寺家就のために撃退された。また、鍋島信昌は、風上の陣屋に火をかけ城の森へ吹きかけて焼きたてたので、城内は大混乱となり、信昌らはその隙に城壁を破って攻め入り、数百人を討ち取った。

しかし、宗暘は機を見て脱出し、神代勝利を頼って山内に向かったが、宗暘の妻室は隆信の妹で、三人の子供とともに捕虜となって佐嘉城へ連行されてしまった。隆信は「怨敵《おんてき》宗暘の子だから、男子は殺せ」と命じたが、母の慶誾夫人が孫を不憫《ふびん》に思い命乞いをしたため、ついに許された。男子はのちの入道宗春と名乗り、女子二人は、それぞれ鴨打胤泰・犬塚直盛の室となった。八戸城は破却され、その所領は隆信に帰した。

『歴代鎮西志』や『九州治乱記』には、神代勝利は宗暘に頼まれ、尼寺《にいじ》の西、駄市《だいち》河原「佐賀市大和町尼寺］に出馬したとある。一方、隆信は急ぎ、その南の長瀬［佐賀市高木瀬町長瀬］に陣した。陣所はその北一帯にわたり、小河・納富らが鯨波《とき》（鬨《とき》の声）をつくって攻め立てた。山内勢も応戦したが、宗暘が籠る春日山まで進軍し、麓の高城寺まで焼き払い、この地を押さえた。山内勢は夜陰に乗じて退却したため、隆信も帰城したという。

5 鉄布《かなしき》峠の戦い

前述したように、神代勝利の領地山内《さんない》は、川上川の上流地域で、佐嘉・小城・神埼三郡の北部、近世には北山《ほくざん》（きたやま）と呼ばれる深山幽谷の地である。南北五里（二十キロメートル）・東西七里（二十八キロメートル）というが、勝利はここに十四ヶ所もの要害を構えていた。

本城は、三瀬《みつぜ》の城山にあり、佐嘉から七里の山奥であるため、山地に慣れない龍造寺軍にとって、これを攻めるのは容易なことではなかった。だが、隆信は、すでに弘治三（一五五七）年正月、山内の入口にある春日山城《かすがやま》を押さえていたので、ここを山内攻撃の拠点とすべく、老臣小河信安を城普請奉行として修築させ、九月の完成と同時に城番に水町信秀を入れ、さらに小河信安の一族、同名但馬守・石見守・治部少輔らに守護させた。

一方、これを知った勝利は「領内に敵を置くことあるべからず」と、城の奪回を図り、城原の江上武種と議し、九月中旬には梅野帯刀《たてわき》を案内者として春日山城に攻め寄せた。城中では、小河但馬守が城兵を二手に分け、一手には城を守らせ、一手は小河左近大夫に兵を付けて北の峰に上らせ、峰から敵を見下ろすようにして岩石を投げかけ矢を放ち、敵の進路を遮ろうとしたが、山内勢は少しも屈せず突き進んだ。先頭に立った梅野帯刀は、ただ一息に進んだが、あまり進みすぎて道を踏みはずし、倒れたところを龍造寺軍に捕らえられて首を刎《は》ねられた。その場所を「帯刀転《たてわきころび》」と伝えたという。

しかし、帯刀の一党は、主君の復讐とばかり進撃してきたため、城兵も防ぎかね、ついに小河左近大夫は春日山城に退いた。これにより、いよいよ勢いづいた山内勢は三方から城に攻め込み火を放ったので、左近大夫をはじめ戦死者が続出し、ついに春日山城は陥落した。

春日山城落城の報を佐嘉城で知った小河信安は切歯扼腕《せっしやくわん》して、「勝利の首を刎《は》ね、一族に手向《たむ》けん」と息巻き、十月十五日、手兵を残らず率い、北を指して鞭《むち》を揚げた。隆信は、信安の様子が尋常ではないことを悟り、「決して信安を討たせてはならぬ。我も出馬せん」とあとを追って兵を進めた。

小河信安は、途中、山内の梅野弾正を味方に引き入れ、道案内として鉄布《かなしき》（金敷）峠に

鉄布峠（名尾峠）付近（佐賀市大和町）　龍造寺の部将小河左近大夫が討ち死にした鉄布峠は、現在、名尾峠という。

到着した。峠は、金敷山の東で、春日から北の名尾《なお》［佐賀市大和町名尾］に通じる山路にあり、現在は名尾峠という。しかし、ここに着いた信安が見たのは、弟たちの死体だけで、山内勢はすでに去ったあとであった。信安はただちに山内に進撃せよと命じたが、家来たちが「すでに日も傾きかけています。不案内で行くのは危険です。明日出直すのが賢明でしょう」と諫めたので、やむなく春日山に引き返した。

一方、山内側では、龍造寺軍襲来の報を受け、神代勝利は関屋［佐賀市富士町関屋］の高野岳頂上で大鐘を撞《つ》かせ、また、鐘の音の聞こえぬ場所は合図の鳴り物を鳴らした。これを聞いた者たちは、瞬く間に小副川の寄合原《よりやあばる》に馳せ参じた。勝利は、集まった諸勢に感謝の言葉を述べ、つづけて「龍造寺隆信に取られた春日山城を先日攻め落としたが、その時、小河左近大夫を討ち取ったことに腹を立て、隆信は大軍を率いて寄せ来るらしい。しかし、いかに多勢を頼もうとも、山内は険阻な所が多く、急に攻めかかってくることは到底できない。これ、我らが望むところで、山内に来れば、彼らは水から離れた魚、水に落ち込んだ猿同様、思うような動きはできない。それゆえ、味方一騎で敵十騎に当たるとも、ものの数ではない」と言い放ち、山内勢三千余を二手に分け、まず子の長良率いる一軍を名尾に向かわせた。

出陣の時、勝利は「このたびの戦いでは長良は名尾から動いてはならぬ。勝利の本陣が崩れざるかぎり、決して敵と手合わせをしてはならぬ。龍造寺勢が敗北した時は、なおさら備えを固くして、敵が引き返してくる時機を待つように。もし我が陣が崩れた時は、軍を急ぎ進め、隆信の本陣へ横から攻めるか、後詰めを取り切るか、変に応じて行動せよ」と言い含め、福島周防守・同伊賀守・神代備後守兄弟以下、千三百人余を与えた。

また、勝利は三段田《さんただ》［佐賀市大和町松瀬三反田］に通じる道を福島弾正・弟神代中務丞・同左馬助以下千七百人余を従え、大野原《おおのばる》［佐賀市富士町小副川］を通って熊野峰に陣を布いた。

勝利は、佐嘉の先陣がすでに来攻したことを聞くと、自らその陣立てを見んと、川浪駿河守に槍を持たせ主従二人で間道に出たところ、突然、小河信安が下人一人を連れて神代側の陣を見ようとやって来たのにばったり出くわしてしまった。こうして、翌十六日の薄明けの中で双方槍をとって合わせることとなった。一騎打ちしかできない狭い地形で側道もなく、左右は深い堀になって屏風を立てたような場所では、互いの従者も助太刀ができず、ただ見ているほかはない状態だったという。

信安は大男で、かさにかかるように勝利を見下して「一代の願望この時なり」と槍を合わせ、勝利は突かれて傷ついたが、返す槍に信安が突かれた。信安は受け損じてうつぶせに倒れ、「ええ口惜し」と言うところを、川浪駿河守が駆け寄って信安の首を刎《は》ねた。

この時、龍造寺軍も鉄布峠によじ登っていた。先ほどの戦いで、勝利も腹を突かれたがものともせず、「先陣の大将小河筑後守（信安）、勝利討ち取ったり」と叫ぶと、神代勢はいよいよ勢い立った。神代源内は農夫の草刈りの真似をして近づき、梅野弾正の馬の脚を取って谷に落とし、その首を取ったという。

勝利は采配を振り上げ大音声《だいおんじょう》で、「敵は鉄敷《かなしき》に乗りたるぞ。ただ一打ちに打ち殴れ」と味方を励まし、自身も血槍を振るって進んだ。鉄敷というのは、鍛冶の焼鉄《やきがね》を打つ鉄床《かなとこ》のことである。鉄床に乗った敵を打ち殴れと言ったのである。この戦いは、勝利側の武将の活躍で、龍造寺軍は敗北を喫した。

龍造寺右馬大夫・石井尾張守らは、口惜しいことと思い、龍造寺の名折れと、敵陣に乗り込んでいったが、薩摩から来て神代勝利に仕えていた阿含坊《あごんぼう》という身《み》の丈《たけ》七尺《しゃく》（約二・一メートル）にも及ぶ山伏が、大木の影より現れ、大長刀を振り回して打ちかかったため、右馬大夫らもついに討ち死にしてしまった。しかも、阿含坊は鉄砲の名手でもあり、龍造寺軍は大いに悩まされ、小河豊前守・石井兼清をはじめ、多くの兵士を失ったという。

『九州治乱記』には、この戦いで、敵味方の死骸で一つの谷が埋まり、血は草木を染めて紅葉のようであったと伝える。

こののち、一首の狂歌が與止日女神社の鳥居前に張りだされた。

春日山若武者先に落とされて　また清恥をかくぞ鉄布《かなしき》

『神代家家伝』に梅野帯刀を「若武者」と記しているので、先の春日山の戦闘で、まず梅野帯刀が討ち取られ、いままた小河左近大夫が、さらに兄の小河信安ほか一族が敗れたことを嘲笑したものだろうか。『龍造寺記』では、勝利は三瀬の城に帰ると小河信安の首を付近の禅寺に手厚く葬ったとされる。

また、この時、阿含坊が使用したという鉄砲について、『神代家伝記』には「当国にはその放術を知らず」とあり、『九州治乱記』には「其の頃曽《かつ》て希《まれ》なりし鉄炮」とし、また『歴代鎮西志』には「肥州鳥銃《とりじゅう》の入り来る初《はじめ》」と記述され、肥前における鉄砲使用の初例とされるが、前述、天文二十二（一五五三）年、隆信が蓮池城の小田政光を攻めた際も鉄砲使用の記述があり、多少の齟齬《そご》がみえる。

龍造寺隆信は、当時、三段田の南、広坂［佐賀市大和町梅野］の下あたりに陣を布いていたが、先陣の敗北を知ると直ちに攻撃を加えようとした。しかし、納富但馬守信景が「小河筑後守（信安）は不覚にも討たれましたが、御立腹にまかせ、いま山内に入るのはお止めください。神代勝利は武功の大将ゆえ、その本拠である山内に攻め込むのは、勝利の術中に陥ることになりかねません。彼らは山坂に慣れた者どもで自由に行動できますが、我が勢は不慣れなため、前後から攻められ、討ち捕えられる心配があります。うかうか進むことは武略の拙《つたな》さを示すことになります。再度策をめぐらし、神代勢を平地に誘い出して一戦することが良策と思われます」と諫めたので、隆信もその道理に服し、川上川惣座《そうざ》（惣社《そうじゃ》）の渡し［佐賀市大和町久池井惣座］を西に迂回して帰城したという。

隆信は帰城後、小河信安の妻子・従者に深い哀悼の意を述べた。信安の子豊前守もこの戦いで討ち死にして継嗣がなく、小河家の断絶を惜しんだ隆信は、鍋島清房の三男を信安の娘に配して信友と名乗らせ、信安の跡を継がせた。これがのちに信貫と改め、隆信の重臣となった人物である。小河氏は、もとは肥後の菊池氏の後裔にあたり、信安は菊池為安の孫で、筑後山門郡小河［福岡県みやま市瀬高町小川］を知行していたので小河を名乗ったという。

一方、神代勝利は、こののち勢力を拡大し、『神代家伝記』によれば、高木・副島・本告・八戸・姉川・於保・古賀・木塚・杉町の諸氏も幕下《ばくか》に投じてきたとある。また、勝利は村々を巡見して、神野《こうの》の草場［佐賀市駅前中央一丁目］の北に「是より北、東西にわたり神代領也」と立て札をしたという。さらに、永禄二（一五五九）年には、小城の千葉胤誠《たねまさ》も神代氏の臣下となったとされる。

大内義隆像（部分、龍福寺蔵）

6 毛利氏との同盟

弘治三（一五五七）年四月、安芸の毛利元就は陶晴賢《すえはるかた》の残党を殲滅《せんめつ》した。だが、それ以前に、晴賢が大友義鎮（宗麟）の弟晴英（のち義長）を大内氏の跡継ぎとしたため、義鎮が豊前を平定すると、北九州の諸将で大友氏に通じる者が増えた。

しかし、龍造寺隆信は、以前から大内義隆と通じてその諱《いみな》の一字「隆」の偏諱を得ているほどであったから、重臣と協議の末、義隆の跡を受けた毛利氏に通ずることとし、そして大友義鎮が北九州制覇に腐心している間に、肥前国内を平定しようと心を決めた。『隆信公御年譜』には、

> 衆議尤《もっとも》也、然《しか》ると雖《いえど》も大友に暫時も組《くみ》せん事有るまじ。父祖中国の大内に通ぜられ、胤栄《たねみつ》又《（亦）》義隆の加冠《かかん》を得給《えたま》ひ、我又大内義隆の加冠たり。然るに義隆の家臣陶《すえ》尾張守（隆房）が逆謀《ぎゃくぼう》の為に、大友が弟義長を養子とし、遺跡を定《さだめ》、人の悪みを補ふと云共《いうとも》、己が権威を専《もっぱら》とし、大友は此余裔《このよえい》を以て大に猛威を振《ふる》ふと聞えたり。是皆邪欲《これみなじゃよく》より発《おこ》る処也。（中略）時に元就の功、将軍に達し、大内の旧領を賜《たま》ふ。是儀《（義）》を専にする処也。我、程無《ほどな》く九州を切従《きりしたが》へて上洛《じょうらく》し、将軍に拝謁《はいえつ》せん。先づ毛利に通ぜば大友十万を以て働共《はたらくとも》、屈《くつ》す可《べき》にあらず。

と言ったとある。

そこで、隆信は納富但馬守を毛利氏へ遣わし、滞在していた周防《すおう》龍文寺〔山口県周南市長穂門前〕の僧を案内者として毛利元就に会わせた。元就は非常に喜び、饗応ののちに青江の刀・鞍置馬を引出物として使者に応えた。

姉川城址（神埼市神埼町姉川、神埼市教育委員会提供）南北朝期に菊池武安によって築かれたとされ、その後、姉川氏の居城となった。佐賀平野に残るクリーク地帯に築かれた中世の城跡として最大級の規模を有する。国史跡。

7 長者林の戦い

永禄元（一五五八）年十一月、龍造寺隆信は、神埼勢福寺城の江上武種らが綾部城の少弐時尚（冬尚改め）を守護し、東肥前の諸将や神代勝利と談じて佐嘉城を攻める計画をもっているとの情報を得、先手を打ち、蓮池の小田政光・三犬塚《いんつか》（蒲田津・崎村・直鳥の三家）らに神埼を攻めさせようと、本陣を姉川城に置いた。

小田政光は、天文二十二（一五五三）年の蓮池城の戦いで隆信に降った証拠を見せるのはこの時とばかり、先手三千を率いて西方の莞《くぐ》

城原一帯（神埼市神埼町）　日隈山《ひのくまやま》（神埼市神埼町尾崎）から眺める。左隅に、江上氏の菩提寺種福寺が見える。

牟田《むた》口［神埼市神埼町本告牟田莞牟田］から押し寄せることとし、神埼の本告《もとおい》頼景もまた政光と一体となった。三犬塚も十一月十日、同郡崎村［神埼市千代田町崎村］を出発、蒲田江《かまたえ》［佐賀市蓮池町小松蒲田津］の勢を合わせて一千五百となり、第二陣として神埼へ向かった。

このとき隆信の重臣らは、「小田政光は降ったといっても、まだ日も浅いことで、もし変心をした場合は討ち取らねばならぬ」と、鴨打陸奥守・馬渡賢才らを検使として政光の軍に副えた。

一方、江上武種は、かねて通じていた神代勝利に急報したので、勝利はただちに三瀬の城を出発、途中で勢を集め、広滝・一番ケ瀬《いちばかせ》・服巻《はらまき》を先手に三瀬・松瀬・杠《ゆずりは》・藤原《ふじのはら》以下を従えて九日の夕方、勢福寺城へ入った。

武種は神代勝利と相談し、軍勢を二分し、一手は山内《さんない》勢と城原《じょうばる》勢を加えた三千余で西方の牟田の前に出向いた。別の一手は城原勢のみで、江上貞種・執行《しぎょう》摂津入道宗因・同名種兼・同名兼家・枝吉《えだよし》種量・直塚《なおつか》種重・同名純英・波根《はね》景乗・同名景次以下二千余で、東方の神埼口を固めた。

かくて十一月十日朝、小田政光・本告《もとおい》頼景をはじめとする龍造寺の大軍が、牟田の前の縄手に来攻した。このため江上武種も出陣し、神埼郡の所々で交戦、神代勝利もまた長者林に来て、執行種兼や諸岡安芸の軍勢と合した。

この長者林という地は、城原の東方で、田手川の西にあたり、中の原と称して大曲「神埼郡吉野ヶ里町大曲」に属する。辛上《からかみ》廃寺《はいじ》（奈良時代、『肥前国風土記』に見える神埼郡の「僧寺一ヶ所」と見られる。外国の神＝蕃神《からかみ》を祀った寺院。現在の神埼郡吉野ヶ里町大曲）跡の北方に長者原《ちょうじゃばる》城址があって、その付近を言うと思われる。また牟田とは泥田・沼田の意で、牟田縄手というのは、長者原城を竹原《たけばる》城とも呼ぶことから、西方の志波屋《しわや》「神埼市神埼町志波屋」・竹原「神埼市神埼町志波屋竹原」付近のことであろう。『郡村誌神埼郡大曲村控』（一八八一年刊）には「長者原城址、一名竹原城、村ノ西北長者原ニアリ」と記載される。

『九州治乱記』によれば、この時、小田政光は検使を付けられたことを恥じて奮戦し、馬渡賢才も同時に敵に向かっていった。神代勝利もかねて用意した大槍、三間柄《さんげんえ》という長大な大槍を数百本先手に持たせ、真っ先に向かわせたため、本告頼景はこれに突かれ敗れた。小田政光は、隆信の本陣姉川に軍使を送り、「この口の軍《いくさ》は激戦であるが、政光は一歩も退きますまい。しかし他の味方衆は危険なので、援軍を出してもらいたい」と数回にわたって請うたが、隆信はいっこうに軍勢を出す様子をみせなかった。

このため政光は憤激し、「よしよし討ち死にすべし」と縦横無尽に大奮闘した。これを見た山内勢は、「昨日までの味方が、多年にわたる朋友の好《よしみ》を捨て、隆信の尻馬に乗って戦う見苦しさを見よ」と罵《ののし》り、小田政光めがけて攻め寄せたが、政光の形相ものすごく、近寄ることもできなかった。そのため神代勝利の臣波根（羽根）藤兵衛なる者が、矢（『隆信公御年譜』には鉄砲とある）を射ると、それが政光の眉間に当たって落馬したので、服部常陸介《ひたちのすけ》がすかさず走りかかって首を斬り落とした。また、これを見た政光の家臣原河内守は、「主君の讐《かたき》」と呼ばわって常陸介を槍で突き伏せ、その首を取った。しかし小田勢は、大将の政光が憤死したため、従兄弟の小田利光をはじめ、犬塚種久以下六十名余も敵中に討ち入って壮絶な死を遂げたという。

また『隆信公御年譜』によれば、佐嘉勢も馬渡・石井・鴨打・広橋らが同時に山内勢にかかって必死に戦う一方、隆信の弟長信・納富兄弟も攻め込んだため、山内・城原の軍勢も崩れ始めた。これに力を得た馬渡・石井・鴨打・広橋が、長信の命令に従い、身体に数ヶ所の傷を負い、血達磨のようになって戦ったので、後世これを「長者林四本槍」といった。のちに隆信は、この四本槍の働きは抜群であったとして、異例の感状を与えた。

ここにおいて、龍造寺勢は新手《あらて》の兵を繰り出し、龍造寺越前守(家就)・石井尾張守(忠房)も加勢したので、山内《さんない》勢も退かざるを得なくなった。また江上武種と戦っていた鹿江《かのえ》・安住《あんじゅう》勢は山内勢が退却する隙に乗じて敵を斃《たお》したので、江上武種は別城である田手の日吉《ひよし》城［神埼郡吉野ヶ里町田手］へ引き籠った。また、神代勝利は日《ひ》の隈《くま》山［神埼市神埼町城原］の南東、横大路から西に向かい佐嘉郡河窪《かわくぼ》［佐賀市久保泉町川久保］に迂回したが、おりしも霙《みぞれ》が降り、暗い山路にかかったため、同地の白鬚《しらひげ》大明神の神主白水《しろうず》讃岐守に命じて松明《たいまつ》を出させ、その灯りを頼りに山内に帰った。

戦況の知らせを受けた隆信は、さらに軍勢を姉川の本陣から進めようと、姉川氏の家臣堺(境)石見守《いわみのかみ》以下を先手とし、福地重信以下、大軍を率いて旗鼓《きこ》堂々と軍を進めたが、すでに神代・江上の軍勢は退却したあとで、ただちに兵を勢福寺城へ向かわせた。しかし、勢福寺城では、少弐冬尚を守護して川津紀伊守・牧左京亮以下、江上一族や家臣が身命を投げ打って防いだため近づけず、一族の家就・鎮家・家直・納富信景・福地重信以下四千余は追手・搦手《からめて》の二手に分かれ、いたずらに遠攻めに時を過ごすよりほかなかった。

この長者林の合戦を、『肥陽軍記』『龍造寺記』『隆信公御年譜』『普聞集』などは天文二十二(一五五三)年とするが、ここでは「小田氏系図」に記載される政光卒去日や、『九州治乱記』『歴代鎮西要略』などによって永禄元(一五五八)年とした。

また、同年十一月十五日、隆信は、軍議の末、軍勢を分けて小田氏の居城である蓮池城を突如として攻撃した。この理由は明らかでないが、『九州治乱記』には、「今度の合戦に、隆信、小田・犬塚らを援《すく》はれざる事、仔細ある事なり。彼の輩《やから》は、元来少弐家骨肉《こつにく》の者なれば、当時龍造寺に従ふと雖《いえど》も行末《ゆくすえ》の事覚束《おぼつか》なく、必ず仇《あだ》にもなるべしと思ひし故、此度先手をさせられ、態《わざ》と捨殺《すてごろし》にせられしとぞ聞えし」とあり、また、『肥陽軍記』には、長者林の戦いで政光を捨て殺しにしたことにより、「彼の子供や家人から恨みをうけ、又、二子小田鎮光《しげみつ》・賢光《ともみつ》が敵とならばゆゝしき大事なり、彼の弊に乗じ押寄せ踏殺すべし」と評議したゆえのことであったと記している。

蓮池城では、小田政光の討ち死にから七日も経たぬうちに主君の龍造寺氏から攻められるなど思いもよらぬことだったため、混乱その極に達したが、老臣深町理忠《まさただ》が防戦し、その間に宝蔵坊住持の真如坊澄能なる者が鎮光・賢光・増光そのほか老若男女を城中から筑後三潴《みづま》郡に落とし、小田鎮光は同国坂東寺に身を避けたという。しかし、深町理忠はついに討ち死にし、蓮池城は陥落した。

隆信は深町理忠の戦死をきくと「あの入道は討つまいものであった。先年、我らが腹を切るはずだったのを、理忠の情けで囲みを脱し、(筑後一木《ひとつき》に逃れ)運を開くことができた。自分が言葉を副《そ》えなかったために討たれたのは本意《ほい》なきことであった」と悔やんだという。

この時、八、九歳の子供が捕虜として連れてこられたので、親の名を聞くと、深町理忠だと答えたので、隆信は悦び、この少年を助け、のちに百町の禄を与え、深町理卜と名乗らせた。この深町理卜は、のちに鍋島の家臣となり天正十二(一五八四)年、島原《しまばる》の沖田畷《おきたなわて》の戦いで死没した。

また、小田政光の祖父入道覚派は、蓮池城落城の際、他出しており、帰城後、政光父子のことを詳しく知り、大いに悔やみ、ついに自害した。

筑後に出奔した小田鎮光は、そののち、與止日女《よどひめ》神社に黄金五両を奉納して武運長久と息災延命、怨敵退散を祈願している(『河上神社文書』)。翌永禄二(一五五九)年正月十一日、本領に戻って五千町を領し、隆信に和平を申し出たので、隆信は「怨恨を捨て我が藩屏《はんぺい》となるべし」といって許した。鎮光は二度と逆心を起こさぬ証拠にと隆信の娘を請うたので、隆信は養女（胤栄の娘於安）を嫁がせ、また隆信の三男の鶴仁王丸（のちの後藤家信）を養子につかわした。

さらに犬塚氏について、『普聞集』には、同年、隆信は神埼郡蒲田江［佐賀市蓮池町小松］に向かい犬塚尚重を攻略、尚重は筑後の所領に落ちたとされるが、『九州治乱記』には永禄四（一五六一）年、旧領に復したと記されている。

龍造寺と神代・江上の間も、長者林の戦いが行われた永禄元年十二月三日、河上実相院座主増純の斡旋で和議が成立、江上武種も城原に帰り二千五百町を領したという。

8 少弐時尚の自刃

『肥陽軍記』によれば、永禄二（一五五九）年正月、少弐時尚（冬尚改め）は、弟千葉胤頼が居城する小城郡晴気《はるけ》城［小城市小城町晴気］に入った。

小城の千葉氏は、十四世紀半ばより東西に分かれ紛争を繰り返し、東の千葉氏と少弐氏もまた抗争を繰り返したが、天文九（一五四〇）年、東の千葉氏・千葉喜胤と少弐冬尚との間に和議が調い、冬尚の弟で九歳になる新介を喜胤の養子婿と定め胤頼と名乗らせた。

以前より胤頼と不和だった牛尾《うしのお》城［小城市小城町池上］に拠る本家・西千葉氏の千葉胤連

少弐時尚(冬尚)の墓
(神埼市神埼町城原菅生 真正寺)

は、これを知ると、さっそく龍造寺隆信に助勢を求めた。隆信はただちに千五百の軍勢を差し向けたので、胤連も牛尾城を出て晴気城へ兵を進めた。胤頼もまた兄・少弐時尚とともに城を出て戦ったが、十一日家臣とともに討ち死にした。歳二十八。三間寺の竹隠和尚がこれを憐み同寺に葬った。

時尚もまた深手を負い、ようやく城原《じょうばる》［神埼市神埼町城原］の勢福寺城に辿り着いて江上武種にすがった。しかし武種は、前年十二月三日、龍造寺と神代・江上の間に一時的な和議が調った際、與止日女神社に龍造寺・神代両氏と肥前の安泰を祈願する願文《がんもん》を捧げたことを理由に時尚の申し入れを承諾せず、途方に暮れた時尚はついにここで自刃したのである。この時尚自刃の動機について『普聞集』には「武種不肯《うなずかず》、却《かえ》って自害を勧めた」とある。だが、『九州治乱記』では、永禄二年正月上旬、隆信が突如兵を挙げ城原に押し寄せ、江上武胤は筑後へ出奔、残された時尚は羽の抜けた鳥のような状態となって自害したとあって記述を異にする。『歴代鎮西志』も同様、「このとき、隆信が勢福寺城を攻めたから」

とあって、事の真偽は明らかではない。

いずれにせよ、武種の変心は、時尚にとっては致命的であり、その恨み骨髄に徹して自刃すると、腸を掻き出し、江上七代まで祟《たた》ると言って絶命したという。歳三十二。法名・安心本海。墓は勢福寺城の南麓、城原の真正寺裏にたたずむ五輪塔がそれである。北部九州に勢力を張った武人としての少弐氏はここに滅亡した。

一方、千葉氏は、胤頼のあと、本家・西千葉氏の胤連が隆信に属して小城郡一円を領することとなった。また、前述のごとく、胤頼の子胤誠《たねまさ》は神代勝利を頼って山内に逃れ、勝利に千葉家相伝の三宝、即ち妙見菩薩像・太刀・千葉氏系図、それに千葉氏の本姓である「平」、および家紋である月星紋、諱《いみな》の「常」などを与えたので、以後、神代氏は平氏を称し、小城郡の所領をも合わせたのである。胤誠もこの年九月十三日に没した。

9 中野・西島両城を落とす

永禄二（一五五九）年三月、天文二十四（一五五五）年の暮れに続き、隆信は三根郡東端にある馬場鑑周の中野城を攻めようと、神埼郡米達原《めたばる》［神埼郡吉野ヶ里町立野］に陣し、弟長信・龍造寺兵庫頭・納富信景・福地信重以下に千六百の軍勢を与えた。

鑑周は、自軍が弱勢のため用心深く城を守っていたが、龍造寺軍が迫るとみるや、木戸を開いて突いて出た。しかし、福地信重が一方を打ち破り城に入って勝鬨《かちどき》を挙げたため、ついに弟源次郎を質子として降服した。信重からこの報告を聞くと、隆信は免《ゆる》して本領を与えた。隆信はまた、ただちに横岳鎮貞の拠る西島城を攻めたが、ここでは戦わず、横岳頼続が使者として和を乞い、続いて犬塚尚重・同鎮直もまた服した。ただし、『九州治乱記』には、これを永禄六(一五六三)年四月のこととして記述している。

こうして神埼・三根・養父・基肄の諸郡はことごとく隆信に従うこととなった。

10 神代勝利と川上に戦う

龍造寺隆信は、神代勝利《くましろかつとし》としばしば戦闘をくりかえしたが、いまだ制圧するには至らなかった。鉄布峠《かなしきとうげ》の戦いののち、他日かならず平野[佐賀市大和町東山田]で決戦すべしと心に決めていたが、勝利方でも、隆信を討滅して肥前を平定しようと考えていた。

そこで、永禄四(一五六一)年九月、隆信は使者を送り合戦の日を約した。勝利も望むところと、山と里との境にあたる川上を戦場に、九月十三日を期して戦うことを約した。

かくして隆信は九月十三日、鶏鳴《けいめい》とともに八千余を率いて城を発し、軍を三手に分け、川上の西山田［佐賀市大和町川上西山田］に陣した。先陣は広橋一遊軒信了、二陣は納富信景、三陣は福地信重、四陣は旗本、殿《しんがり》は弟長信および一族の鑑兼とし、隆信の前後には馬廻の士として、馬渡刑部少輔・倉町太郎五郎・石井刑部大輔・同名源太郎という無双の荒武者を供奉《ぐぶ》させた。

神代勝利は、川上の北方八段原《はったばる》［佐賀市大和町八反原《はったばる》］に陣し、福島周防守勝高以下七千余を川上へ進発させた。そして、勝利は與止日女《よどひめ》（川上）神社の西惣門（今の仁王門）に本陣を布き、三瀬武家・同名安家・古川佐渡守・同名新四郎・嘉村讃岐守父子・畑瀬越前守父子以下千三百を従えた。また、長男の神代長良を宮原口の大将として神代蕃元《しげもと》・同名豊前守・同名兵衛尉・福島勝高・同名利高・中島鑑連・千布家利をはじめ江原・小副川・梅野・一《いち》番ケ瀬《ばかせ》以下三千余。與止日女神社前の南大門には次男神代種良を大将として松瀬入道宗《そう》奕《えき》・同名利宗・杠種満、そのほか合瀬・名尾以下千三百をもって備えとし、三男神代清次郎周利には八戸宗暘を付け、川上川の東岸都人来《とどき》［佐賀市大和町梅野都渡城《とどき》］に西川伊予守・古湯・杉山・鹿路・大野衆等に千葉氏の家来を合わせ千五百で固めさせた。しかし、勝利は自軍が平地では充分に力を発揮できないことを熟知していたので、敵を山内の嶮岨《けんそ》な場所へ誘い入れようと計画したのであった。

龍造寺隆信は、まず東の都人来口に弟信周・一族鑑兼・小河信友以下二千余名を向かわせ、川上川より西南大門口に納富信景以下二千五百余名を向け、川に沿い松原を抜けて、三千五百の兵で西山田から追手（大手）宮原口に押し詰めたのである。

かくて同日、辰の刻（午前八時ごろ）、まさに龍造寺軍の先陣が宮原口に一町余に近づいた時、神代長良の先陣から、鯨波《とき》をつくって弓・鉄砲を撃ちかけた。龍造寺軍の先陣広橋信了は士卒を励まし、「かかれ！　かかれ！」と叫んだ。だが、神代勢は脇目もふらず無二無三に突入してきたため、龍造寺軍は一時後退した。

隆信は平素から、「先陣の敗は二陣の不覚、先陣の勝は二陣の手柄」と定めていたので、信了のこの後退を見ると、二陣の者を大いに叱り、みずから采配を揚げて榎木口に乗り出し、馬廻の軍勢を先陣と入れ替え、「二陣を頼りにするな、進め！　進め！」と、激しく下知した。そこで、馬廻の荒武者、旗本の将兵も一同に突き進み、やがて東山田［佐賀市大和町東山田］より二陣福地信重指揮下の五百余と入れ替えた。

このとき神代勢から武藤左近将監《しょうがん》と名乗り、信重に向かい突き進んできた者がいた。信重は「よき敵なり」と、槍で二、三度突合いをしたところ、左近将監は受け損じ、胸板を突かれて倒れ、信重の与力小林播磨守が走ってきてその首を打ち落とした。このほか大庭石見守は神代中務丞を討ち伏せ、また納富越中守・北島河内守・空閑《くが》光家なども軍功をあげた。

また、南大門口松原でも、戦いが始まり、神代種良と納富信景が火花を散らして戦った。時に、神代軍の東方を守る都人来の陣に変心者が現れ、大将の神代周利を刺殺したので、この方の神代勢は乱れ立ち、八戸宗暘も疵を受けて山内へ引き退いた。

こうして、龍造寺長信・同鑑兼・小河大炊助《おおいのすけ》以下の面々は、川を駆け渡って納富信景の攻め口南大門に押し寄せ、神代種良の陣を横から攻めたてたので、さすがの神代勢も敵勢を受けかね、敗色が濃くなった。そして勝利の次男神代種良は御手洗橋［佐賀市大和町八反原］の辺りで討たれ、南大門軍は潰乱《かいらん》したため、勢いに乗った龍造寺軍はさらに勝利の本陣與止日女神社の惣門へと攻め込んだ。こうした戦況で、勝利もついにこらえきれず、北の方八段原《はったばる》に退いた。龍造寺軍はなおも追撃しようとしたが、なにぶん東は大川、西には峰が迫り、細い道だけという場所のため身体の自由も効かず、隆信もそれ以上の追撃をやめて帰城した。

神代勝利は残兵を集め、九死に一生の方法をとるか、前のように山内を退いて時機を待ち、そののち往還するか否かを重臣らと評議したところ、衆議は、一時、山内を退くことに決したので、大村領のうち彼杵《そのぎ》郡波佐見村［長崎県東彼杵郡波佐見町］に所縁を頼って退くこととなった。島原半島の日野江・原両城主有馬晴純（仙岩）、杵島郡柄崎《つかざき》武雄の城主後藤貴明《たかあきら》も使者を出して大村純忠《すみただ》に勝利のことを依頼した。大村純忠は快諾し、勝利の妻子をも迎え、朝長《ともなが》伊勢守を付け丁重にもてなした。

その後、山内では旧好の士が勝利の帰城を願い、良策はないかと考えた末、浪人中村壱岐守父子が山内小城郡麻那古《まなご》［佐賀市富士町麻那古］にいる龍造寺の代官田中兵庫助を夜襲し、十二月中旬に再び勝利を迎えたのであった。

これを聞いた隆信は、「二度までも追い出した勝利を、山内の人間が親しんで返そうとするのはなぜだろうか。このうえは策をもって屈服させるより他はない」と、一旦は追討を考えたが、事は思うに任せず、今は詮なしと永禄五（一五六二）年、使者を遣わして和を持ちかけた。

勝利もまた、佐嘉を滅ぼすことが容易にできないと察して和平に応ずると同時に、時を待つべきと一族老臣と話し合ったのである。

第五章　大友氏の肥前干渉

１大友義鎮と少弐政興

豊後の大名大友義鎮《よししげ》は、永禄五（一五六二）年五月朔日《ついたち》、京都大徳寺の悦長老を請じ剃髪して入道宗麟と号した。だが、出家したとはいえ、世事を捨てたわけではなく、翌六年正月には、府内［大分県大分市］の東方海部《あまべ》郡臼杵《うすき》［大分県臼杵市］の丹生《にう》島に城を築き、六月に完成すると、これを別城として、隠居政治を行ったのである。

この丹生島城というのは、四面断崖で波は岸を洗い、西は屈曲した小径のみで、本土へは一本の橋でしか通じておらず、九州一の名城といわれた。

大友宗麟像（部分、大徳寺瑞峯院 蔵）

ところがこれより先の永禄元（一五五八）年春、安芸の毛利氏のために豊前企救《きく》郡門司《もじ》［福岡県北九州市門司区］の城を占領され、その後たびたび奪回を試みたものの成功せず、同四年には豊前京都《みやこ》郡苅田《かんだ》［福岡県京都郡苅田町］の松山城まで奪われる始末であった。こうして豊前一国が毛利氏の領となったことは、大友氏の衰微を示すものとなり、近国の諸将に鼎《かなえ》の軽重《けいちょう》を問われる有様となった。

そのうえ『九州治乱記』『歴代鎮西志』などには、「宗麟は、部将一万田弾正忠鑑実《いちまただんじょうのちゅうあきざね》の妻女が美人であったため、これを得んと鑑実に申し込んだが、断られると鑑実を殺し、強奪して妾《しょう》とした。鑑実の弟高橋鑑種はこれに怒り、宗麟に反抗することとなった」と伝わる。そうしたことも、宗麟に対する諸将の不信が表面化する一因となったであろう。

しかし、大友宗麟は、九州併呑《へいどん》の野望に燃え、少弐時尚の弟政興が東肥前で多くの将士に護られていることを知ると、その勢力の結集を図り、「少弐資元の次男政興は、今日民間にありて浪々している。自分は名家の断絶することを惜しみ、肥筑の将士も旧恩忘れ難いので、将軍家に訴えて家を再興せん」と言って、ひそかに肥筑の将士を配下に引き入れようと図った。

これに対し、横岳鎮貞・宗筑後守・筑紫鎮恒・同栄門・島鎮慶・朝日宗贇《むねよし》らが同心した。

だが龍造寺隆信は先年来、毛利氏と通じ、しかも少弐氏には宿怨もあるため、動く気配はなかった。

２ 横辺田・丹坂峠の戦い

大友宗麟は、上松浦党の旗頭波多鎮《はたしずむ》および島原半島の日野江《ひのえ》・原城主有馬晴純（仙岩）・義直（のち義貞）父子に相談を持ち掛けたところ、両将ともこれに応じ、波多鎮は松浦党の諸将をはじめ田代・馬渡などにもこれを告げた。

一方、有馬晴純も「大友氏と行動を共にして少弐氏を復興せん」と言い、義直を藤津郡に派遣した。そして彼杵《そのぎ》郡大村城主大村純忠と談合して軍勢を催し、小城郡多久の梶尾城主多久宗利へ使者を送って味方につけ、この軍兵を合わせて一挙に佐嘉へ攻め入り、龍造寺氏を滅ぼして少弐氏を立てようと企てた。だが本心は、少弐氏復興の援助を口実に、自領の境、牛津川以東を領する千葉氏を討ち有馬の領域を東に広げたいとの考えであった。

西肥前の諸将もこれに応ずる者が多く、高来《たかく》郡伊佐早城［長崎県諫早市］城主西郷純尚《すみひさ》、矢上城［長崎市矢上町］城主箭上《やがみ》幸治、杵島郡武雄《たけお》城［武雄市］城主後藤貴明、同須古高城《すこたかじょう》

丹坂峠遠望（小城市小城町）　写真中央の山の低い箇所が丹坂峠で、向こう（西の方）へ越せば右原から小城に出る要衝。隆信に加勢した千葉胤連は、譜代の家臣を率いてこの峠に出陣した。

［杵島《きしま》郡白石《しろいし》町堤］城主平井《ひらい》経治《つねはる》、松浦郡伊万里城城主伊万里治以下、藤津郡の永田・吉田・宇礼志野《うれしの》・原らが出陣し、すでに先陣は、永禄六（一五六三）年（『九州治乱記』には五年）三月十七日には杵島郡横辺田《よこべた》に進み、堤尾《つつお》岳［杵島郡江北町佐留志］に砦を構えて陣を布いた。

　隆信は有馬軍の出陣を知ると、急ぎ老臣を集めて評定を行い、一族をはじめ鍋島信房・信昌（直茂）兄弟、小河・納富・福地以下を横辺田へ出発させ、小城郡高田［小城市三日月町長神田高田］に陣を布いた。千葉胤連もまた加勢して譜代の家臣を集め、郡の南西丹坂《にさか》表［小城市小城町池上］に出張した。このほか芦ケ里《あしかり》［小城市芦刈町］の鴨打胤忠・徳島胤順・同名長房・同名信盛・持永（今川）盛秀以下も、龍造寺軍に加勢のため丹坂口に打って出た。

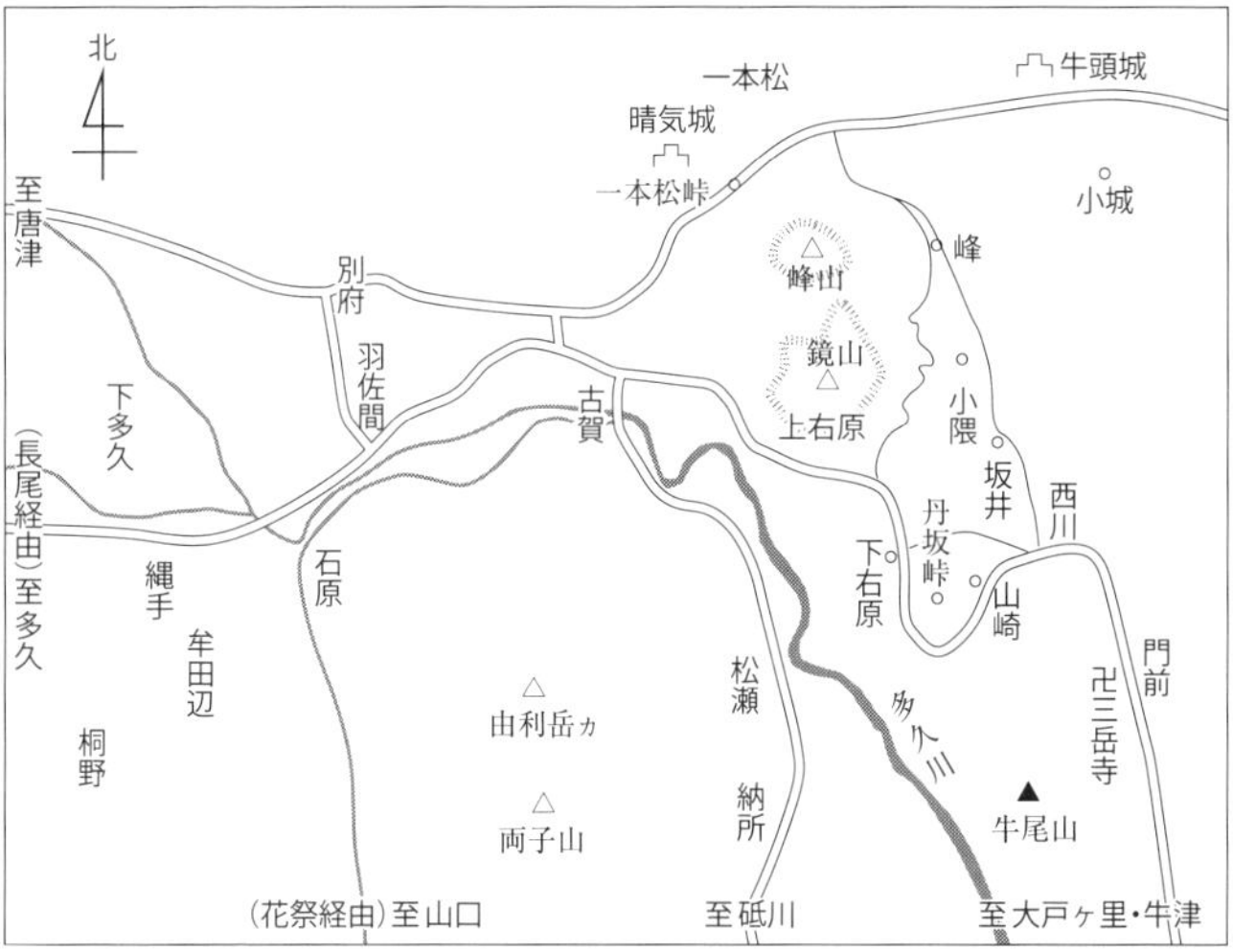

丹坂峠付近図

丹坂峠を越すと右原《みぎわら》［小城市小城町池上《いけのうえ》］に出る。右原は、牛津川上流の多久川の流れに沿った土地で、このあたりまで当時は潮がのぼってきて有明海からの船荷の集散地であり、小城にいたる捷路《しょうろ》（近道）として、交通の要衝、かつ軍事上の重要地点であった。

『普聞集』『九州治乱記』『歴代鎮西要略』によれば、有馬方に縁のあった小城郡砥川《とがわ》［小城市牛津町砥川］の馬渡《もうたい》俊光は、龍造寺隆信に対する忠誠を示そうと、「隆信を討つは今なり。軍を派せば先駆をなさん」と有馬方へ偽の使者を出した。

有馬方は、この言葉に動かされ、島原弥七郎を砥川辺りまで差し向け、龍造寺領内の攪乱を目論《もくろ》んだが、弥七郎の軍が砥川の入江柳津留まで漕ぎ入ったところで、かねての約束通り合図の烽火《のろし》を揚げたため、東から鴨打・徳島数百人、西からも野田・乙成《おとなり》(音成)が現れ、有馬方の兵船を攻め立てた。弥七郎は防戦したものの従者四十余人を失って敗退した。隆信は、この功により馬渡俊光に新たに百町を与え、信光と改名させ、鴨打胤忠には右原八十町を加恩し、徳島以下の者にも恩賞を与えた。また、佐留志の前田家定も有馬方の佐留志代官高場《たかば》新右衛門を斬ったので、佐留志新田のうち六十町、砥川のうち五町を与えられた。

一方、有馬氏は馬渡俊光に謀られたことを怒り、永禄六(一五六三)年七月二日、島原弥介を大将として、安富貞直・安徳直治の家来、高来・杵島両郡の兵、須古の平井経治らの軍勢が一体となって、再び砥川に攻めかけた。

前田家定は佐留志から、相浦《あいのうら》河内守は小城郡別府《べふ》[多久市東多久町別府]から、それぞれ馳せ集まり、砥川の地侍泉市之助以下で大橋口を防いだが、いずれも急なことで莚《むしろ》などで防いだという。だが、前田家定はこの時、進み過ぎ、雁津《かりつ》[小城市牛津町勝カ]で従者十八人が討ち死にした。だが有馬勢もこの大橋口を突破することができず、北へ向かって両子《ふたご》山の北、由利岳に陣を布いた。

両子山付近（多久市東多久町）大橋口を突破できなかった有馬・大村の軍勢は、由利岳から小城攻撃を図った。左が両子山、右が由利岳か。

また多久に陣を置いた大村方の軍兵も、やがて由利岳に出て有馬勢と合流して小城に攻め入ろうとした。このため、千葉胤連の家来たちは、石原《いしばる》「多久市東多久町納所石原」の六田縄手《むたなわて》（牟田縄手）で戦ったが、小勢のため戦利もあがらず、引き退いた。

この知らせを聞いた隆信は、自らも出馬しようと、まず、弟の信周・鍋島信房・納富信景・同名信純を丹坂口に向かわせ、鍋島信昌（のちの直茂）・小河信友・百武兼通《ひゃくたけかねみち》以下を率いて出発した。有馬の兵は七月二十五日に由利岳を出発し、丹坂口へ向けて攻め寄せた。

この時、龍造寺軍に馳せつけたのは、持永《もちなが》盛英・同名長門守・同名清兵衛そのほか小城郡内の者で、江頭《えがしら》筑後守を先頭に丹坂口を守って東西に陣し、丹坂の北の姫御前塚口を峰村「小城市三里」の峰吉家一族以下八十三人が固めた。

かくして有馬勢はこの両口へ攻め寄せ、一手は姫御前塚を越えようとしたが、峰一族がよく防ぎ、頭人の吉家は負傷して退いた。一方の有馬勢にも戦死者が出て進むことができず、横辺田に戻って久津具島《くづぐ(山カ)》[武雄市北方町大崎久津具]に籠り、須古の平井経治、武雄(柄崎)の後藤貴明に加勢の兵を求めた。

3 隆信の多久城攻め

こののち、丹坂口でも戦闘が始まり、大乱戦となった。はじめは有馬勢が優勢で、西河《さいがわ》(丹坂峠の南、今の西川)まで攻め入ったが、龍造寺軍の兵士と小城衆が合体して激しく防戦したので、有馬勢は潰乱《かいらん》した。そこで龍造寺軍は丹坂峠を越えて右原《みぎわら》[小城市小城町池上]に追い詰め、有馬勢は土地不案内のため多久川の下流柳瀬川に落ちて溺死する者が多数出た。この戦いで有馬勢中、安徳・安富の家来はほとんど討ち死にした。

龍造寺軍でも、牛尾別当琳信配下の者や千葉氏の兵士をはじめ死傷者が多数出た。この時、隆信は多久東北の別府《べふ》を通り、多久宗利の梶峰城を攻撃した。城主多久宗利は丹坂に出陣しており、梶峰城はまもなく陥落した。

隆信は、大村・多久の軍が丹坂から逃げ落ちるのを防ぐため、東の長尾口を塞ぎ、このため敗残の将兵は多久に戻れず、山林に逃げ込み、案内者だった長尾村［多久市南多久町長尾］の者たちは龍造寺軍に討たれた。

ところで、この多久梶峰城城主多久氏の祖は、摂津の人で琢間太郎宗直といい、建久四（一一九三）年、将軍頼朝が由井ヶ浜で戯れに朝比奈三郎義秀と相撲《すもう》を取らせたところ、宗直が三度勝ったので、褒美として所望の地多久荘を与えられたという。宗直は下向し、下多久に館を構えて何代か続いたのちに、一里余り西の場所に多久梶峰城を築いた。

また、有馬氏は、古くから平氏を称し、『中右記』『長秋記』『百錬抄』などの元永二（一一一九）年十二月二十七日条に、「平正盛の使者によって首を献ぜられた鎮西の犯人平直澄」とみえる肥前藤津荘荘司平清澄・直澄の後裔であろうと考えられている。

直澄の六代後の経澄（経純）が島原半島の南有馬荘の地頭になり、その後、晴純《はるずみ》の時、肥前の高来・彼杵・杵島・藤津四郡を領するようになり、有馬の日野江《ひのえ》［南島原市北有馬町戌］・原［南島原市北有馬町丁］、藤津郡の松岡《まつがおか》［鹿島市浜町］・鷹巣《たかのす》［嬉野市嬉野町下宿］の諸城を有し、安富・安徳・島原・多比良《たいら》・千々石《ちぢわ》の城将を従え、軍勢二万余を有する大名となって、入道仙岩と号した。

龍造寺隆信は、多久から柄崎の後藤貴明《たかあきら》に使いを出し、龍造寺軍が丹坂において有馬軍を切り崩し敗走させたこと、さらに陣を横辺田に移し有馬の残党を殲滅しようと考えていることを知らせ、「貴殿（貴明）はどうされるや、もし有馬軍に加勢されるならば、隆信一戦を遂げて勝負を運に任せよう」と言い送った。しかし、隆信はその返書を待たず多久を出発し、杵島郡に本陣を移し、百堂原《ひゃくどうばる》［武雄市若木町本部《もとべ》］で備えを調え、朝日の旗を押し立てたという。朝日の旗とは、龍造寺家紋の日光《ひあし》紋の旗であろうか。だが、貴明からは返答はなかった。

丹坂の戦い、また多久の梶峰城攻めで勝利をおさめた隆信のもとには、有馬方についた者たちで降ってくる者も多かったが、多久宗利のみは須古に向かい平井経治を頼った。

『普聞集』や『歴代鎮西志』には、七月二十五日の夜から翌日にかけて、鍋島信昌・広橋一遊軒が堤尾岳の敵陣を奇襲し、激戦の末、有馬兵四十余人を討ち取った百合野［杵島郡江北町花祭《はなまつり》］の戦いのことが記される。この戦いでは、敵が隆信に不意に切りかかるということもあったが、隆信は少しも動ぜず、有馬勢の須古衆や島原衆を討ち散らし、北方［武雄市北方町］に陣を移した。この時、柄崎の後藤貴明から使者が来て勝軍《かちいくさ》の祝儀を述べた。

こののち、隆信は北方の陣を払い、横辺田に退き福母《ふくも》山［杵島郡大町町福母］に陣を据えた。

４ 須古平井経治との一戦

また、隆信はさらに、有馬勢に応じた須古の高城《たかじょう》城主平井経治を攻めようと、諸勢を福母の南の大町江（六角川）に沿って備えさせ、七月二十八日の朝、城の追手（大手）に当たる福母の南、大橋に、先陣は納富信景、案内は佐留志の前田家定、山口の井元上野介を据え、二千余の兵で押し寄せた。

平井経治というのは、もとは武藤少弐氏の支族で、武藤資能の三男盛氏（景資）の子経氏が初めて平井を称し、杵島郡に数百町の封を受け、その後裔経是の時から高城に住み、須古・白石・横辺田などを領有して有馬氏に属し、その女婿となって勢力を張った。東の龍造寺氏とはもちろん、西の後藤氏とも本来は不和であった。

平井経治は、無双の勇士の聞こえ高く、龍造寺勢が攻め来ると聞くと「出向いて一戦すべし」と、一族川津経忠はじめ、平井刑部大輔・本田純秀・同純親・白石純通らが大橋口で防戦した。こうして戦いは白兵戦《はくへいせん》となり、龍造寺方は利なく退却、平井勢は勝ちに乗じ執拗に追撃をかけてきた。この時、鍋島信昌は、槍で敵を突きまくり、退く味方を助け励まし戦ったが、畔《あぜ》に足を取られ倒れた。これを見た平井勢は信昌を討たんと左右から押しかけたが、小河大炊助《おおいのすけ》・百武《ひゃくたけ》志摩守賢兼《ともかね》・副島右馬允らがこれらを追い払って信昌の危機を救った。また、殿《しんがり》は隆信の従兄弟違いの鑑兼と納富信景で、信昌もこれに加勢して敵を追い散らした。

こうして総退却が決まったのは夕暮れ時だったが、「近辺の野伏《のぶし》が多く集まり、同郡小《お》田《だ》[杵島郡江北町]に陣して落人を討ち取ろうとしている」との風聞が立ち、このため、迂回して帰城すべきとする者、明日に延期すべきとする者などもあり、意見がまちまちであったが、鍋島信昌が「敵あるを見て避くるは、勇士の事にあらず」、また、「かくのごとき時、間道(抜け道)を打つ(行く)は、士卒の弱みとなる」と言ったので、隆信もこれに同意したという。

やがて、信昌は真っ先に馬を走らせ、小田の村中を一文字に駆け通ったところ、野伏らはその勢いに気をのまれ、ことごとく逃げ去り、こうして龍造寺軍は佐嘉に帰ることができたという。

翌永禄七(一五六四)年二月になると、隆信は再び平井氏の攻撃を策し、六千余の軍勢を率いて出馬した。これに対し、平井経治は途中で迎え討とうと、究竟(屈強)の部下を選りすぐり、福母村の外れに伏兵を置いた。

龍造寺軍がこれを知らずに進んだところ、一度にどっと伏兵に取り囲まれ、危うく先陣は全滅かと思われた時、第二陣の鍋島信房・信昌兄弟、倉町信俊らが駆けつけ、敵を散々に切り伏せたので、敵兵は須古に退き、龍造寺軍は勝ちに乗じて高城まで押し詰めた。信昌は、自らの一手のみで先鋒より先に進み、城の追手の北にあたる畷《なわて》で城兵を斬り伏せ、城に追い込んだ。これを見た先陣も続いて大木戸に突き進んだ。しかし、龍造寺軍の諸隊が同時に攻めかかろうとする時、この様子を遠方から眺めていた隆信は、「難を知り退くのは軍《いくさ》の常である」と軍勢に引き揚げを命じ、福母村でしばらく滞陣した。

このののち、両軍に講和の議が起こり、平井経治の弟直秀を隆信の女婿にし、高城の大構えである枳殻《きこく》(からたち)土手を崩すことを約した。ただ、隆信には娘がなかったため、一族の左馬大夫信純の娘を養女にし、直秀に送ったという。

5 西島・中野城攻め

少弐冬尚の弟政興は、筑後に退いていたが、永禄七(一五六四)年の同じころ、馬場鑑周・横岳鎮貞に通じて東肥前に入った。これを聞いた隆信は、神埼郡の内田・藤崎・姉川諸氏を降して馬場・横岳を討とうとした。

これに対し大友宗麟は、ただちに蒲池《かまち》鑑盛・田尻親種をはじめとする筑後の諸城主に

龍泰寺（佐賀市赤松町）永禄8年に隆信が建立。のち天正12年、島原で戦死した隆信の遺骨は住持大圭和尚により陣没地から移されて、ここに葬られた。

彼らを応援させることとした。また、宗筑後守・筑紫鎮恒・同名栄門・島入道鎮慶・朝日入道宗贇らの東肥前の諸将も少弐政興を補佐して龍造寺軍を防いだ。

永禄七年三月、隆信は西島の城を攻めたが、城が堅固な上、板部氏・古館《ふるだち》氏・池尻氏などが防戦、加えて大友宗麟が手火矢《てびや》および鳥銃（いずれも鉄砲の名称）数百挺と銃手数百人を送ってきたため、隆信は周囲の状況や城の様子から急攻めは困難と考え、軍勢を引き上げ佐嘉城に帰った。

また、翌永禄八（一五六五）年春、隆信は叔父要室和尚を請じて、かつての少弐氏の与賀館跡に曹洞宗平安山龍泰寺《りゅうたいじ》「佐賀市赤松町」を開創した。

6 神代長良、筑前に落ちる

永禄五（一五六二）年、龍造寺隆信は老臣納富信景の斡旋で、山内《さんない》の神代《くましろ》勝利と和睦し、勝利の子長良の四歳の娘と、隆信の三男鶴仁王丸（善次郎、のちの後藤家信）の婚約を成立させた。両者の間が平穏となったことで、勝利は、同七年、畑瀬《はたせ》［佐賀市富士町畑瀬］に築城し、家督を長良に譲って隠居した。長良は上佐嘉千布《ちふ》の土生島《はぶじま》［佐賀市金立町千布二本柳］の砦に移り軍政を行ったが、勝利は翌八年三月十五日、畑瀬で五十五歳の生涯を閉じ、同地の高源院に葬られた。

神代勝利の墓（佐賀市富士町大字関谷）かつては富士町東畑瀬の宗源院にあったが、嘉瀬川ダムの建設により湖底に沈むこととなったため、現在は湖水を眺める高台に移設されている。佐賀市重要文化財。

神代勝利の嗣子長良の妻室は、隆信の臣下鹿江《かのえ》遠江守兼明の娘であった。夫妻には男女二人の子があり、長男は長寿丸、もう一人は前述の隆信三男の鶴仁王丸と婚約のあった娘である。だが、勝利が逝去した同じ永禄八（一五六五）年の四月、三瀬《みつぜ》小弓の館で疱瘡《ほうそう》（天然痘）のため二人とも同時に死んだ。このため、合瀬の万福寺〔佐賀市富士町下合瀬〕に虎山和尚を請じて葬った。夫妻の歎きは一入《ひとしお》で、『龍造寺記』にまで「城中悲嘆、武備を忘るるに似たり」と記される。

隆信は、このことを聞くと、涙も乾かぬ四月二十三日に納富信景・龍造寺信明両人を千布の土生島砦に遣わし、神代氏を計略で滅ぼそうとしたのである。

平素から神代氏を憎み、折あらば山内を奪おうと考えていた隆信であったが、この時の仕打ちは実に冷酷であった。納富信景・龍造寺信明両人は長良に対面すると「勝利公は隠れ給い、今また御子を一人ならず失わるること、言語道断の次第である。就中《なかんずく》、善次郎殿には縁辺を結び置かれし姫の事で、返すがえすも嘆かわし。しかしながら、長良公は御一族の中より幼少の姫をして以前のごとく重ねて縁を結び申すべし。なお、別心を存ぜざる旨、今また誓紙を進められたし」と誓紙を差し出した。長良は方便とは露知らず油断し、両人を厚くもてなした。両人は最後に「明後日伺い申す。その時、返事を賜りたし」と言って退出した。

ところが、その夜の明け方、納富信景を先陣とする龍造寺勢六百余が、淵〔佐賀市兵庫町渕〕・東高木から攻めのぼり、鬨《とき》の声を上げて土生島の砦に乱れ入った。長良は、「我、欺かれたり」と叫び腹を斬ろうとしたが、妻室がこれをとどめ、「かかることは古くから多いと承っております。この度は逃れ、重ねてご本意を遂げられてはいかがでございましょうか」と諫めたため、中野新十郎以下二十人ばかりを従えて、ひそかに北の小門から落ちていった。

龍造寺軍はこれを追撃したものの、神代左京亮以下七、八人がここが死に際とばかり応戦したため、龍造寺勢も討ち死にする者が多かった。だが、神代氏の家臣福所《ふくしょ》大蔵はとても敵《かな》わぬと思い、大声で「我は神代長良なり。この度、隆信に欺かれたことは運の極まるところである。我が首を打ち、速く抽賞《ちゅうしょう》にあずかれ」と太刀をくわえ、うつぶせになったため、龍造寺勢は長良が死んだと思いその首を拾い取った。この隙に、長良は逃げ延び、家来の古川新四郎ら四人とともに落ちていった。

その途中、松延《まつのぶ》勘内（松信勘助とも）という十五歳になる少年に「妻女の様子が知りたい。お前ならば子供だから敵も警戒すまい」と土生島《はぶしま》へ状況を探りに戻したところ、妻女は非常に驚き、勘内から「早く落ち行きましょう。私が御供いたします」と言われたが、「私は女の身、何とでもなりましょう」と再三答えたという。だが、乳母《めのと》とともに三人はついに河窪村藤付《とうつけ》［佐賀市久保泉町川久保藤附《とうつけ》］の山伏の坊まで落ち延びたという。

また、土生島砦では、戦闘の後、神代左馬助が長良をたずねて、金立《きんりゅう》の松原［佐賀市金立町金立松原］まで来て、翌二十四日辰の刻（午前八時ごろ）、味方も集まり二十四人となった時、朝日が左馬助の道具に映えてそれがあまりに美しかったため、追撃中の龍造寺方の兵士はこれを長良と間違えて討ち、大将の長良を討ち取ったと勝鬨をあげて引き揚げたという。

長良はこの間に、金立の下宮の西、楠《くすのき》の陰に忍んだが、そののち、金立山《きんりゅうざん》に登り、雲上寺の成長法印と対面、しばし休息の後、名尾《なお》［佐賀市大和町名尾］に向けて出発、名尾式部大輔らを連れて主従六、七人で畑瀬の城に入った。ちょうどその日は長良の父勝利の六七日忌にあたり、供養の最中であったため、人々は長良の無事な姿を見て一際《ひときわ》喜んだ。

隆信は、長良が畑瀬城に居ることを知ると、ただちに討伐を企て、小河武蔵守・納富信景以下に攻撃を命じた。このため、長良は畑瀬城を出て三瀬上野介の館に立ち寄ったのち、筑前早良郡飯場［福岡市早良区飯場］の城主曲淵房資、さらに怡土《いと》郡飯盛《いいもり》［福岡市西区飯盛］の城主小田部鎮元入道紹叱を頼ったが、ともに領内が狭いと断られ、やがて那珂郡岩門《いわと》［福岡県筑紫郡那珂川町南面里《なめり》］の鷲岳城城主大津留鎮正入道宗秀を頼った。宗秀は、領内戸板［筑紫郡那珂川町南面里］に長良を置いて丁重にもてなした。

この大津留氏とは、大友氏から派遣された番将で、また、大友氏の宿老戸次鑑連《べっきあきつら》も長良に同情し、「武士同士は思い遣りて助け合うべし」と、時々情けを加えたという。

また、長良の妻女は、乳母一人を伴い実家のある鹿江《かのえ》［佐賀市川副町鹿江］に落ちた。

乳人《めのと》一人を供《とも》として、故郷鹿江《かのえ》を志し、賤《せん》の女の物詣《ものもうで》する風情《ふぜい》にて、人目忍びの編笠に、さも荒々しき草履《ぞうり》はき、夜半《よは》に紛《まぎ》れて出でられけり、頃は卯月の末つ方、山郭公《かっこう》の一声、雲井に音づれしかば、婦人斯《か》くぞ思ひつづけられける

　心せよなればかりかは時鳥《ほととぎす》　物思ふ身に夜半《よは》の一声

と打誦《うちず》して、分けつつ行けば小笹原、袖に玉散る篠木野や、爰《ここ》はいづくぞ八溝《やつみぞ》の、水の流《ながれ》の末懸けて、夫《つま》の行方を安穏に、守らせ給へと、あたりなる白髭《しらひげ》の御社《おやしろ》へ、心計《こころばか》りに奉幣《ほうへい》あり、あそこや爰《ここ》とたどり給ひし間、河窪より鹿江までは僅《わずか》の行程なりしかども三日三夜にして泣く泣く尋ね着きけり

以上は、『九州治乱記』の一節で、その道行を『太平記』の「俊基朝臣の東下り」を模した美文で、落ち行く途中の地名を織り交ぜながら綴っている。

ともかくも、妻女は川副郷の南端鹿江の実家にたどり着いたが、実家の鹿江氏では龍造寺氏の取り沙汰を恐れ、大堂《おおどう》村［佐賀市諸富町大堂］の大明神の社家を頼み、そこに忍ばせた。

こののち、長良を援助する大津留入道宗秀は、長良夫妻の別居を労《いたわ》しく思い、長良自筆の書状を使いに持たせ、この妻女を戸板の長良のもとに呼び寄せたという。

7 長良の山内還住と旧領回復

この間に、龍造寺隆信は、神代の所領をおさえ、三瀬・畑瀬・小副川の諸城を修築して、番兵を置き、また、神埼郡の内は江上氏領と接するところもあるため、神埼郡の諸氏を番兵にあてた。

神代長良も、山内還住の機会を待ったが、すでに八月も半ばを過ぎ、出奔してから百日余が経過していた。山内の旧臣や領民も長良を迎えるため画策していた。『神代家家伝』では、長良の草履取りであった者が、狂人を装い山内を歩きまわり、また、傀儡師《くぐつし》や猿回しを装って山内のここかしこを偵察し、三瀬の城番にも近づいたと伝える。やがて城番の隙を見て連絡をとり、山内の旧臣らは藤原《ふじのはる》山の寄合原《よりやあばる》［佐賀市三瀬村藤原土師《ふじばるはじ》］に集ま

三瀬城址（佐賀市三瀬村）西南の三瀬宿から見た城山の姿。

り、城に放火し鬨《とき》をつくって龍造寺氏の城番を斃《たお》すことにし、味方を結集して長良に帰城を求めたという。

だが長良は、その兵数があまりに少ないため、怡土郡高祖《たかす》城［福岡県糸島市高祖］の原田入道了栄に助力を請い、さらに曲淵房資・小田部紹叱・大津留宗秀の加勢も得て総勢三百余となり、山内の者に迎えられて、八月二十日、龍造寺氏の城番を斃《たお》して畑瀬に帰城し、旧領を復した。また、三瀬の城も復興して堅固にし、ここを居城として山内に二十六ヶ所の要害を置いた。

このの ち、長良は、佐嘉郡を南下して旧領の回復に努めたが、江上・横岳・小田・犬塚・姉川・筑紫・綾部ら神埼・三根・養父諸郡の将士は、少弐政興を主将として河窪に屯し、大友宗麟を引き入れようとした。長良もまたこれらと連携し、大友氏に通じて援兵を乞い隆信の追討を目論《もくろ》んだ。

翌永禄九（一五六六）年四月から六月にかけては、大旱魃《かんばつ》が襲った。神代長良は、前年、土生島砦で納富信景に謀られた恨みを晴らそうと、五月初め、北山《ほくざん》から流れる川が信景の領内に流れぬように堰き止めて東に流れるようにした。このため和泉・千布の田はことごとく枯れてしまった。

そこで、信景は弟治部大輔信純、家繁に精鋭を付け、水路巡検のため、河窪の南の徳永［佐賀市金立町薬師丸徳永］に陣をかまえさせた。

これに対し長良は、古川新四郎以下三百を河窪の白髭大明神に滞留させ、さらにこの軍勢を三手に分けて伏兵を置き、足軽十四、五人を農夫に化けさせ、鍬を持たせて八溝《やつみぞ》［佐賀市久保泉町川久保］から徳永に通ずる水路を堰き止める風を装わせた。この様子を見た納富信純は怒り「あの奴原《やつばら》を切って捨てよ」と命じた。このため、農夫に仮装した十四、五人の者たちは計画通り北に向かって退いた。そして、納富信純の軍が彼らを追って突き進んで来たところを、三方に潜んでいた長良方の伏兵が一斉に襲いかかった。この戦いで、信純は馬から落ちて古川新四郎の弟に首を挙げられた。長良は、この注進を受けると、「我、日頃より納富を討ち取り土生島の仇《あだ》を報ぜんと欲していた。今、幸いにも天与の恵みに遭う」と言い大いに喜んだ。

納富信景は、弟信純の討ち死にの報を聞いて憤り、百人余の部下を従えて駆けつけた。長良はすでに神代惟利・重利および松瀬・杠《ゆずりは》・名尾《なお》以下の部将とともにすでに和泉へ出陣していたが、信景はこれを攻めて、西の高木とその北の平尾［佐賀市高木町長瀬］に追い詰めた。だが、長良もまた盛り返して進撃し、信景の軍を佐嘉に退却させた。

こうして神代氏は、高木［佐賀市高木瀬町高木］・五領［佐賀市大和町尼寺五領］・北村［佐賀市大和町尼寺駄市川原《だいちかわら》］、さらに南東の藤木《ふじのき》［佐賀市兵庫町藤木］を攻略して三溝《みつみぞ》［佐賀市神野東］に進み、かくして佐嘉城下の北郊までを領土とした。

このように、龍造寺隆信と神代氏の抗争は多年にわたり、一進一退を繰り返したのである。

第六章　大友軍の来襲

1　大友宗麟の筑・肥攻撃

毛利氏と大友氏との争いは、天文二十三(一五五四)年の豊前企救《きく》郡門司城[北九州市門司区古城山]の戦いから数年にわたり続けられてきたが、永禄七(一五六四)年になって講和が成立した。とは言え、これは一時的なものに過ぎなかった。

永禄十(一五六七)年になると、筑前夜須《やす》郡秋月城[福岡県朝倉市野鳥]城主秋月種実・御笠郡宝満《ほうまん》城[福岡県太宰府市浦城]城主高橋鑑種《あきたね》以下が大友宗麟に抗し、四月に種実は毛利氏に応援を求めた。また、同十一(一五六八)年には、大友氏の一族で、糟屋《かすや》郡立花城[福岡県糟屋郡新宮町・同郡久山町・福岡市東区]の立花鑑載《あきとし》が、宗麟が一万田鑑実《あきざね》の妻女を略奪したこと、宗麟の吉利支丹改宗で比倫な行動が増えたと憂慮したこと、さらに再び鑑載の伯父菊池重治の妻を奪取したことなどに憤慨して、宗麟に背き、毛利氏へ加勢を求めた。

立花城址（福岡市教育委員会 提供）

毛利氏はこれに応じ、八千の兵を送り立花氏を助けた。

これにより大友・毛利両氏の和平は破れ、高橋・秋月両氏のほか、遠賀郡山鹿《おんがぐんやまが》城［福岡県遠賀郡芦屋町山鹿］城主麻生隆実・宗像《むなかた》郡宗像氏貞が立花鑑載に応じたため、大友宗麟は戸次鑑連《べっきあきつら》・吉弘鑑理《よしひろあきただ》・臼杵鑑速《うすきあきずみ》の三将を派遣してこれを攻撃した。一方の毛利氏も立花鑑載から加勢を求められていたことから、二男の吉川《きっかわ》元春と三男の小早川隆景を急行させたが、七月に立花城は陥落し大友氏の兵が守備していたため、毛利軍の立花城援助は一転、同城攻撃となったのである。

ところで、龍造寺隆信は、前年の永禄十（一五六七）年十月、上松浦党の旗頭《はたがしら》吉志見《きしみ》城［唐津市北波多・相知町の岸岳］の城主波多鎮および同郡鬼ヶ城［唐津市浜玉町谷口］城主草野鎮永に使者を送り両人を招致した。また、筑前怡土郡高祖《たかす》城［糸島市高祖］の城主原田入道了栄も佐嘉城へ使者を

毛利輝元像（部分、毛利博物館蔵）

送り隆信へ親交を求めてきた。こうした隆信の周辺の動きも大友宗麟を刺激し、肥前への干渉の度をいっそう強める結果につながった。

そのため、隆信としては、毛利氏が立花城攻めのため滞陣したことは、気強いことであった。

だが一方、毛利輝元は、永禄十（一五六七）年九月二十日、吉川元春・小早川隆景、また重臣の福原貞俊らに「龍造寺が当方に味方を求めているので合力《ごうりき》したいが、龍造寺は筑紫氏を攻め滅ぼすつもりらしい。だが、筑紫氏には大友が援助しているので、容易なことではない。また、龍造寺に同心している諸将の応援も龍造寺が強大なうちのことで、旗色が悪くなれば離反するだろう。そうなれば、九州の事態は複雑になり、九州での毛利の立場も不利になる。それゆえ、龍造寺より助力を申しかけてきても軽軽に援助を与えてはならない」と警告した。

高良山(久留米市御井町) 大友宗麟が筑前・筑後・肥前方面を攻略する際に拠点とした。

2 宗麟の佐嘉城攻め

立花城に向かった毛利氏の軍は、永禄十一(一五六八)年十二月、立花城の攻撃を開始した。一方、大友宗麟は同月の初め、戸次鑑連・吉弘鑑理・臼杵鑑速の三将を先陣として、同国玖珠《くす》[大分県玖珠郡玖珠町]・日田《ひた》[大分県日田市]両郡に陣を布かせ、自らは翌十二(一五六九)年正月十一日に出馬した。ここにおいて三将は筑後高良山[久留米市御井町]へ陣を進めた。ついで宗麟は二月十六日、高良山吉見岳に本陣を置いた。宗麟のもとには配下の士卒が集まり、その数六万と号した。

しかし、宗麟は陣中で遊興に耽《ふけ》り、滞陣二ヵ月になろうとしても出陣する気配もみせない。このため、戸次鑑連が意見をし、はじめて出陣することとなり、三将に五千(『隆信公御年譜』『九州治乱記』では三万)の兵を与えて佐嘉へ出発させたという。

かくて三月二十二日、大友宗麟は三将を三手に分けて進ませ、養父郡千栗《ちりく》［三養基郡みやき町白壁］に達した。その後、一手は戸次鑑連が率いて佐嘉城の北に回り、城から二里（約八キロメートル）余の春日原《かすがばる》［佐賀市大和町尼寺］に陣し、吉弘鑑理が率いる一手は、同じく北の方二里半ばかりの川上川の西、水上山に陣を布いた。残る一手は臼杵鑑速を将として東一里余、ともに神埼郡の西端の阿禰《あね》（姉）［神埼市千代田町姉］・境原《さかいばる》［神埼市千代田町境原］に陣した。『隆信公御年譜』では、これを三月二十九日としている。

肥前の諸将のうちで大友軍に応じた者もあった。神埼城原《じょうばる》の勢福寺城の城主であった江上家の記録によると、城主江上武種は大友氏に投じ、部将執行《しぎょう》種兼の嫡男武直および枝吉《えだよし》種次の二男（後の清兵衛）を人質として差し出した。その理由は、江上武種が、あらかじめ龍造寺隆信に「大友氏の軍兵多数が佐嘉へ攻め入ってくると聞くが、私の城は最も東の口にあるので、まず最初に攻めてくるであろう。これを城原一手で支えることはとても困難なので、南の日隈山から狼煙《のろし》をあげる。その時は、さっそく援兵を差し向けてもらいたい」と申し送ったが、いよいよ大友軍が攻め寄せた時、合図の狼煙をあげても一向に隆信からの援兵は来なかったからという。江上武種は「隆信信ずるに足らず」と大友方に一味したのである。

だが、弟江上貞種は、「およそ武門に生を受けた者は、事に臨んで身を捨てねば先祖・子孫を辱《はずかし》む。先年起請文《きしょうもん》をもって龍造寺と和平をしたにもかかわらず、今また豊後方に従うことは武士の本意ではない。急ぎ元のごとく、大友氏と手を切り、隆信と死を共にされるべきである」と諫めた。だが武種は承知しなかったので、貞種は「生きて恥をさらしたくない」と腰の一振を抜いて、ずばりと自身の脇腹を突いたが、武種・執行種兼らにとめられ未遂に終わったという。また、鍋島信昌はその心根に感激し、のちに子孫を家臣に列した。隆信が武種に援軍を送らなかったのは、武種が大友氏に内通しているのを知っていたためだともいわれている。江上貞種の嫡子連種は、島原で龍造寺隆信と共に戦死した。

一方、神埼郡山内の神代長良は、三将からの連絡により案内者として応じ、河窪の竹下に出張し、陣代として同名兵庫頭を大将に、老功の士で齢《よわい》六十九の古川佐渡入道を軍奉行に定め軍勢を出し、村里に放火しつつ長瀬村の南無堂具留利《なむどうぐるい》（御堂の周辺《ぐるり》の意か。『龍造寺記』によれば天満宮）に陣した。

また、島原半島の有馬一族や西肥前の諸将、松浦党ならびに小田鎮光らも大友宗麟の威勢に恐れをなしてその傘下《さんか》に服した。さらに下筑後の諸将も三潴《みづま》郡榎津《えのきづ》「大川市榎津」に陣し、千年川（筑後川）を渡り佐嘉郡川副郷の東端寺井口［佐賀市諸富町寺井津］に攻め寄せたため、龍造寺軍は死傷者を多数出した。

こうして大友軍は海陸両面から佐嘉城を包囲した。この前後に、宗麟は龍造寺隆信の大叔父家門《いえかど》の婿で三潴郡下田芦塚［久留米市城島町下田・芦塚］の城主堤貞元に、「御家運連繫のためにも、この際大友氏に降参してはどうか」と隆信に勧めさせた。同郡貝津［久留米市安武町］の城主安武鎮教もまた、家臣の亀山一竿入道を遣わして同様のことを勧めたが、隆信は承諾しなかった。

やがて隆信は、老臣たちを集めて軍議を開き意見を求めた。「近隣から援軍を求めることはできない。城を出て戦おうとしても味方の兵は少なく、今は毛利氏の応援を待つほかはない。これが遅れ、隆信が自殺することは口惜しい。それならば大友に降参するか、筑後に退去するか」と評定はまとまらなかった。だが、鍋島信昌が「大友に降参することはできない」と言い放ち、ついに籠城と決まった。

『普聞集』には、この時、神慮に任そうと、泰長院の震龍を招いて占ってもらうこととなったが、信昌は、あらかじめ震龍に「吉凶は運に従うもの。城を去らざるを吉、去るを凶とすと申されよ」と言い含めたという。そこで震龍は、その通り「城に在るを吉とす」と告げたので、隆信はじめ老臣ら一同も籠城と心を決めた。しかし、なにぶん城中はわずかに将十九、士卒百に満たぬほどであったといい、大友勢に比べ「九牛の一毛」ともいうべき少数のため、一族の半数が降参を望んだという。

そこで信昌は「ひとりこの城で死ぬ」と言って刀を抜き、ずばっと畳を斬って決意のほどを示した。隆信もまた「われも汝と同様なり」と、立って畳を斬った。ここに諸士も必死の覚悟を抱くに至った。

『九州治乱記』によれば、芦ヶ里［小城市芦刈町］の鴨打胤忠・徳島長房は一同に向かい、「公の妻子そのほか鍋島信昌の老幼女子はことごとく預かる」と申し出たため、妻子らはみな芦ヶ里に退いた。ただ、隆信の嫡子長法師丸（のち政家）だけは上松浦の浪瀬《なみせ》［唐津市厳木町の内］獅子ヶ城城主鶴田氏に招かれていったとされる。龍造寺軍は、同時に道や橋を改修して溝を深め、土手を高くして籠城の構えを厳重にした。

一方、豊後の大友軍は、神代兵庫頭の案内で南下し、佐嘉郡蛎久《かきひさ》・五領《ごりょう》・三溝《みつみぞ》・大宝《おおたから》［佐賀市大財］に攻め寄せ、城の西郊嘉瀬郷［佐賀市嘉瀬町］の村々、寺社に放火し乱暴をはたらいた。このため「三根・神埼・佐嘉・小城諸郡の民屋ことごとく残らず」とまでいわれた。『九州治乱記』は、「戸次鑑連・吉弘鑑理・臼杵鑑速三将が長瀬・蛎久・阿禰《あね》に陣し、神社・仏閣を焼き払って神仏の玉眼を抜き取り、寺院の経巻を奪取したのは、士卒とも耶蘇《やそ》宗門の徒であったからだ」と批判的に記述している。

佐嘉郡高木［佐賀市高木瀬町高木］の高木胤秀（一説に胤季）も、臼杵鑑速が妻室の父（舅）となる関係から大友軍に従った。さらに、かつて隆信が筑後に落ちたとき好意的であった蒲池鑑盛も、宗麟の催促によって余儀なく四月四日に榎津からやってきた。また、鴨打胤忠の兄美濃守や、弟の新左衛門胤賢は大友氏に応じて胤忠を攻めた。

3　植木・三溝口の合戦

佐嘉城では防備を固める一方、四月六日には鍋島信昌が北郊多布施《たぶせ》口から打って出て、納富信景もその東北三溝に出陣した。龍造寺隆信も続いて出馬し、諸所から将兵が集まって五千余に達したという。鍋島信昌は、そのなかから五百人を選《え》りすぐって多布施の西隣高岸［佐賀市多布施三丁目］に伏せ、「敵がきたら大将を待ち、急に攻めて打ち取れ」と命じた。このとき長瀬から臼杵鎮富が攻めてくると聞き、信昌は迎撃に向かった。その後、鎮富がやってきたので百武志摩守賢兼《ともかね》・小河信友・成松《なりまつ》信勝らが槍を合わせて交戦、鎮富の高股《たかもも》を突いて落馬させ、討ち取ろうと襲いかかったが、家来が慌てて馬に乗せて、神野の北西の植木［佐賀市鍋島町蛎久植木］に退いた。

龍造寺軍は勝ちに乗じ、植木へ追撃しようとしたが、そのとき、戸次鑑連が三溝に攻めかけ、龍造寺軍の背後を急襲しそうだとの報が入ったため、信昌らは植木の戦いを捨てて鑑連の軍へ向かい、三溝・大宝に群がる大軍を追い払った。

『九州治乱記』には、同日、東口でも大友軍の戸次鑑連・吉弘鑑理の軍勢が続いて攻めてきたので、信昌らは構口《かまえぐち》［佐賀市巨勢町牛島］（近世、佐嘉城下の東入口）でも激戦を展開したとある。臼杵鑑速は神埼郡阿禰・犬童《いんどう》［神埼市千代田町境原《さかいばる》］・佐嘉郡巨勢《こせ》［佐賀市巨勢町］・若宮原［佐賀市兵庫町若宮］などに陣を布いた。この時、大友軍は手火矢（火縄銃）で猛攻したため鍋島信昌は佐嘉城に引き揚げたという。しかしここで、吉弘鑑理が俄かに体調に異変をきたし、身体の自由がきかなくなったため追撃を中止し、攻口を退き、鑑速も東高木の八幡社に陣を移した。

また十七日になると、肥後の城《じょう》親冬が双方に和平を持ちかけてきたので、隆信は承諾し、戸次鑑連・吉弘鑑理もそれぞれ陣を引いて春日原［佐賀市大和町尼寺］・水上［佐賀市大和町川上］に戻った。そして、ここで隆信は納富信安を使いとして、戸次鑑連に馬一匹を礼物として贈り、納富信景の弟秀島河内守の嫡子賢周（のち家周）を人質として豊後府内［大分県大分市」に送ることとした。このとき大友宗麟のもとへ筑前の大津留入道宗秀が立花城の急を告げ、また立花城番田北《たきた》・鶴原からも宗麟の本営に毛利軍が来攻すると報じたため、宗麟は、鑑連ら三将に龍造寺氏との和を合議させたうえで、立花城の救援を命じ、質人の秀島賢周を連れて高良山の陣より立花城に向かった。ここに大友氏の佐嘉侵攻はとりあえず終結したのである。

4 大友軍の再襲

永禄十二(一五六九)年閏《うるう》五月三日、毛利氏の軍は立花城を占領した。

だが、毛利氏の大軍が立花城へ遠征している虚に乗じ、出雲の尼子氏の旧臣山中鹿之介幸盛が尼子勝久を奉じて因幡《いなば》・伯耆《ほうき》を攻略し、七月には尼子氏の旧城奪回を企てた。さらに大内義隆の叔父である輝弘が山口に侵入するという事件もあった。

毛利元就の二男吉川《きっかわ》元春は、立花城は重要だと主張し、元就が立花城を撤退しようとすることに反対を唱えたが、旧領を奪回せんとする尼子氏に備えるため、止むなく兵を引き、出雲へと向かったのである。

こうして毛利氏の大軍が九州を去ると、龍造寺隆信は後援を失った。また、同十三

(一五七〇)年正月には宝満城城主高橋鑑種が大友氏に攻められ、吉弘鑑理に和を求めた。つづいて秋月城城主秋月種実・高祖城城主原田了栄も大友氏に降《くだ》った。

このような中、龍造寺からの人質秀島家周(賢周改め)が、密かに府内を脱出して佐嘉に帰還した。大友宗麟は怒って再び佐嘉城攻めを企て、自ら大軍を率い、三月十日、日田郡日田に着陣、ついで筑後に打ち入り、高良山《こうらさん》を本陣とした。そして、戸次鑑連・吉弘鑑理・臼杵鑑速の三将に、豊後・豊前・筑前・筑後四カ国の将兵を付して進発させた。

三将は三月二十七日に肥前に入り、鑑連は三万余の軍勢で佐嘉城東の神埼郡阿禰《あね》・境原《さかいばる》に陣した。『歴代鎮西志』によれば、西は佐嘉郡巨勢野[佐賀市巨瀬町]、神埼の西端姉・境原の犬童林[佐賀県神埼市千代田町]、北は城原《じょうばる》[神埼市神埼町城原]、南は筑後三潴郡榎津《えのきづ》[大川市榎津]の広範囲にわたっていたという。吉弘鑑理・臼杵鑑速は佐嘉城の北の口の佐嘉郡金立・千布・春日・川上川岸の於保原・平野・大久保・川上、その西の山田、大願寺など、上佐嘉三里余りの山野に陣を布いた。さらに筑後の兵も、四月十日に来陣した。

島原半島の有馬義純も大友氏に協力し、西肥前の波多・後藤・平井・宇礼志野《うれしの》、南肥前の大村・西郷以下の軍勢を催促して、佐嘉の西、小城郡砥川《とがわ》[小城市牛津町砥川]・丹坂《にさか》[小城市小城町栗原]・牛尾《うしのお》[小城市小城町池上《いけのうえ》]などに出陣させた。山内の神代長良も河窪《かわくぼ》[佐賀市久保泉町川久保」に出張し、同名兵庫頭を主将に、古川佐渡守を軍奉行として三瀬《みつぜ》内蔵助・杠《ゆずりは》左馬大夫・国分和泉守・小副川《おそえがわ》蔵人以下を率いて川上［佐賀市大和町川上」に陣した。このほか、高木胤秀・江上武種・犬塚《いんつか》弾正忠・横岳鎮貞・馬場鑑周・筑紫・綾部・本告《もとおい》・藤崎・姉川諸氏をはじめ、東肥前の武士はほとんど大友方となり、千布《ちふ》・金立《きんりゅう》・春日《かすが》に出張した。

また、もと蓮池城の小田鎮光も永禄二（一五五九）年正月に龍造寺隆信の養女を娶り、隆信の聟《むこ》となって多久梶峰城にあったが、前年の永禄十二年三月から四月にかけて大友氏が来攻した時、これに応じ、さらに今回も催促を受け、平井・後藤・鶴田と通じ、川上の西、水上に陣を布いた。かくして大友軍総勢八万、山野・民家に兵は群がり、社寺はことごとく焼き払われたとされる。

これに対し、龍造寺軍は、隆信の一族、鍋島の一族、その他を合わせても、わずか五千に過ぎなかったという。

ここに至り、隆信は評定を開き、東の大手は鍋島信房・信昌兄弟・小河信友以下、南の船手は弟龍造寺長信に、同名信種を付した。西の口、砥川・丹坂・牛尾は弟信周、従兄弟違の鑑兼に守らせ、北の川上口には一族家就、納富信景・広橋信了で固めさせた。死を覚悟してそれぞれの持ち場を定めたのである。

5 巨勢の戦い

大友の軍勢は、しかし、城を包囲するだけで攻撃を仕掛けてはこなかった。元亀《げんき》元（一五七〇）年四月二十三日（この日、永禄から元亀に改元）、佐嘉城中での評定の結果、第一陣に鍋島信昌・小河信友、第二陣に納富信景、殿《しんがり》を隆信の旗本と定め、東の巨勢・若宮に突き出て戸次鑑連《べっきあきつら》の陣を攻撃したが、鑑連は老功の大将で備えを乱さず、これを迎え撃ち、先手鍋島信昌に挑んで双方鬨《とき》の声を挙げて入り乱れて戦った。

戸次鑑連（立花道雪）像（部分、福厳寺蔵、柳川市奥州町）若くして落雷に遭い半身不随になるが、その勇猛さゆえ家臣から雷の化身と怖れ敬われた。元亀２年に立花姓を継ぎ、立花城城督となった。

戸次鑑連は、若い頃、雷に打たれ半身不随となって歩行も困難となったが、家臣に駕籠を担がせ、二尺七寸の長刀と鉄砲を携え、手にした棒で駕籠を叩きながら戦闘の指揮を執ったという。常に先陣を切り、三十数度の合戦でも一度も遅れをとることがなかったというほどの猛将であった。

鑑連は、戦い半ばで兵を二手に分け、自身は千住村［佐賀市兵庫町瓦町］

の堂の前に回って、隆信の旗本に斬り掛かり縦横に戦ったので、隆信の旗本は危うく見えた。しかし、この時、鍋島信昌が鑑連の陣に切り掛かり、隆信の旗本も劣勢を挽回し、鑑連の軍を潰走《かいそう》させたという。また、隆信の家臣、百武賢兼《ひゃくたけともかね》も奮戦し、敵を悩ませた。

この百武賢兼は、もとは戸田を名乗り、戸田兼定の子であるが、歴戦の士として名高く、龍造寺隆信から「武勇、百人の武士に勝《すぐ》る」として、百武の姓を賜った。龍造寺隆信ゆかりの、佐嘉で生まれた姓である。成松信勝・江里口《えりぐち》藤七兵衛信常《のぶつね》・木下四郎兵衛昌直《まさなお》とともに四傑(龍造寺四天王)と称される。ただし、龍造寺四天王については、江里口信常に代えて円城寺信胤を挙げることもあり、史書によって異なり判然としないが、隆信が戦死した沖田畷の戦いでは、木下昌直は鍋島直茂(信昌の改名)の配下に付けられており、直茂とともに木下のみが生還を果たしている。

ところで、この巨勢の戦いでは、隆信は勝ちに乗じ、なおも敵を追撃しようとしたが、俄かに雨が降り、また、夜になったため、信昌の勧めで帰城した。翌二十四日、戸次鑑連は神埼城原の横大路茶臼山城[神埼市神埼町城原]に転陣を余儀なくされた。

この龍造寺軍の戦勝については、筑前立花城の攻撃で滞陣していた毛利氏の武将吉川元春が、家臣の堀立壱岐守に与えた六月八日の『堀立家文書』中の書状で「(四月)二十八日、豊州《ほうしゅう》衆、近陣を寄せ候処、龍造寺衆鉄砲数百丁にて射伏せ、近陣をも居《す》えず候て、本の陣所へ引き退くの由候哉《や》、誠に心地《ここち》能《よ》き趣《おもむき》候」と報じている。また、五月四日にも、川を隔てて豊後勢と戦い、鉄砲をもって二百余兵を討ち取り大勝を得た。この時も、吉川元春は「去る五月四日、龍造寺へ豊州衆相働《あいはたら》き、河を隔《へだ》て候て、互《たがい》に鉄砲軍《いくさ》候つる。龍造寺行《てだて》を以て豊衆河を引渡し、一戦に及び、宗徒の者二百余人討捕の由に候哉、龍造寺衆比類《ひるい》無き行に候、云々」と述べて、龍造寺軍の鉄砲隊の優秀さに言及している。

しかし、五月半ばには、大友軍は佐嘉城の東の口高峰《たかお》［佐賀市巨勢町高尾］まで押し詰めたため、龍造寺軍はこれを撃ち払おうと、佐嘉城から出て散々に戦った。このため、大友軍の下筑後鷹尾《たかお》城［柳川市大和町鷹ノ尾］城主田尻親種は深手を負って退いた。その後、親種は鷹尾に帰り六月二十三日に卒去した。

６　大友水軍の南方襲来

一方、大友宗麟は、水軍をもって南方から佐嘉城を攻撃しようと、元亀元（一五七〇）年五月下旬、田尻鑑種・蒲池勘解由《かげゆ》以下の下筑後の士を帰陣させ、榎津《えのきづ》［大川市榎津］で調練し、七月六日、数十艘の船で佐嘉郡川副郷の東、浮盃津《ぶばいつ》［佐賀市諸富町寺井津］に攻め寄せた。浮盃津とは、秦《しん》の徐福《じょふく》が不老不死の妙薬を求めて渡来し、盃を浮かべ上陸地を占ったという伝説の残る地である。この大友軍の攻撃に対し、鰡江《しくつえ》の無量寺の僧や北村清兵衛、そのほか与賀・川副両郷の士らが集まり防戦したため、兵船は損傷を受け、潮が引くとともに退いたという。また、二十七日、二十八日にも兵船数十艘が浮盃津に襲来したが、鹿江・南里・石井の一党が防戦したため、彼らは再び撃退された。

諸本には、その後も大友方の兵船が襲来したことは記述されるが、いずれも近隣の郷民らにより撃退されたとあり、この後の水軍の襲来はなかった。

7 今山の陣

同じ頃、大友宗麟は、佐嘉城の陥落が長引くことに憤慨し、大友八郎親貞《ちかさだ》を大将として、玖珠《くす》越前守・森蔵人大夫以下兵三千余人を佐嘉城攻めに向かわせた。八郎親貞について、諸本には宗麟の弟、あるいは甥の親秀など、さまざまな記述があって明らかではない。いずれにしても宗麟の近親者であったようだ。

大友親貞出陣により将士も勇みたち、親貞が肥前に入ると、養父郡中津隈［三養基郡みやき町中津隈］の千飯原《ほっしばる》に結集した。親貞が手勢を揃え、神埼郡田手［神埼郡吉野ヶ里町田手］

今山古戦場から南の佐賀平野を望む
（佐賀市大和町、佐賀市教育委員会提供）

の東妙寺から横大路を西に通って佐嘉郡に入ったのは、元亀元（一五七〇）年八月十七日のことであった。そこから金立山に登って雲上寺権現堂に参詣し、川上川を渡って川上宿の西方水上・大願寺村を通り、夕暮れに今山［佐賀市大和町久留間《くるま》］に着き東真手野《まての》の赤坂山を本陣とした。先手は南方の於保《おほ》［佐賀市大和町池上《いけのうえ》］・平野などに達していた。

大友氏が佐嘉城を攻める時、こうして北の口を求めるのは、大友氏の軍法者が地形を見て「佐嘉城攻めには北の搦手からが一番よい」と言ったからとされるが、北の口だけではなく、筑後の豊饒《ぶねう》弾正には南からも攻めさせている。かくして東は神埼郡の日隈山《ひのくまやま》・阿禰・犬童から佐嘉郡巨勢・春日・長瀬・川上・大願寺［佐賀市大和町川上］・於保・山田に及び、西は牛津川まで、兵数三万と号し、その包囲陣の軍勢は「三歳牛の毛の数の如し」

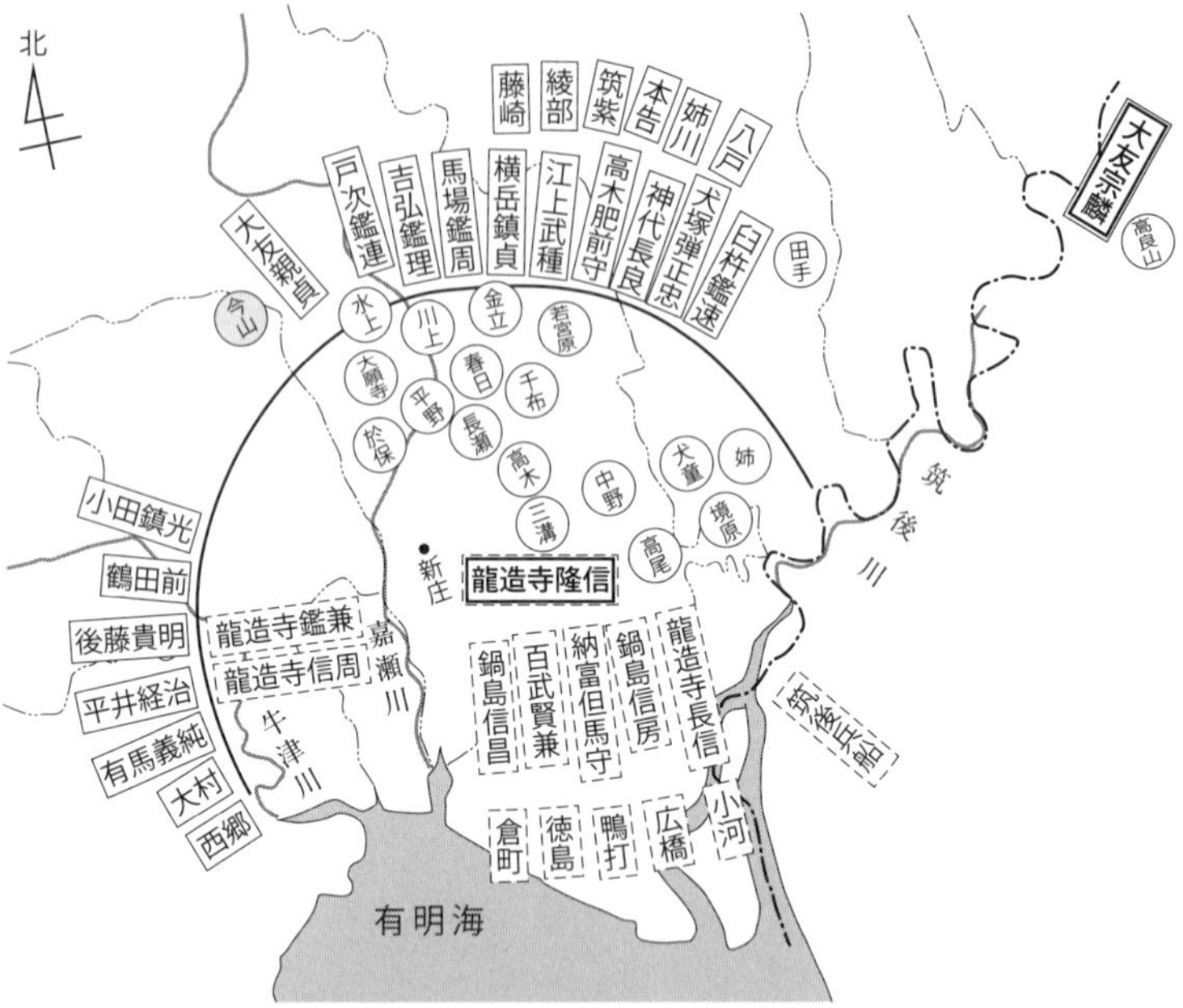

大友軍の陣営と包囲陣（『佐賀市史』第一巻より）

という形容がされた。

『肥陽軍記』には、次のように記している。

尺寸の地をのこさず陣を取、大まく（幕）を打ちつづけたれば、家々の旗とものの山風にひるがへり、夕日に映ずるよそをひ、立（龍）田山の秋の夕べ、吉野の花の春の朝も角《かく》やと覚えてをもしろや、たきつづけたるかがり火は晴れたる夜半の星のごとく、朝げ（餉）夕げのけぶり立ち、西は月も光をうすくせり、西は

龍造寺隆信像（佐賀県立博物館蔵）

今山の合戦で敵将大友親貞を討ち取った成松信勝の家に伝えられたもの。龍造寺隆信を描いた肖像画の中でもユーモラスな趣を持つ画像である。いつの頃に制作されたかは不明。右上に記される天正十二年三月廿四日は島原沖田畷で隆信が討ち死にした命日である。

牛津川をさかひ、有馬の大軍、大友の命をふくんでをしつめたり、源平西海にたたかひし寿永《じゅえい》の古《いにしえ》、新田・足利の洛中にて争ひし建武《けんむ》の昔も、これほどの大軍を起せし事は稀《まれ》なるに、僅《わず》か五千にたらぬ人数にて、春の末より秋の始まで少しもよはげを見せず、堅固にたもち玉へる御武力のほどこそいかめしけれ。

誇張した表現であることは否定できないが、おそらく佐賀平野未曽有の壮観であったろう。だが、これは佐嘉にとって最も憂色深いときであった。大友氏の軍勢の乱暴狼藉は前年と同様、国中の神社仏閣を毀《こわ》し焼き払って無に帰するという有様であった。
『普聞集』によれば、大将大友親貞が着陣すると、春日・川上・水上・真手野・於保などの村の長に酒食や金品を与え、佐嘉への路程やその他の情勢を尋ねたという。そして、佐嘉城攻撃の日取りをすでに八月二十日と定めていたが、これについて『歴代鎮西志』には「明日は南塞《ふさがり》、明後日は摩利支天《まりしてん》(武士の守り本尊)が南に在るの日、南行は避けたい」として、三日余り攻撃を延期したとある。ところが『九州治乱記』所収の、大友宗麟の肥後ノ隈部親永宛て七月十八日の書状には、「佐嘉表一働来《ひとはたらききた》る二十日に議定《ぎじょう》し候」とあって、一ヶ月前に攻撃日が決定していたことになる。

ところで、この時、佐嘉城はわずかな兵があるだけで、「幕末の名君」として名高い佐賀藩主鍋島直正（閑叟《かんそう》）がこの時の様子を詠じた漢詩「国史を詠ず」の一節に「轍中《てっちゅう》の鮒魚《ふぎょ》は是《これ》城兵《じょうへい》」とあるとおり、佐嘉城の将兵は車輪の碾《きし》った跡（轍《わだち》）に溜まった水であえいでいる鮒同様、「余命旦夕《たんせき》に迫る」（危急が切迫する）という有様であった。

8 信昌出陣

鍋島信昌は、八月十九日、納富信景に二千余をつけ、川上川を渡って於保村黒土原に陣を布かせ、今山の敵に向かわせた。

また、『肥陽軍記』によれば、この前日の十八日の夜、龍造寺隆信の家臣成松信勝が密かに忍びの者を今山に派し、敵将の陣や士卒の様子を偵察させたところ、「豊後の大将は驕《おご》る心甚だしく、士卒との間はうまくいっていない。ましてや佐嘉の落城は遠からずと決めているので、武備もおこたり、今夜は酒宴に耽《ふけ》っている模様に見えますので急ぎ馳せ向かわれるべきです」と報じた。

さらに、『九州治乱記』によれば、八月十九日早朝、信昌もわずかの手兵を連れて敵陣の偵察に行き、城下の東北、藤木《ふじのき》［佐賀市兵庫町藤木］の中野村まで来たところ、東は神埼郡の茶臼山・日隈山から西は川上・真手野・小城郡境の今山まで、大友の旗が立ち並び、敵陣ならざる所はないという有様であった。このとき信昌は馬廻衆に、「敵は諸方より攻め来り、日々にその数を増し、まさに当方浮沈の時である。しかし勝敗は必ずしも軍勢の多寡によって決するものではなく、時の運、不運が左右する。なまじ城中で戦っては千に一も利を得ることはできない。今夜、今山の陣を奇襲して、勝敗を一挙に決しよう」と語った。こうして信昌は帰城の途中、鴨打・徳島・持永氏らへ夜襲の加勢を求めたという。

また、この日、於保村に出陣していた納富信景の軍勢は、大友の軍と激突し、信景は兵の先頭に立って戦ったが、まさに衆寡《しゅうか》敵せず敗退した。

十九日の夕暮れに帰城した信昌は、龍造寺隆信をはじめ宿老が評定をしていたので、「十死一生」の夜討ちを提唱した。信昌は隆信の面前に進み「今日の於保原《おほばる》の戦では、利なく退いたが、明日は犬死するも口惜し。これ天の与うる所、今夜、信昌、御免を蒙り運を天にかけて夜討ちを試みるのみであります」と言ったので、家臣の成松信勝もこれに同意し「夜討ちの外《ほか》ありません」と答え、「もし今夜の夜駆けの軍《いくさ》に、大友を討ち果たすことが叶わなかったら再び城には帰って参りません」と言ったあと、畳を二太刀斬ったという。

『九州治乱記』によると、隆信の母慶誾《けいぎん》夫人も六十歳を過ぎていたが、軍評定の席へ出

慶誾寺（本庄町鹿子）慶誾尼開基の寺院。もと東与賀町にあり広厳山流長院と称したが、慶長3(1598)年に現在地に移された。同5年、慶誾尼が没したため、般若山慶誾寺と改められた。

てくると、「只今、左衛門大夫（信昌）の申すところ、まことに結構と思う。私の見るところでは、城中の者は皆、敵の猛勢に呑まれ、猫に遇うた鼠《ねずみ》のようだが、今夜敵陣に切り掛かり死生二つの勝負を決することこそ男子の本懐《ほんかい》ではありますまいか」と激励したとする。かつて鎌倉時代、承久の乱の時、尼将軍北条政子が、出陣せんとする将士に決心を促したことを彷彿《ほうふつ》させる逸話である。

ここに話は一決し、奇襲戦法によるよりほかに道無しということになった。

龍造寺隆信もこれに賛成し、鍋島信昌に一任した。信昌は隆信に「もし仕損じたならば再び帰城せず」と決心を述べ、成松信勝は、成松大膳・柄永左馬允その他の七人を選りすぐって従わせたが、いかにも急なことであったため、わずか十七騎の手勢で酉刻（午後六時すぎ）に城から西を指して馬を走らせたのである。

これ以前、何騎というのは、乗馬の士を指したものであったが、後世歩兵戦術の時代となると、騎馬武者以外の数も何騎と言うようになったので、総勢何人という意に用いる場合が多い。信昌の総勢を『肥陽軍記』は主従十七騎、『九州治乱記』は主従十七人としている。

9 慶誾尼

ところで、既述のように、龍造寺胤和の娘が、隆信の実母であり、そして、信昌の義母となった慶誾尼である。

『普聞集』には、「勇気アッテ常ニ短刀ヲタヅサフ」と記される。武家の妻女で護身用や自決用として懐剣を持つことは必ずしも珍しいことではなかったが、あえて記しているのは、夫人が勝気な性格であったことを強調する意味もあるだろうか。

天正二十（一五九二）年の豊臣秀吉の朝鮮出兵時、秀吉は母の病気のため一旦東上、死去した母の法要を済ませたのち、再び名護屋《なごや》へ下向する折、同年十月、佐嘉上道［佐賀市大和町尼寺《にいじ》から西行、川上の南を通り小城市に出る道］を通行した。その時の慶誾夫人の心遣い

今山を南方より望む（佐賀市大和町）今山に陣した大友親貞は、鍋島信昌ら龍造寺軍の夜襲を受け、成松信勝によって首を討たれた。

の様子を、『葉隠聞書』には、

> 川上川の下、名護屋の渡《わたり》と云ふは其の時の御渡筋故《おわたしすじゆえ》申し候、其の節、見物仕《つかまつ》り候者の話に、太閤《たいこう》（秀吉）は小男に（中略）御供中駕籠《かご》に乗りたる衆一人もこれなく候、此の節、慶誾様御了簡《ごりょうけん》にて、「在々《ざいざい》より戸板《といた》を出し、竹四本立て候て戸板を据《す》え、飯をかたく握り、土器に盛りならべ、尼寺《にいじ》通筋道端に出し置き候様に」と仰付けられ候、太閤様御通り懸けに御覧なされ、「これは龍造寺後家《ごけ》が働きなるべし、食物なき道筋にて難儀の処、心付け候事奇特《きとく》なり」と仰せられ、手に御取り候て、「武辺《ぶへん》の家は女迄斯様《おんなまでかよう》に心働き候、此の堅き握り様《よう》を見よ」と御褒美《ほうび》なされ候

と記している。

また、翌十一月には、名護屋在陣の秀吉に使いを送り、精米と鶏を献じたと『普聞集』に記される。秀吉は「米ハ生命ノ根源、鶏ハ刻ヲ告《つぐ》ルノ瑞鳥《ずいちょう》、ソノ上、朝鮮ハ一名《いちめい》鶏林也、我、朝鮮ヲ征スル初ニ鶏林ヲ得タリ」と喜び、慶誾尼に感状を与えたことも記される。この時、慶誾尼はすでに八十歳半ばであったが、この二つの逸話からもいまだ矍鑠《かくしゃく》たる慶誾尼の様子がうかがわれるのである。

10 敵将大友親貞を討つ

話をもとに戻そう。わずか十七騎で佐嘉城から打って出た信昌であったが、この有様を見て、志ある者は鎧を放り、槍を振るって追いかけ、道祖元《さやんもと》［佐賀市道祖元町《さやのもと》］まで来たときは、百武賢兼ら数十人ばかりが追いつき、五十余人となった。その後、五人、十人と加わり、城下西北の新荘に達した時は、伊東祐俊（のち家秀）が土地の者たちを駆り集め、勝楽寺［佐賀市鍋島町森田］で竹を切って旗竿にした。勝楽という文字が縁起が良いと、江戸時代になっても、鍋島家軍用の旗竿はこの寺の竹を切る慣例であったと『葉隠聞書』にもみえている。

ここから伊東祐俊を供として進んだが、『肥陽軍記』等には、前山新左衛門や江頭村《えがしら》［佐賀市八戸溝《やへみぞ》］の長以下、村民三十余人が馳せ集まり、案内者となって新荘西方の森川（川上川の下流）を渡ったとされる。その渡しは「桜の渡し」と伝えられているが、一説に「江頭の渡し」ともいう。このころには将兵の数は三百余に達していた。

これより北進して下村［佐賀市大和町久留間］・深川村［小城市三日月町織島］のあたりを通って今山の西、藤折村にいたった。そのとき、西の方から多勢の者が来るのが見えたので敵かと思うと、それは小城郡芦ヶ里《あしかり》の鴨打《かもち》や小城の持永《もちなが》らで、信昌が依頼した加勢であった。そこで信昌は先ず案内者に立て、藤折の東のあたりから山に登り、大将大友親貞の陣へ下り着き、遠目に眺めると、そこはさすがに厳重に柵を結い大幕を引き、篝火《かがりび》を焚いて警戒していた。そこで信昌は陣所へ忍び寄った。

陣所では、大将と思われる年のころ三十余の大肥満の色白い者が床几《しょうぎ》に腰かけていた。『成松遠江守信勝戦功略記』には、信勝が部下の成松大膳・柄永左馬允以下究竟《くっきょう》の者七人に敵の陣営をうかがわせたところ、金屛風を立て並べ、燭台の火を挑《かか》げて明々《あかあか》とし、親貞は上面の床几に掛け、満座に酒を勧めていたとされる。

このとき、信昌は、百武賢兼・諸岡尾張守を振り返り、「この戦いで本意を遂げたら、

今山の古戦場跡碑（佐賀市大和町）
佐賀市街を遠望できる小山の頂に古戦場跡の石碑が立てられている。

吉例として幕の紋を我が家の紋にしよう」と、帷幕《いばく》に描かれた大友の家紋が篝火に鮮やかに映じているのを見て言った。

　大友親貞が酒盛りをしていた場所は、陣営続きの東面の一段下で、「酒盛塚」と伝えられている。船塚古墳の東、大願寺堤の北西、道路に接したなだらかな丘で、近年は柑橘畑となっている。また、その西の男女《なんにょ》神社［佐賀市大和町久留間］には「鐘掛松」と伝える古松があったという。

　かくて、元亀元（一五七〇）年八月二十日の夜も明けた卯の刻（午前六時ごろ）、鍋島信昌は法螺貝《ほらがい》や釣鐘を鳴らさせ、鬨《とき》をつくって一挙に敵の本陣へ突入した。その声や音は前後にこだまし、大友勢は百万の敵が押し寄せたかと驚いた。これより先、納富信景の別働隊は馬の轡《くつわ》を結び、兵の口を閉じて鞭声粛々《べんせいしゅくしゅく》と川上川を渡り、下於保村［佐賀市大和町池上］に陣したので、合図の貝鐘《ばいしょう》が鳴ると、ここでも鬨の声を挙げて攻め入った。

大友勢はまったく不意を衝かれて周章狼狽《しゅうしょうろうばい》、同士討ちをする者も出る有様であった。一方、親貞も長刀を水車のごとくに廻して奮戦していた。

信昌は、「端武者《はむしゃ》などには目をかけるな」と下知し、大友親貞の行方を捜した。

成松信勝も出陣の際、「このたび八郎の首をとらねば再び帰るまじ」と広言していただけに、手の者六人を召し連れ、敵陣の北東の山に忍ばせていたが、そこに大将親貞が主従三人で山伝いに筑前へ越えようとやって来たため、ここぞとばかり声をかけ、六人が同時にかかって親貞を突き伏せて、信勝が首を掲げた。時に親貞三十三歳であった。

ここで成松信勝は声高《こわだか》に「敵将打ち取ったり」と披露すると、敵兵が五、六人飛びかかってきたが、家臣がことごとく斬り伏せてしまった。大友親貞の臣松原兵庫助・西島・速見らは踏みとどまって今山の東の原で半時（一時間余）ほど戦ったが、彼らもついに討たれて総軍崩れて逃走した。このころになると夜も明け初め、親貞の旗本・士卒もみな散っていった。また大願寺野に陣取った豊後の諸勢は、大将が討たれたという声に色めき立ち、信昌の合図によって納富信景が追い立て、二度、三度と戦ううちに、これも戦意をなくし、切り崩されてしまった。

この戦場は、山地から今山南方の八幡原［佐賀市大和町久留間］から大願寺［佐賀市大和町川上」部落の南にかけての広いところであったと思われる。

鍋島信昌は、今山の敵をことごとく追い散らしたあと、鴨打胤忠・持永盛秀以下の小城郡衆、牛尾《うしのお》［小城市小城町池上］の別当琳信・西持院宥秀・円実坊叡秀ら山伏を先陣とし、南方の深川村の北今市［小城市三日月町織島］から押しかけてきた徳島・粟飯原《あいはら》・空閑《くが》・弥頭《やとう》司《じ》（八頭司）以下一千余が一度に鬨をつくって豊後勢を攻めたてた。このとき持永盛秀は軍勢の数を多く見せるため、火縄を多く切り、火を付けて竹に挿《さしはさ》んで東西に立てならべ、大友の陣へ討って出たので、大友勢は四方に敗走し、田の畔につまずき川に落ちて、太刀を合わす者など一人もいなかったという。

つづいて広橋信了・副島光家・倉町信俊・堀江信久・鹿江信明・石井忠清の一党も続々集まり、納富信景の軍と合流した。このほか牛島下野守・於保賢守以下も、我れ先にと馳せ加わり、豊後勢を追い討ち、切り倒して多数の首を得た。佐留志の前田家定は納富の軍に属していたが、手の者五十人で逃げる敵を追い詰め、自らの槍で首五つを取って信景に見せた。また、信景の与力辻左馬允は豊後の将田原大隅守を、荒木勘介も林中務大輔を、さらに北島河内守は三城尾張守を、副島式部少輔は森大膳允をそれぞれ討ち取った。また、豊饒《ぶねう》弾正は戦死し、吉弘大蔵大輔（鎮勝ヵ）は前の於保原の戦いで斎藤杢左衛門に討ち取られた。

このような中、肥後の城親冬と隈部親永は、隆信に降参を申し出たが、成松信勝の家来《けらい》成松大膳・柄永左馬允に虜《とりこ》とされ、筑後の五条鎮定も生け捕られた。そのほか国侍では神代長良の家臣で軍奉行の古川佐渡入道真清をはじめ執行内蔵助・名尾平右衛門以下も討ち死にした。杠《ゆずりは》重満も手勢を失い、傷つきながらも唯一騎で戦ったが、ついに三段田《さんただ》［佐賀市大和町松瀬三反田］で討ち死にした。八戸《やえ》宗暘《むねてる》も大願寺野で戦い、手傷を負って杠山《ゆずりは》［佐賀市三瀬村杠］まで逃れたが、ここで死んだ。また、神代長良はかろうじて山内に逃れた。

鬼ヶ城［唐津市浜玉町谷口］城主草野鎮永も大友に加勢し、留守《るす》某を派遣した。留守は大願寺野に陣を置いて戦ったが、諸勢と共に敗れ、上松浦に帰るところを鷹取越［唐津市相知町鷹取］で討たれた。小田鎮光も味方の敗北を知ると退却しようとしたが、居城地の多久に戻れないため、忍んで旧領蓮池に赴き、船で筑後に落ちていったという。

かくして大友勢で討ち死にした者は二千人余に達し、鍋島信昌は勝鬨を挙げて帰城したのである。

大友親貞の戦没した土地は赤坂山［佐賀市大和町川上］山上の男女神社の上方といわれる。ただ、小城藩主鍋島元武はその東、古戦場跡に正勝寺［佐賀市大和町久留間］を建立し

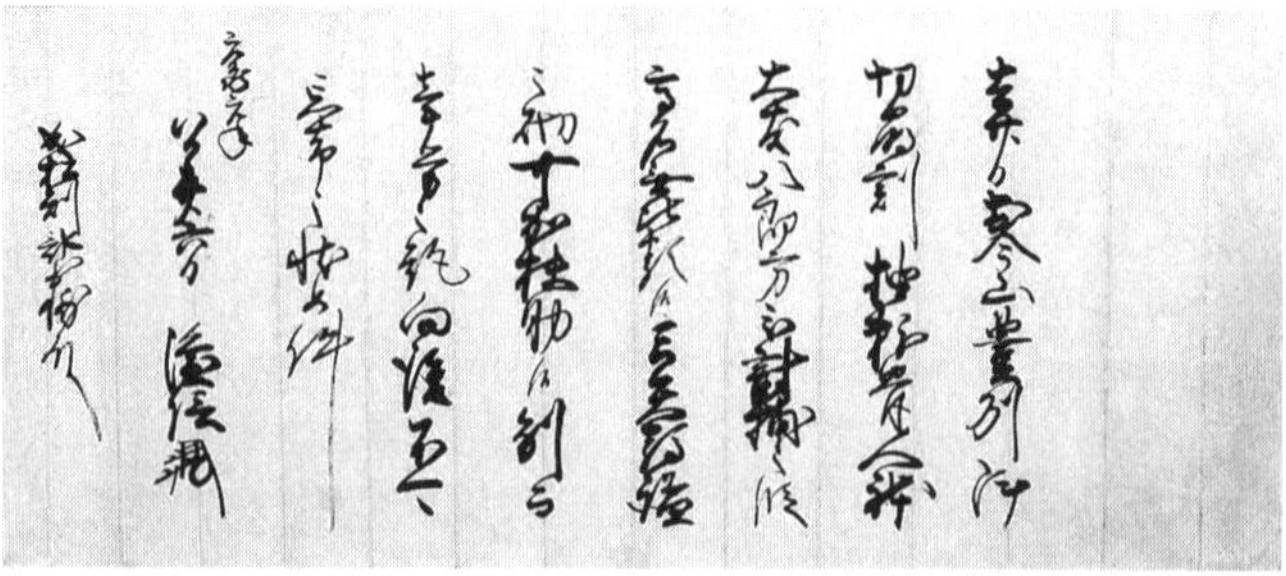

成松信勝に与えた隆信の感状（佐賀県立博物館蔵） 今山の戦い、敵将大友親貞の首を取った成松信勝に与えたもの。成松氏旧蔵。

たため、あるいは、その地が親貞戦没の地かも知れない。親貞の百年忌の寛文九（一六六九）年八月二十日、龍造寺の始祖季家の生家高木氏の氏寺春日の高城寺の住持により墓が建てられたが、成松信勝の子孫の希望でさらに高い山上へ移されたといわれ、墓碑は赤坂山頂に北面して「無庵玄鑑居士」と刻まれている。また、伝えられるところは、佐嘉の方へ向けると、いつのまにか向きが変わるというので、豊後を望む地に持って行ったという。だが、これは延元元（正慶三）（一三三六）年、筑前多々良浜《たたらはま》［福岡市東区多々良］で足利尊氏と戦った阿蘇惟直《あそこれなお》が戦利なく落ち延び、天川《あまかわ》［唐津市厳木《きゅうらぎ》町天川］近くの小杵山《おぎさん》で自決した時、阿蘇の噴煙の見える場所に葬ってほしいと言い残したため、里人が小城郡の天山《てんざん》（標高一、〇四六メートル）山頂に惟直の墓を建てたという話にいかにも類似した逸話である。

鍋島信昌は、討ち取った首級を大願寺野に、納富信景も同じく於保原にことごとく埋めて首塚とした。

今山の戦功者は数多《あまた》いたが、とくに大将大友親貞を討ち取った成松信勝と、吉弘大蔵を討ち取った斎藤杢左衛門の戦功は最大のものであった。そこで八月二十六日に、隆信は信勝に感状《かんじょう》を与え、これを賞し、杢左衛門を佐渡守とし、米田原《めたばる》（目田原）［神埼郡吉野ヶ里町立野］に所領を与えた。また、小城の持永盛秀も今山に知行五十町を与えられた。

ところで、成松信勝が大友親貞を仕留めたおよそ二間半（四三一センチメートル）の長槍と、隆信が与えた感状は、家宝として長く成松家に保管された。特に長槍については、後世、成松家で寸分違わぬ槍を製作して併せて保有したほどであった。

感状には、

去る二十日、今山に於いて、豊州陣切り崩すの刻、粉骨人躰を抽《ぬき》んで、大友八郎（親貞）方を討ち捕えらるの段、高名比類《こうみょうひるい》なく候、弓矢静謐《せいひつ》の砌《みぎり》、扶助《ふじょ》を加うべく候、別して辛労の趣、向後《きょうこう》、忘却すべからざるの状、件《くだん》の如し

元亀元年八月二十六日　　隆信（花押）

成松家 薬研子の紋

剣花菱の紋

鍋島家 翹葉の紋

成松刑部少輔殿

とあって、「（信勝の）高名比類なし」と、今山の陣での信勝の武功に格段の賛辞を寄せたことが分かる。この長槍と感状は、複製の槍とともに、佐賀県立博物館に所蔵されている。

11 鍋島家家紋の由来

この今山の戦いは、まさに龍造寺興亡の一戦であり、北九州の戦国史では後世まで語り伝えられる著名な戦いであった。また、部将鍋島信昌が画策し、隆信が信昌に一任しただけに、この勝利は鍋島家に長く記念された。

信昌は、敵の陣営を望観した際、大友親貞の陣幕を見て、篝火《かがりび》に美しく照り映える紋を「我、軍《いくさ》に勝たば、記念として家紋にせん」と決意を語ったことは既述の如くだが、その言葉のとおり、従来の剣花菱の紋を、翹葉《ぎょうよう》の紋に替えた。

翹葉は、かつて佐賀では「ギョウエ」と訛《なま》って言った。翹は「あげる」という動詞に使われている。俗には「杏葉」と書くが、杏の音は「きょう」の一音のみで、「ギョウ」の音はない。『葉隠聞書校補』によれば、この時の幕の紋章は「紺地に白」であったという。

俗に「鍋島翹葉」というのは、表翹葉で葉脈の筋があるものを言うが、葉の間に隙間をつけた裏翹葉を用いることも多く見られる。また、嫡子や三家（小城・蓮池・鹿島）や親類白石鍋島家は雄蘂《おしべ》のある花翹葉を用いるのが通例であったようだ。また、紋の形状が酷似することから、よく茗荷紋《みょうがもん》と勘違いされてきた。

ところで、鍋島家の翹葉は、大友家の家紋を用いたはずだが、実際は大友家では、「乾卦《けんか》」という易者の用いる算木が宗家専用の正紋で、一族といえども使用を許さなかった。また、替え紋として各種の翹葉や五七の桐が使われていたという。大友親貞が宗麟の軍ならば、当然正紋を用いるべきであるのに、翹葉を幕紋に用いたのは、やはり親貞が宗麟直系ではなく、功績のある部下で紋の使用を許された「同紋衆」の一人であったのではなかったかと考えられる。

なお、大友親貞を討ち取った成松信勝も、戦捷《せんしょう》（戦勝）の記念として、親貞の鉢巻の紺布についていた薬研子《やげんし》を家紋として用いるようになった。また同家では、夕顔をつくると親貞の祟りで赤い花が咲くというので栽培してはならないことになっていたともいう。

12 国史を詠ず

ところで、龍造寺隆信は、この戦いでは出陣せず城中にあったが、『九州治乱記』には、あまりに落ち着かないため、小河信貫(信俊)を先陣とし、北郊西高木のあたりまで出動したが、戦勝を聞くと帰城したとする。

また、その時のこととして、以下のような話も記される。それによれば、隆信が城を出て城下の北郊愛敬島村[佐賀市愛敬町]の北まで来たとき、先払いの馬廻が恐怖のため震えだし、カチカチと錏《しころ》(兜の鉢の左右・後方に垂らし、頸部を覆う部分)が鳴るので、隆信が怒って「兜をよく仕れ」と叱ると、「なぜそのように腹を立てられるか。今度の軍はきっと勝ちますゆえ、今夜の御甲《(軍)》かったりかったりと申す」と答えた。隆信は笑い、「出馬の首途に吉事を申す。この軍必ず利運を得たら、この近辺に知行をとらせる」と約束した。はたして戦いが勝利に終わったので、愛敬島村近辺に少地を与えた。その田を「かったり免」と呼んだという。

さらに、この合戦で、斥候《せっこう》を出したところ、ある斥候が帰ってきて大息をつき、「豊後の者はみな切利支丹と聞いておりましたが、まことに魔法を使うのでしょうか、大根に火をつけ、灯火としておりました。驚いたものでございます」と報告したとある。豊後勢は、当時は珍しい白い蝋燭《ろうそく》を持参してきていたらしい。

以上のように、この今山の戦いは、広く人々に知られ後世に伝えられた。すでに一部触れたが、以下に佐賀藩十代藩主鍋島直正が十七歳の時に詠んだ「国史を詠ず」という漢詩を紹介したい。

八郎（大友親貞）大挙して栄城《えいじょう》（佐嘉城の異名）に寇《こう》す。今山山上陣営を列《つら》ぬ。三歳の牛毛豊士（豊前大友方の兵士）の数。轍中《てっちゅう》（轍《わだち》の中）の鮒魚《ふぎょ》は是れ城兵。帷幕《いばく》（陣幕）雲の如く旗霧に似る。秋日煌煌《こうこう》として剣華明かなり。震龍（泰長院僧）筮《ぜい》を布《し》いて三計を決す。発言庭に盈《み》つも議未だ成らず。誾尼《ぎんに》（慶誾尼）席を叩いて衆士を激まし、吾が祖（鍋島直茂）甲を擐《かん》し、響《ひびき》鏘鏗《そうこう》（爽やかな音）たり。従い行く貔虎《ひこ》（勇敢な兵）僅に十七。勝楽寺裏竹旌《はた》と為す。八郎の眼中肥国（肥前）無く、夜宴将卒《しょうそつ》皆酔醒《すいせい》（酒に酔う）し、甲を解き、弓を弛め、軒雷《かんらい》（雷のようないびき）答う。何ぞ料《はか》らん陣前鼙鼓《へいこ》（陣中で響く鼓）の声。駭然《がいぜん》（愕然）として但《ただ》呼ぶ敵軍至ると。蹂躙《じゅうりん》逃亡して先を是れ争う。吾が祖（直茂）指揮す白羽の扇。敵を殺すこと麻の如く相縦横す。龍家の四傑《しけつ》松(成松)信勝。馘《くび》り得たり八郎の實(首カ)。先づ鳴鯨鯢《げいげい》一たび斃れて衆は気を失い、豊兵懍懍《りんりん》(怖れる)として厥角《けっかく》崩る。烈祖の雄風海内《かいだい》に轟《とどろ》き、千載永く伝う竹帛《ちくはく》(歴史)の名。

13 成富兵庫助茂安

また、後年、勇敢かつ武功の将として名を馳せた成富茂安《なりとみしげやす》(幼名千代法師丸)は、この時、十一歳。父信種について今山の陣への出陣を願ったが、まだ幼年のため許しが得られなかった。だが、思いを捨て難い千代法師丸は父のあとを追って陣所に赴き、物見をしたという。

龍造寺隆信は、これを聞き、千代法師丸を褒め、小姓として取り立てた。元服後に隆信から偏諱を受け、信安を名乗った。天正四(一五七六)年、十七歳の時、藤津攻めに先手の大将として従い横沢城攻めで初陣を飾り、二十歳の時にはすでに十度の戦功を立てたため十右衛門と改められ、隆信の子鎮賢から偏諱を受け賢種《ともたね》、さらに鍋島直茂の偏諱に預かり兵庫助茂安と改めた。

江戸時代初期には、名古屋・江戸・大坂・熊本の諸城の築造に関わり名声を挙げ、加藤清正は、一万石をもって熊本藩への仕官を誘ったが、「肥前武士の習い、たとえ肥後一国を貰っても主家を捨てるは不義理なり」と答え、清正を感嘆させたといわれる。

また、佐賀藩成立期になると、優れた築城の技術を活かして、川上川から佐賀城下の多布施川に水を引き込む石井樋《いしいび》「佐賀市大和町尼寺に所在」をはじめ、筑後川の氾濫に備えた千栗土居《ちりくどい》（三養基郡みやき町に所在）、脊振山系から佐賀平野へ水を供給する人工水路の蛤《はまぐり》水道（神埼郡吉野ヶ里町に所在）など、藩内各所に水利土木事業を手掛けた。このため、武将としてばかりでなく、民政家としても知られる人である。

14 多久梶峰城攻め

今山の奇襲が功を奏し、城中は戦勝に沸いた。だが、隆信だけは一人考え込んでいた。永禄二（一五五九）年、養女を小田鎮光に与え、末子鶴仁王丸（のちの後藤家信）も養子に出したことを深く考えていた。前述のとおり、鎮光は隆信に従っていたが、大友氏が襲来するとたちまちそれに投じた。

鍋島信昌は、隆信の気持ちを察し、帰還せずに小田鎮光の居城する多久の梶峰城へ向かった。小河信貫・龍造寺信重（家晴）・鴨打胤忠父子・牛尾別当琳信以下三百余も軍装を解かずにそのまま信昌に従った。琳信は先陣を請い真っ先に進み、納富信景らは搦手（裏門）に回り、南の杵島郡横辺田から押し寄せ、佐留志の前田家定がその先陣を受け持った。こうして、信昌は多久に入り、別府《べふ》［多久市東多久町別府］に陣を定め、地侍相浦右衛門尉を味方に引き入れ、案内者として八月二十一日早朝、梶峰城に到着した。

そこで、鍋島淡路を使者として「鶴仁王丸母子を受け取らんとして参り申す。早速に渡されよ」と申し入れたが、小田鎮光の老臣江口右馬助らは承知せず、そのため、信昌らは大木戸を攻めた。城兵は防戦したが、鴨打胤忠らは城の背後の亀甲《かめのこう》という難所を攻め登って本城に入ろうとした。信昌も水の手口から城兵を突き崩し、隆信の弟長信の家臣成富与左衛門は塀を破って城中に入った。この時、城主鎮光は出征して城兵の大半がいなかったことで、信昌は容易に城中に討ち入ることができ、鶴仁王丸を乳人《めのと》が抱いて逃げるところを追いかけて奪い取った。鎮光の妻室も信昌が守り、佐嘉城へ連れ帰ったので、隆信は喜び、信昌の功を賞した。そして、長信を梶峰城に置いたのである。

15 佐嘉東口の戦闘

ところで、今山大願寺周辺の大友勢は潰走したが、神埼郡の西端の阿禰《あね》（姉）・境原《さかいばる》の軍勢は、なお退却せず、臼杵民部大輔以下二千余の兵で佐嘉城下の東の高尾［佐賀市巨勢町高尾］まで攻め寄せた。隆信は、これを打ち破るため、八月二十三日、自ら出馬した。納富信景が先陣として戦い、家臣三ケ島《みかしま》又右衛門は西村新右衛門とともに進んだが傷を負った。戦い半ばで鍋島信昌は、隆信の従弟龍造寺信重（家晴）らとともに牛島［佐賀市巨勢町牛島］から敵の背後に回って攻撃し、臼杵民部大輔を捕らえたため、大友勢は逃走した。

こうして、高尾口の大友勢は退散したが、阿禰・境原の軍勢は退く様子がなかった。九月に入り城中での評議の結果、一戦すべしと決したため、隆信はまたも出馬し、ここに阿禰は一戦も交えず降った。さらに、隆信は士卒を励まし敵陣近くに兵を進めたが、日暮れになり、「明早朝に攻撃すべし」と命じたところ、倉町信吉が「御諚《ごじょう》（仰せ）ですが、境原の敵はまだ味方の十倍の多勢、昼の戦いでは勝利は確信できません」と、今山の陣のように夜襲を提唱した。隆信は然りと同意し、夜半鬨《とき》を挙げ、敵陣は潰乱《かいらん》したため、隆信は帰城した。

16　大友氏との講和

ところで、大友宗麟は、今山の敗戦の報を得ても格段の動揺はなかったという。だが、やがて戸次鑑連《べっきあきつら》や臼杵鑑速《うすきあきずみ》の陣から筑後の田尻鑑種へ話があり、佐嘉へ和平の話が持ちかけられた。九月下旬、戸次鑑連・臼杵鑑速・吉弘鑑理《よしひろあきただ》の三将は、下筑後の田尻氏の陣所で会し、連日の談合の末、鑑種自身が佐嘉に赴き三将の意見を示したところ、隆信も承諾し和平が成立した。

十月三日、宗麟は本陣を構えた高良山を発ち、豊後府内に帰城し、諸勢もまた帰陣した。

第七章　東肥前再征服

1 再び江上武種を降す

今山の戦いは、隆信方の勝利に終わった。そして、こののちに隆信に投じてくる者もあった。杵島郡では、前田・田島・井元・井上・田中の諸氏があり、東肥前でも、神埼郡の姉川信安・犬塚家広《いんつか》・本告頼景《もとおい》、養父郡の綾部鎮幸《しげゆき》らが和を乞い、友好を求めてきた。

しかし、いまだ屈しない者に、佐嘉郡の高木胤秀、神埼郡の犬塚鎮家・江上武種、三根郡の横岳鎮貞《しげさだ》・馬場鑑周《あきちか》、養父郡の筑紫鎮恒らがあり、代々少弐氏の被官であった対馬領主宗義調《そうよししげ》もいた。このほか、杵島郡須古の平井経治《つねはる》、上松浦には吉志見城《きしみ》(岸岳城)の波多《はた》鎮《しずむ》、大川野城の鶴田越前守前《すすむ》、鬼ヶ城の草野鎮永、島原半島には有馬氏らがあり、また、出奔中の小田鎮光《しげみつ》らは少弐政興を奉じて大友氏と通じていた。

隆信は、元亀二(一五七一)年春、東肥前を制圧しようと、まず神埼郡の南端蒲田江《かまたえ》[佐賀市蓮池町小松」の城主犬塚鎮家を攻めた。『隆信公御年譜』によると、本村藤兵衛という者が郷民を率いて助勢したとあり、鎮家はついに敗れて筑後に出奔し、隆信はここに城番を置いた。

また、高木胤秀は、舅《しゅうと》臼杵氏に通じて隆信に抗したが、これも敗れて養父郡に走り、筑紫鎮恒を頼った。だが、筑紫鎮恒は胤秀を朝日山［鳥栖市村田町］の麓で謀殺し、その死骸を佐嘉に送った。

つづいて、隆信は杵島郡の有馬氏の与党の征討を考え、弟信周に命じ、納富信景を先陣とし鴨打・徳島・前田・井元以下を遣わして、杵島郡小田・大町に陣し、須古の平井経治、島原半島の有馬氏を押さえさせた。

また、弟長信には、一族の石見守家秀・石井周信兄弟・福地信盈《のぶみつ》らを副《そ》えて、多久の梶峰城に詰めさせ、松浦党や杵島郡武雄城城主後藤氏らを押さえさせた。また、従弟信重（家晴）を蓮池城に移し東肥前および筑後に備えさせ、かくて佐嘉城の藩屏《はんぺい》を調《ととの》えたのである。

一方、神埼郡城原《じょうばる》の勢福寺城主江上武種は、先年隆信との間に和議が成立したが、再び大友氏に与したため、隆信は鍋島信昌を先鋒として龍造寺信種・同家就に二千余を付けて城原に向かわせた。これは、武種も予期したことであったため、宿老執行種兼に命じて枝吉種次・直塚純英・服部種家・米倉種益以下究竟の面々を選りすぐって、南方追手（大手）の横大路口の大門を固めさせた。また、同時に城中にいた執行種兼も兵士六、七百人を率いて大門から押し出し、川土手を蔭に備えを固めた。

かくて、鍋島信昌の一隊が喊声《かんせい》を挙げて突き進んだが、執行種兼が采配を揚げて士卒を叱咤したので、川土手に潜んでいた者がどっと突いて出て混戦となった。

龍造寺軍は苦戦して退いたため、後陣に控えた龍造寺右衛門大夫・同康家らは退却軍を助け、激戦が交わされた。しかし、城原勢は江上武種の甥江上速種《はやたね》を先陣に執行種兼の士卒が加わり力戦し、龍造寺軍はついに退却を余儀なくされた。城原勢は勝ちに乗じて阿禰まで追撃したが、威嚇《いかく》的に矢を放っただけで引き揚げていった。

龍造寺隆信は、不首尾に終わったこの城原攻めを大いに怒り、次には自ら軍勢を率いて、鍋島信昌を先手として三千余の兵で出馬した。

一方、これを聞いた勢福寺城側では軍議を開き、執行種兼は「今度も佐嘉勢は間違いなく信昌が先手で攻め来るだろうから、一戦で切り崩し、隆信の旗本に討ちかかろう」と、二千余人で城の南横大路から押し出し、龍造寺軍が近づくのを待ち構えた。

そうするうちに鍋島信昌は追手から押し寄せ、弓・鉄砲で種兼軍に攻め掛けた。しかし、

没後百年に描かれた龍造寺隆信像
（宗龍寺蔵、佐賀県立博物館館寄託）

伝龍造寺隆信所用
紺糸威桶側二枚胴具足
（佐賀県立博物館蔵）
兜は、甲冑姿の隆信像に描かれるのと同種。佐賀県重要文化財。

戦い半ばで、信昌は急に軍兵を二分し、一隊を西の方、敵の背後に回らせ、横合いの藪蔭から種兼の軍へ鉄砲数十挺で釣瓶《つるべ》撃ちに攻めてきたため、種兼軍は動揺し、ことごとく城中へ逃げ込んだ。信昌は、そこをめがけて追いかけ、町や小路に火を放った。

　執行種兼は城に帰ると、江上武種を諫めて「先の戦いで佐嘉勢を追い崩したので、心のしこりは取れたと思います。ここで龍造寺に和を求めてはいかがでしょうか」と勧め、武種も承知した。そこで、種兼は急ぎ信昌の陣所に出かけた。

　龍造寺隆信は執行種

勢福寺城址（神埼市神埼町城原）江上氏の菩提寺種福寺とその背後が勢福寺城址。

兼に向かって「以前、江上武種から城原に事があれば狼煙《のろし》を揚げるから援兵を頼むと依頼されたことがある。しかし、自分は大友から城原が攻められた時、狼煙が揚がったにもかかわらず援兵は出さなかった。それは武種の心の底がわからなかったからだ。はたして武種は自分に背き、大友に味方した。このように、常に変心する人間との和解は承知できない」と、突き放した。しかし、信昌が間に入り、頻りに「重ねて武種が変心するようなことがあれば、私が許しません。しかも変心せぬ証拠として隆信公の二男を養子に願っているので、ご許容されますよう」と願い出たので、隆信もついに承諾し、戦いを止めて隆信の二男を武種の養子に出すことにした。これは、執行種兼の一存で、『普聞集』などによれば、江上一族の間には反対する者もあったが、種兼は江上家の将来を案じ、武種を諌めてこれを決めたとある。これにより、江上武種は龍造寺氏に属することとなった。

こうして、龍造寺隆信の二男は家種と改名し、勢福寺城に入った。この時、家種には諸岡安芸守、ならびに高木家康・鍋島種房以下が付けられた。また、江上家の所領二千五百町に、代々伝わる名刀「小胸切」を譲り受けたという。こうして、江上武種は、現在の吉野ヶ里遺跡北端の日吉城に隠居し、家臣の内、執行種兼・枝吉種次・服部伊賀守は城原に入り、のちに龍造寺氏から食禄を受けて江上家種に仕えた。

2 小田鎮光を討つ

前記のごとく、前蓮池城主の小田鎮光は、父政光の討ち死に後、筑後に逃亡したが、のち蓮池に戻り、龍造寺隆信の養女を妻室に迎え、三男鶴仁王丸を養子として多久梶峰城におかれた。にもかかわらず、今山の戦いでは敵方に投じて敗れたため、多久に戻れず、再び筑後を流浪する身となっていた。

隆信が、鎮光の妻室と鶴仁王丸を佐嘉城に連れ戻したことも既述のとおりだが、妻室が鎮光を気がかりに思っていることを知った隆信は、誅伐の軍を出すのも手間がかかると、一計を案じて妻室に書状を認《したた》めさせた。内容は、「父上(隆信)に申して、(鎮光の)御命をば乞い請け申しました。父上は、特別に休息所も設け、小田の家を絶やさぬようにしたいと申されたので、急ぎ佐嘉に帰り給え」というものであった。

これを見た鎮光は、まさしく妻女の筆跡であると、隆信の心中も疑わず、元亀二（一五七一）年四月九日、弟賢光《ともみつ》とともに久池井三郎右衛門・山崎主水允以下十二人を従えて筑後の仮寓を出て佐嘉に入り、鎮光は納富信景の館に、賢光は鍋島信昌の兄信房の館に泊まった。

隆信は自分の策略が図に当たったことを知ると、納富信景に「今夜、鎮光を汝の館にて討ち果たすべし」と命じた。信景は急ぎ帰館すると、一族を集めて「鎮光は尋常の者にあらず。もし討ち損じた時は刺し違えても殺すべし」と戒めた。この時、伯父納富信門は、「そなたは家の総領（本家の主人）である。幸いにして、自分はそなたの後見として今日まで来た。自分が刺し違えよう。敵も歴々の者。つまらぬ相手にかかって殺されるのは本意《ほい》ではなかろう」と信景を制し、密かに用意にかかった。

そのようなこととは露も知らぬ鎮光は、水町左京亮（五郎右衛門）の接待を受けて心地よく過ごしたが、夜更けとともに座に左京亮の子水町弥太右衛門も加わった。

かくて納富信門は時を見計らい、鎮光の座る座敷に入ると、会釈してから抜き打ちに切りつけた。しかし、鎮光も然《さ》る者《もの》で、「何事ぞ」と叫び信門を斬り伏せ、続く余人も斬り倒した。そこで後ろに控えた五郎右衛門が「おのれ」とばかり、槍で突き掛けた。これを受けた鎮光は力み過ぎて刀が折れたので、長刀を抜き放ち、再び五郎右衛門と渡り合った。剣術の腕の確かな鎮光に対し、五郎右衛門も危うかったが、隙をみて十六歳の弥太右衛門が横から鎮光を斬り伏せた。鎮光の家人久池井《くちい》三郎左衛門も弥太右衛門に討たれ、山崎主水允は弥太右衛門に斬りつけたが、五郎右衛門に討ち取られた。また、弟賢光も、信房の館で、信房・信昌の兄弟により討たれ、かくて小田氏の正統は断絶した。

このことを知った小田鎮光の妻女は歎き悲しんだ。とくに鎮光が最期に「敵の娘に騙されたか」と怨みの言葉を残したことを聞くと、養父隆信を憎み「私に偽りの手紙を書かせて死なせた夫に、私はあの世でどうしてお会いできましょう」と自害しようとしたところを、母や女房らがやっとその場をおさめた。さすがの隆信も困り果て、嫡子太郎四郎(政家)を日夜付け置き、自害せぬよう警護したという。

この年六月十四日、毛利元就が卒した。『肥陽軍記』『隆信公御年譜』などには、隆信は鍋島信昌を毛利氏に弔問《ちょうもん》させたとする。この時、信昌は小早川隆景の勧めで将軍足利義昭を訪ね、義昭から九州平定を託されたという。また、隆景は肥前養父郡の内、三百町を信昌に与え、交情のしるしとしたというが、これらの真偽は定かではない。

3 神代長良に降伏を勧誘

龍造寺隆信は、このの ち、三根郡に出陣し、土肥家実・坊所《ぼうじょ》尾張守以下が隆信に降った。江上氏の老臣執行種兼は、江上衆を率いて先陣を勤めた。ところが、神代長良のみは山内より上佐嘉の千布に出陣し、隆信の虚を狙うとの注進があり、隆信は急ぎ帰城した。

この時、納富信景は、有馬・平井両氏を押さえるため杵島郡に出張していたが、神代長良の出陣を知ると佐嘉に戻り、先陣となり千布に出陣した。納富信景と神代長良は、永禄八(一五六五)年、千布の土生島《はぶしま》の戦い、翌九年の八溝の戦い以来の宿敵であった。

ところが、この時、双方に和議が持ち上がり、鍋島信昌が使者として長良と談合することになった。しかし、長良は容易に応じず、信昌は「もし承諾してもらえなければ、自分は隆信に会うことができない」と、留まって去らず、長良もついに重臣らと相談し、「自分は隆信の言葉は信用しないが、貴公の篤実に対して和平をしよう。二心ないという証拠に、貴公の子弟をもらいたい」と述べたので、信昌は甥(小河信俊の子)の犬法師丸を与えた。これがのちの神代家良である。

4 三根・養父両郡を略定

元亀二(一五七一)年の秋から冬にかけて、東肥前の三根・養父両郡の将士は筑後衆と会合して少弐政興を擁立して、龍造寺隆信の軍勢の侵入に備えた。

一方、隆信は、翌元亀三年正月、子の鎮賢《しげとも》(のち政家)を伴って東肥前に出張し、神埼の櫛田《くしだ》神社[神埼市神埼町]に陣を布いて軍勢を集めた。従った者は、神代長良の陣代同名弾正忠、江上武種の陣代執行《しぎょう》種兼、本告《もとおい》頼景・姉川信安・犬塚家広・藤崎盛義・重松頼幸・綾部鎮幸など新付の諸将であったが、筑紫鎮恒・横岳鎮貞・馬場鑑周・宗義調《そうよししげ》らは一味同心して隆信に従わず、大友氏に注進してその援兵を求めた。

隆信は、動ずる様子もなく神埼宿を出発し、米田原《めたばる》(目田原)から三根郡を過ぎて養父郡に入り、先ず筑紫氏の一族が籠城する綾部城[三養基《みやき》郡みやき町原古賀]を攻略した。しかし、少弐氏の一族、馬場鑑周・筑紫鎮恒・宗義調らは養父郡牛原《うしばる》の勝尾《かつのお》城[鳥栖市牛原町城山]に籠り、一方、朝日山[鳥栖市村田町]に砦を構えて龍造寺軍の攻撃を拒んだ。

隆信は、執行種兼を先手の将として、まず朝日山の砦を攻めたが、砦内の兵士はよく持ち口を固め、攻撃は数日に及んでも容易に落とすことができなかった。

この時、執行種兼は与力の者を集め、「去年、我らが城原の城を信昌に砕かれ、そのた

馬場・筑紫氏略系図　△は養子　＊は同一人物

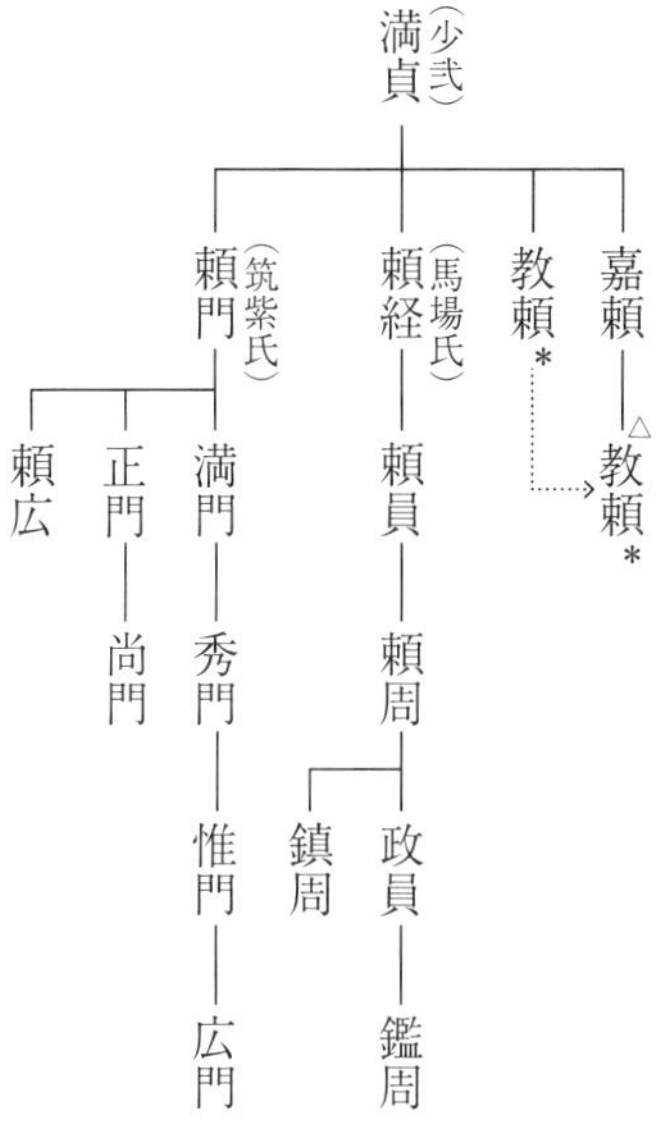

め、すでに龍造寺軍に従っている。しかし、彼らの下知によって働くことは残念ではないか。せめてこのたびは、他の兵を交えず、城原衆だけでこの城を攻め落とし、去年の恥を雪《すす》ぎたいと思う。このことは決して佐嘉勢には知らせるな」と、四月朔日の夜、松明《たいまつ》を人足数百人に燃やさせて朝日山の麓三方へ分け、平素は猟師や樵夫《しょうふ》などの行くような細道から登らせた。

城兵は驚き、「さては寄せ手は三方から夜討ちをかけてきた」と兵を三方に分けて配置したところ、種兼は城原勢三百余を引き連れ、一方の攻め口から取り掛かったため、ついに木戸口を破られた。この時の城原衆は、江上左近允速種・枝吉周防守・生野佐渡入道・執行四郎兵衛・同名式部大輔・直塚左馬允（浄英）・光安刑部丞・島治部大輔・手塚主計允ら

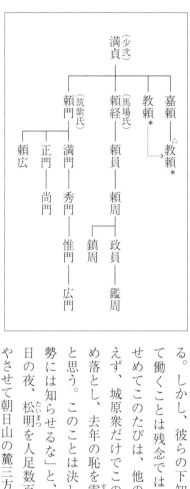

朝日山城址（鳥栖市村田町）

で、彼らはここかしこに火を放ち、鬨《とき》の声を挙げたので城兵は動転し、戦う者は一人もなく、皆、勝尾城（一説には同郡山浦城）へ逃げ籠った。こうして、四月二日辰の刻（午前八時ごろ）、朝日山城は城原勢一手で占領された。

隆信は、本陣からこれを望み、鍋島信昌を招き寄せて「あれを見よ。城原の執行が他勢を交えず、朝日山城を攻め滅ぼした。世の諺《ことわざ》にも言うごとく、敵に対して強い者は味方にとってもなお心強いとはこのことであろう」と大いに感心したという。

『普聞集』には、この時、執行種兼が鎧《よろい》の引合（胴の合わせ目の部分）から一封の書を取り出し、焼け落ちんとする城館に投げ入れたのを、佐嘉の軍監らがこれを取って隆信に差し出した。隆信がこれを抜き見ると、隆信が種兼に宛てて認《したた》めた「今夜、夜討ちすべしと命じたが、時期尚早《しょうそう》であろう、後日に延期すべし」という内容の書状であった。隆信は信昌を呼び、「この書状は、自分が種兼に宛てて書いたものではなく、種兼が勝手に書いたも

勝尾城址（鳥栖市牛原町、鳥栖市教育委員会提供）戦国時代、現在の鳥栖市域を中心に勢力を誇った筑紫氏の城下町遺跡。空堀、石垣、土塁などが残る。平成18(2006)年1月に遺跡の一部が「勝尾城筑紫氏遺跡」として国史跡に指定された。

のである。この戦いの先手は種兼であるので、この隆信が夜討ちを止めたのに、種兼が勝手に奇襲をかけたとすれば、万一失敗しても、この隆信の武威に傷はつかない。つまり、隆信は命令しなかったと見せるための工夫だったのだ。昨日は敵であったが、今日は龍造寺に従う。まことに忠義な者である」と語った。諸士たちは、種兼の心根に感服したとされる。

さて、朝日山の城兵たちが勝尾城に逃れたので、隆信は即日、勝尾城を攻めることとし、まず城主筑紫貞治（広門）に降伏を勧める使者を立て、

「隆信、このたび、三根・養父両郡退治のため発向し、すでに朝日山城を攻め落とした。これよりその方へ向かおうと思うが、御辺の無事を思い、和を乞うなら軍を止めよう」と言い送った。筑紫貞治は、鎮恒以下の親族・家臣を集めて談合した結果、「和平然るべし」ということに決し、その証拠として質子を出すこととなり、また、筑紫栄門の綾部城、その左右の三ヶ城(『歴代鎮西志』には左右五ヶ城とある)を隆信に差し出したという。

筑紫氏降伏ののち、隆信は転じて三根郡西島城の横岳鎮貞を攻めた。ところが、ここでは先手の又従兄弟《またいとこ》の家晴や一族家就・同伊豆守に戦利なく退いたため、隆信は城攻めを一時中止して帰城することとし、犬塚家広の所領を神埼郡崎村から養父郡中津隈《なかつくま》〔三養基郡みやき町〕に、姉川信安の所領を神埼郡姉川から米田《めた》城〔神埼郡吉野ヶ里町立野目達原〕に移し、横岳鎮貞の知行のうち米田村百町を押収して信安に加封して、この両人に土肥家実を加え、三人で三根・養父両郡を守らせた。さらに、執行種兼の軍功を賞して三十町を加恩して、佐嘉に引き揚げた。この時、筑後郡貝津〔福岡県みやま市高田町海津〕の城主安武山城守鎮教(家教)も坊所尾張守の言に従って和を乞い、神文《しんもん》(神に誓約する文)を送って、隆信と同一の山城守を名乗ることを辞した。

こうして、東肥前は隆信の旗下に靡《なび》くこととなった。

第八章　西肥前経略と筑後・肥後出馬

１上松浦遠征

元亀四（一五七三）年、筑前国境に近い上松浦の北東端に居城した鬼ヶ城城主草野鎮永は、軍勢を小城郡に侵入させ、千葉胤誠《たねまさ》の旧臣らに一揆を起こさせた。このため、小城の持永・陣内および同地の須賀神社（祇園社）神主の宮崎某らが佐嘉に救援を求め、龍造寺隆信は小城に出馬した。

『歴代鎮西志』は隆信の出馬を五月三日とし、佐嘉郡の諸隈・窪田氏をはじめ、小城郡芦ヶ里《あしかり》の徳島・鴨打《かもち》氏、同郡の西持院らは士卒を率いて先鋒となったとする。隆信は一揆を追い払い、なお警備のため松尾山に陣を構えた。松尾山というのは小城の西、日蓮宗の名刹光勝寺［小城市小城町松尾］と思われる。

ここに隆信は草野氏と対決することになった。そして、草野氏の領地が神代《くましろ》氏の山内《さんない》

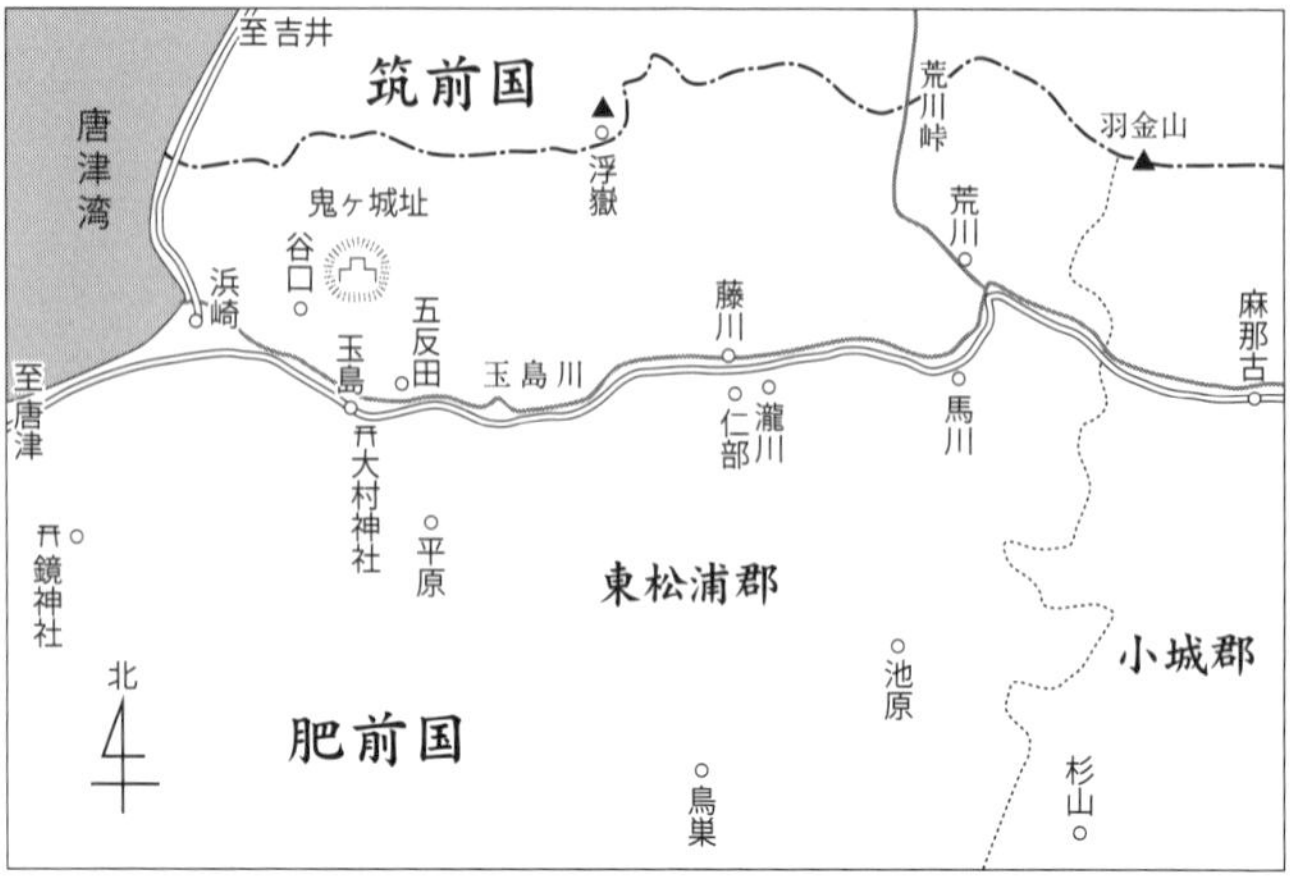

上松浦北東境図

に隣接しているため、隆信は神代氏の協力を求めようと、秀島家周を遣わして出兵を勧めた。また、上松浦《かみまつら》党首領、吉志見城主波多鎮《しずむ》に田原一運を派遣して協力を求めた。鎮は直ちに重臣八並《やつなみ》武蔵守・福井山城守を草野攻めの案内に出したが、これを知った草野鎮永は、同年(七月に天正と改元)十二月下旬になり、波多氏を攻撃したため、波多鎮は隆信に援助を求めた。

一方、上松浦の獅子《しし》ヶ城《がじょう》城主鶴田越前守前《すすむ》は、隆信の出陣依頼に応じなかったため、隆信は、まず獅子ヶ城を攻撃させた。だが、城主鶴田前は勝れた勇士で、しかも城は天険比類なき要害であり、数日戦っても落城させることができなかった。そこで鍋島信昌は先陣

獅子ヶ城址（唐津市厳木町）要害堅固なため、かつて龍造寺日勇入道が攻撃したが、落とすことができなかった。

に進み、自ら槍を取って戦い、また、味方の軍勢も奮戦したため、城方は屈し、前の兄の直が使者となって和を乞うた。そのため隆信はこれを許し、一族河内守（信氏ヵ）の部下馬渡主殿助を同城の加番（加勢）とした。

続いて龍造寺軍は、草野攻めのため、大晦日に唐津に進んだ。だが、軍中のため、除夜の儀式もなく、ただ酒を賜り祝賀したのみの年越しとなった。ところが、南の海人が鰤《ぶり》を献じてきたので、さっそく調理して一同に振る舞った。これが後世にまで伝わり、『肥陽軍記』によれば、「鰤を包丁する」と言うようになったという。包丁とは料理人のことだが、料理の意味にも転用された。肥前の方言は「リ」を「イ」と混用するので、「ブリ」を「ブイ」と訛《なま》り、「武威」に通ずるとして喜んだのである。近世は、「鰤《ブイ》の包丁」と称して刺身とし、正月料理になった。また、この時は陣中で醤油もなかったため、「鰤

鬼ヶ城址（唐津市浜玉町）草野鎮永の居城。玉島川の下流浜崎より望む。

の包丁」に限っては醤油を用いないのが慣例であった。

一方、山内に出向いた秀島家周は、雪の山路に泥《なず》み、杠山《ゆずりはやま》の清流寺に一泊し、翌天正二（一五七四）年正月元日、三瀬《みつせ》の城に着くと長良に面会し、「先年、龍造寺・江上・神代の三家が和睦された以上、言うまでもなく志を同じくされるものと思う。隆信公は草野を滅ぼさんと思っておられるので、御出馬願いたい。合力《ごうりき》願えるならば領地をお分かちしよう」と誓紙を差し出した。長良は、一議にも及ばず、「自分も出馬したいが、病気のため出陣できない。だが、軍勢は差し向けよう」と、神代対馬守・三瀬大蔵武成・畑瀬・合瀬・杠・栗並・篠木右衛門佐らに人数を付けて遣わした。

『普聞集』『九州治乱記』には、隆信が佐嘉を出発したのを正月二日とし、その夜は小城郡市ノ川《いちのかわ》［佐賀市富士町市川］・杉山［佐賀市富士町杉山］で陣したとするが、『神代家伝記』には、神代勢は小城の西方、岩倉（岩蔵）より石台《しゃくだい》（石体）［ともに小城市小城町岩蔵］越えして、市ノ川を通って上松浦に入り、池原《いけばる》［唐津市七山池原］に出て藤川［唐津市七山藤川］を過ぎ、鬼ヶ城山麓に近い五段田［唐津市浜玉町五反田］に出たとされる。

かくて、正月三日、龍造寺隆信は草野鎮永を攻撃した。隆信は波多氏の部将八並武蔵守・福井山城守の案内で上松浦の鳥巣［唐津市浜玉町鳥巣］に本陣を置き、天ノ川［唐津市厳木《きゅうらぎ》町天川《あまがわ》］から法師郎［唐津市厳木町星領《ほしりょう》］に陣を進めた。この時の陣立ては、鶴田兵部大輔・八並武蔵守・神代対馬守・三瀬大蔵以下を第一陣に、鍋島信昌を第二陣とし、次を旗本と定めた。

『普聞集』によれば、

平原《ひらばる》峠［唐津市浜玉町平原］に人数を立つべきため、足軽を出し放火せしむ、是は鎮永をおびき出し討ち果たさん為の信生《のぶなり》（信昌、のちの直茂）の計策なり。敵突きだし、足軽少々討ち取り、其競《そのきそい》にて鎮永も押し出す。信生悦んで急にとりつめ突戦す。

と、三日の条に記されている。鍋島信昌は鬼ヶ城の麓まで追撃し、城をかこんで攻めた。

つづく内田紀伊守信堅は、与力《よりき》の副島式部に向かい、「すでに先陣は敗れた。大将の陣も近い。一槍入れて敵を追い散らそう」と言い、どっとかかって敵陣を突き崩し、副島式部はついに敵を鬼ヶ城の本丸近くに追い込んだ。

草野鎮永は青木良珍・吉井右近允・草野元幸ら武功の将とともに平原峠に出て戦い、敵・味方に多くの死傷者を出したという。この日、鎮永方の久納平兵衛以下二十余人も討ち死にした。

この時、隆信は一首の狂歌を詠んだと伝える。

正月の一日《ひとひ》二日《ふたひ》の事なれば　草野を焼きて鏡餅かな

さきに神代長良は、病気のため代理を先発させていたが、正月二日、一族の惟利以下の将を率いて藤瀬［佐賀市富士町藤瀬］を通り、麻那古《まなご》［佐賀市富士町藤瀬］越えをし、上松浦に入り瀧川［唐津市七山滝川］を経て五段田に着いた。

鍋島信昌は、三日に千葉胤連から付けられた仁戸田《にへだ》・鑰尼《かぎあま》・野辺田・金原・小出以下十二人を家来に加え、先陣として鬼ヶ城の木戸口を攻め破ろうとした。また、龍造寺兵庫頭・同左馬頭・勝屋勝一軒《かつやしょういっけん》・田代因幡守以下も信昌の隊に続いて押し詰めたが、城中から矢や石を投げかけ、鉄砲を撃ってきたため苦戦したが、ようやく一ノ木戸を破り、二ノ丸に進んで火をかけた。この時、龍造寺軍の北島河内守は、鎮永の家来進藤将監を西の追手で討ち取ったのをはじめ、秀島主計《かずえ》・高岸主水《もんど》らも大いに奮戦した。

ここに、鎮永もよく防戦に努めたが、ついに力尽きて筑前に逃れ、怡土《いと》郡二丈岳［福岡県糸島市二丈町］の城に落ちて、同郡高祖《たかす》城の実父原田入道了栄を頼った。

『普聞集』『九州治乱記』などによれば、龍造寺隆信は、草野鎮永を駆逐した後、神代長良と初めて対面した。その席では双方とも用心し、長良は山伏阿含坊《あごんぼう》と杠《ゆずりは》太郎右衛門の両人に大長刀を持たせて左右に置き、隆信も百武賢兼《ともかね》・成松《なりまつ》信勝をはじめ、究竟の者を二列に並べ置いたという。この時、神代長良は、隆信から約束通り草野鎮永の所領のうち草野七ヶ山（馬川・仁部川・刈川・滝川・荒川・藤川・厳木川《きゅうらぎ》）を与えられたが、仁部川だけは子細あって鴨打陸奥守に与えられ、代地として佐嘉郡内に領地をもらうことになった。

こうして神代長良は帰城し、また、隆信はさらに筑前に入り、原田入道了栄の領地大鳥居［福岡県糸島市高祖］に火を放った。これにより、了栄は鎮永の子の冠者《かじゃ》を伴って隆信の陣に来て和を乞うた。隆信はこれを喜び、冠者に加冠して三郎信種と称させたという。

こののち、隆信は佐嘉から鴨打左馬大夫の娘を養女として信種に与えた。また、了栄が草野鎮永の助命を嘆願したため、隆信はこれを許し、本領に還らせて、倉町信俊の次男太郎三郎を養子にさせた。こうして、隆信と了栄の間に講和が成立したため、筑前怡土《いと》郡飯場《いいば》［福岡市早良区飯場］の曲淵河内守も降参し、怡土郡飯盛《いいもり》［福岡市西区飯盛］の城主小田部入道紹叱も音信を交わすようになった。

かくして隆信の上松浦征服も終え、佐嘉に帰城するにあたり、龍造寺家秀・高木胤清・石井忠家・神代弾正忠・武藤左近将監らを鬼ヶ城・天ノ川城・大川野城などに残し、自身は多久へ馬を戻し、弟長信から大功を祝福された。

しかし、了栄の努力で和議が調ったはずの草野鎮永も、その後再び原田隆種とともに大友氏に通じ、隆信に抵抗して鬼ヶ城の回復を図り、獅子ヶ城城主鶴田前《すすむ》らを味方に引き入れた。吉志見城城主波多鎮・杵島郡武雄城城主の後藤貴明もまたこれに応じ、次いで大友氏の武将戸次《べっき》道雪（鑑連《あきつら》改め）・原田可真などは、江上家種・神代長良らにも参戦を呼びかけた。

だが、家種と長良はこれを断り隆信への忠節を誓った。

高城址（杵島郡白石町）平井経治の居城で要害を誇った。高城はのちに隆城とも呼ばれた。

２　須古高城の攻防

龍造寺隆信は、天正二（一五七四）年二月、弟長信が居城する多久の梶峰城にあり、その西方の女山《おんなやま》（多久市・唐津市にまたがる。船山とも呼ばれる）の山下の柵で、多年、長信に敵対した土地の豪族鶴崎源太左衛門率いる一党を敗走させた。

この女山一揆の残党殲滅《せんめつ》ののち、柄崎（塚崎）の武雄城城主後藤貴明や須古の高城《たかじょう》［杵島郡白石町堤］城主平井経治攻撃のため、佐留志の前田、山口の井元、芦ヶ里の鴨打・徳島らを従え、納富信景を先鋒に兵を進めた。

平井経治は、既述のごとく元来、武藤（少弐）氏の支流で、少弐景資の子経氏の末裔である。武勇の聞こえ高く、島原半島の日野江・原城主有馬晴純（仙岩）は経治を女婿にして、杵島郡の数千町を与え、その境を守らせていた。

高城出土十二日足紋瓦
（佐賀県立博物館蔵）

高城石垣

納富信景の軍は、杵島郡横辺田で後藤貴明の子惟明《これあきら》の軍と戦ったが、この時、平井経治は一万余の軍で後藤惟明を助けたため、鍋島信昌・龍造寺左馬頭らが急ぎ集まり、士卒を激励してたちまち後藤・平井の連合軍を破った。このため、惟明は退却し、信昌は柄崎（武雄）・芦原［武雄市北方町芦原］・北方・須古を固めた。

同年三月、隆信は後藤貴明・平井経治攻撃のためいよいよ出馬し、千葉勢の一部を加えて八千余の兵で白丹田《しろにた》山（一説に徳連岳《とくれんだけ》中腹）［武雄市北方町大崎］に陣を構えた。また、弟龍造寺長信・同弟龍造寺康房・鍋島信昌らは先鋒として志久《しく》峠に進んだ。平井経治は、これを知ると、不意を衝いて隆信の軍を打ち崩そうと弟直秀・老臣川津左馬助経忠をはじめ、有馬衆を率いて須古を出発、また、後藤・中野・加々良・不動寺・焼米《やきごめ》らの加勢を得た。経治の軍は、隆信の陣の近くまで押し寄せたものの、岩石が峙《そばだ》って攻めにくく、またすでに夕暮れとなったため、軍《いくさ》を翌日に延ばすこととした。

一方、龍造寺軍先鋒の鍋島信昌は隆信に軍使を派遣して「敵は明日戦う考えでおりますから、さっそく今のうちに攻めるのがよろしかろう」と進言した。そして、軍使が帰陣する前に合図の貝が鳴ったため、平井の陣に猛攻撃を開始したのである。先陣のみならず、後陣の北島河内守・高岸主水以下も突き進んだので、経治はたちまち敗れ、経治の宿将川津経忠も討ち死にし、総勢は須古に退却した。だが、龍造寺軍はなおも追撃して龍造寺上総介らが切りかかり、その中から副島式部・成富左近などが戦功を立てた。隆信は残兵追討のため久津具《くづぐ》［武雄市北方町大崎］に陣を置き、一方、後藤勢はその猛攻に恐れをなし、全軍、武雄城に入ったという。

翌日になると、隆信は陣を小通［杵島郡大町町大町《おおまち》］に移し、須古高城を攻撃しようとしたが、「昨年冬からの在陣で兵士も疲れております。長い逗留となればこの地の百姓も苦しみましょうから、一応は御帰館されてはいかがでしょうか」と宿老らは諫めた。しかし、鍋島信昌は、「征討は国の大事である。兵士の疲れ、農民の煩《わずら》いを厭《いと》うとはどういうことか。今、御帰陣されては諸方の敵を蘇らせることになる。このまま御逗留されて鎮定されるように願いたい」と進言した。

ところが隆信は、「高城は無双の要害であり、平井も勇将である。鎮定は容易に敵《かな》わないだろう」と言ったため、信昌は平井経治の弟直秀を密かに招き、去る永禄七(一五六四)年、平井氏との和議に際し、隆信の一族信純の娘を養女として直秀に遣わしたことに触れ、「すでに一子をもうけていることは、正しく龍造寺の親族なり。すみやかに兄経治を殺されよ」と説いた。

そこで直秀は男島(小島)砦[杵島郡白石町湯崎小島]に帰り、兄経治に使者を出し、「下城して後日を期すべきである。さもなければ、直秀も寄手に加わりますぞ」と進言したので、経治は無念に思ったが、力及ばずと思い、川津近江守・新入道宗闇以下男女百八十人を従え、藤津郡吉田[鹿島市嬉野町吉田]に退却した。一説には大村[長崎県大村市]に走ったとも言う。また、諸本には、この間、直秀は家人らと密談して経治を殺害しようとしたことが見える。

こうして隆信は、高城攻めをせずして平井経治を退け、また後藤貴明とも和し、西肥前の大半を鎮定した。須古の高城は経治の弟直秀に与え、納富信景を横辺田に残し帰城したのである。

だが、このののち、逃亡した平井経治は、旧地への復帰を思い、新入道宗闇と談合し、十月、白石[杵島郡白石町]の地下人らを集め、吉田を発って高城に進み城を包囲した。また、同時に弟直秀が横辺田方面に逃走することを察し、小通の橋を焼いた。直秀は宝蔵寺［杵島郡白石町馬洗《もうらい》法蔵寺ヵ］に籠ったが、経治の軍兵に囲まれ自害して果てた。こうして経治は再び高城に入ったのである。

３　平井経治の最期

隆信は、経治が再び高城に入ったことを知ると、十一月下旬、一万余の軍勢を率いて出馬、杵島郡福母山《ふくもさん》［杵島郡大町町福母］に本陣を置き、須古に兵を出した。この時、隆信の弟信周は下松浦征討のため西肥前にいたが、隆信の出馬を聞き、ただちに横辺田に来陣して佐嘉勢と合流した。福母・大町付近は、一族龍造寺家晴の領地であったため、家晴を先手に小通から出発、また、隆信の旗本以下は、大渡《おおわたり》［杵島郡白石町大渡］を越えて前進した。その陣立ては、納富信景・福地長門守が先陣、波多親・鶴田勝・草野鎮永らが二陣、隆信の弟長信・同信周・龍造寺康秀・小河信貫が搦手（裏手）から向かった。この時、白石の郷士上野讃岐守の一族四十七人と大串十兵衛らが馬田《うまだ》・神野江《こうのへ》（神辺）［いずれも杵島郡白石町馬洗《もうらい》］に出迎え、案内として先手に加わった。

高城というのは、高岳という小丘の上にある小城であるが、北の追手（大手）は岩石峨々《がが》として、一騎がようやく登れる小径しかなく、西は百町牟田《ひゃくちょうむた》といわれる深泥で、東は男《お》島《しま》（小島）［杵島郡白石町湯崎《ゆざき》］に砦が構えてあり、南には堀が二重に深く掘りめぐらされているうえに、塀を高くし、諸所に櫓が築かれているという物々しさであった。

佐嘉勢が押し寄せてくると聞くと、城方はまず一間堀口に川津近江守を頭人として湯川以下の軍勢を差し向けて固めた。東の男島の持ち口は平井兵庫助・同刑部少輔・多久宗利以下が固め、南新入道宗闇、西の一方のみは深泥を頼みとして兵を備えなかった。

一方、龍造寺軍は、城の北方一間堀口には、先陣を広橋一遊軒信了、第二陣には鍋島信昌・小河信貫ら千三百余と旗本から成松信勝・百武賢兼・下村生運《しょううん》らが加わった。東の白川口には、隆信の弟信周に下松浦の軍勢二千余を付し、前田家定・井元上野介を案内者として男島砦を攻撃させた。また、城の南方の湯崎川津口［杵島郡白石町湯崎］には、納富信理《のぶまさ》（のち家理）・副島式部少輔・木下四郎兵衛、搦手には弟長信を向かわせた。

かくして、十一月二十六日、城攻めは開始されたが、一間堀口を攻撃した広橋信了は敵に追い立てられて退却したため、鍋島信昌が入れ替わり敵と交戦した。この時、江副兵部左衛門が鉄砲を激しく撃ち軍功を立てた。

交戦はしばし続き、敵・味方とも討ち死に・手負の者も多く出て、日も暮れかけた。この時、信昌は広橋信了のもとに使いを送り、「貴公は真っ先に進まれたが、槍先鈍く、ついに敵を攻め落とせなかった。速やかに陣を立て直し、敵にかかられよ」と言い送った。信了はこれに腹を立て、「夜になって土地も不案内なのに、討ち死にせよと言うなら、屍をこの攻め口にさらしてやる」と、息巻いて真っ先に進んだ。ところが、川津近江守が敵将と見誤り、組みかかって信了の首を掻き切り、近江守もまた信了の家来に討ち取られた。このようなこともあり、やがて日はとっぷりと暮れ、軍《いくさ》は止んだ。隆信は妻山［杵島郡白石町馬洗］に陣を据え、諸勢も田中［杵島郡白石町築切ヵ］・宝蔵寺など周辺所々に陣を布いた。

次いで十二月二十日、龍造寺軍の諸勢は時を定めて各口々から兵を進めた。鍋島信昌は、白石の郷長秀伊《ひいで》勢守を案内者として、密かに一間堀口へ押し寄せ、城の背後七曲《ななまがり》という険阻な場所から攻め入った。敵は木戸を固めて防戦に努めたが、城兵岩永善左衛門らの奮戦もむなしく、善左衛門は討ち死に、ついにこの口は破られた。信昌は本城に詰め寄ったが、平井経治の姿が見えないので、納富信景は家来を安福寺［杵島郡白石町堤］・観音寺（観音院ヵ）［杵島郡白石町辺田《へた》］をはじめ付近の民家へ派して捜させたが、それでも見つからず付近一帯を焼き払った。

一方、龍造寺信周は、前田家定・井元上野介らの案内で男島口から攻め入り、多久宗利以下を討ち取って男島砦を切り崩し、ついで川津口へ向かった。納富信景も湯崎山口まで攻め入って戦った。龍造寺長信も同じく城近くの小塚口の敵を破った。こうして、総勢は口々をことごとく攻め破り、高城へと押し寄せた。

城方では、新入道宗闇が打って出て、中島刑部少輔信連と斬り合いとなったが、ついに討ち死にした。ここに到り、城主経治も防ぐことができず、腹を切ろうとしたのを平井兵庫頭が押しとどめ、「いかにしてもこの城を逃れ、有馬・後藤を頼まれよ」と諫めたので、経治は百町牟田を桶(一説には戸板)に乗って越え、山中に逃げ込んだ。一方、平井兵庫頭は討ち死にしたという。城方の諸士が城から逃げ始めたのを見た納富信景は、「落人の一人も漏らすな。討ち取るべし」と命じたため、家来は敵を徹底して追撃し数多くの兵士を討ち取ったという。

平井経治の動静についてはさまざまで、経治は本丸に入って防戦を策したが、信昌から「先日からの戦いで多くの我が兵士が死んだ。これはみな足下(貴公)の武名となる。だが貴公は早速、自害されるのがよい。その代わり、貴公の妻子はかならず扶助し、城兵の命も助けよう」と言ったので、経治は喜んで死んだという俗説がある。だが、『九州治乱記』には、「経治、戦い敗れ城中にて切腹す」、「落ち行く途中を納富信景に討たれる」、

「七浦《ななうら》［鹿島市音成《おとなり》］に到り、岳崎《たけざき》（竹崎）［藤津郡太良《たら》町大浦］にて矢に当たって死す」との諸説を揚げ、また、二年後の天正四（一五七六）年冬には、後藤貴明を頼って上戸《かみと》城［武雄市山内町犬走《いぬばしり》上戸］に入ったとする説も記され、その最期は明らかではない。

龍造寺隆信は、宝蔵寺の陣所に帰り、首実検をして二十一日帰陣した。弟信周には高城を与えて、平井の残党を治めさせる一方、経治の弟直秀の妻子を尋ね出して、一子に扶持を与え家来とし、甚左衛門を名乗らせ、のちに隆信の宿将百武賢兼《ともかね》の女婿とした。また、新入道宗闇との斬り合いで痛手を受けた中島刑部は横辺田まで帰陣したが、ここで落命した。このため、白石郷の日目ヶ里を加恩された。

４　後藤父子の争いに助勢

杵島郡柄崎（塚崎）武雄城城主の後藤家では、当主貴明《たかあきら》の子が幼少のため、貴明は下松浦《しもまつら》平戸《ひらど》の城主松浦隆信《まつらたかのぶ》の三男を嗣子として迎え惟明《これあきら》と名乗らせていた。そうした時、たまたま有馬氏の軍兵が郡内の長島［武雄市橘町永島］・花島［武雄市武雄町永島］まで襲来した時、あいにく貴明は体調が優れず、代わって惟明が出馬して久間《くま》［嬉野市塩田町久間］の城に入り、有馬勢を駆逐した。そこでこれを貴明に注進したところ、「武士として軍に勝つ

武雄城址（武雄市）

ことは珍しいことではない」と、特に褒め言葉も与えなかったうえ、先祖代々総領に譲ることになっていた後藤家伝来の太刀と能で使用する鬢焼《びんやき》という尉《じょう》（老翁）の面も惟明に譲らず、十二歳になった実子甫子丸《ほしまる》（のち晴明）に与えてしまった。

　このようなことがあり、惟明は養父貴明の殺害を思い立ち、天正二（一五七四）年六月二十二日、饗宴にことよせ、家臣の渋江公師《きみもろ》・松尾茂明らを武雄城の二の丸に招き、貴明討伐を打ち明けたのである。松尾茂明はさまざまに諫めたが、惟明は聞き容れなかったため、ついに従うこととなり、先ずは貴明の無二の忠臣後藤山城守を討ち取ることを決めた。

　しかし、この企みを知った後藤山城守の弟は、貴明にこれを注進したため、貴明は武富志摩守に妻子を託し、甫子丸が住む宮野［武雄市山内町宮野］の館へ移し、自分も六月二十三日の夜明けに同館へ移った。その途中、後藤山城守ら八十余人も集まってきた。また、伊万里治・中村公明をはじめ有田から三百人、上松浦の鶴田勝兄弟なども宮野へ駆けつけた。貴明はこれらを合わせて宮野の住吉城の要害に拠ったのである。

そしてしばらくは、双方手出しをせず睨み合いの状態が続いた。だが、ついに惟明側の小楠《おぐす》兵部大輔が宮野攻撃にかかり、まず同郡鳥海《とのみ》［武雄市山内町鳥海］・三間坂《みまさか》［武雄市山内町三間坂］に火を放ったが、たちまち貴明の軍に敗れて退却した。

そののち、惟明は龍造寺隆信に加勢を依頼する使者を出したが、また、貴明方からも同じく隆信に使いが出された。

後藤貴明木像（貴明寺蔵、武雄市武雄町）
貴明の死から5年後の天正16年に造立された、修復前の木像。貴明の姿を伝える唯一のもの。

この時、隆信は須古高城の平井攻めのため、杵島郡の陣営にあった。隆信は両使者の話を聞いたのち、衆議にかけ、貴明側に加勢することを決め、これを使者に伝え、小河信貫・納富能登守・執行種兼に二千余人を付けて宮野へ出発させた。惟明は戦ったが敗れ、ついに七月三日に下城して降参したので

肥前国内諸氏関係図

△は養子　＊は同一人物

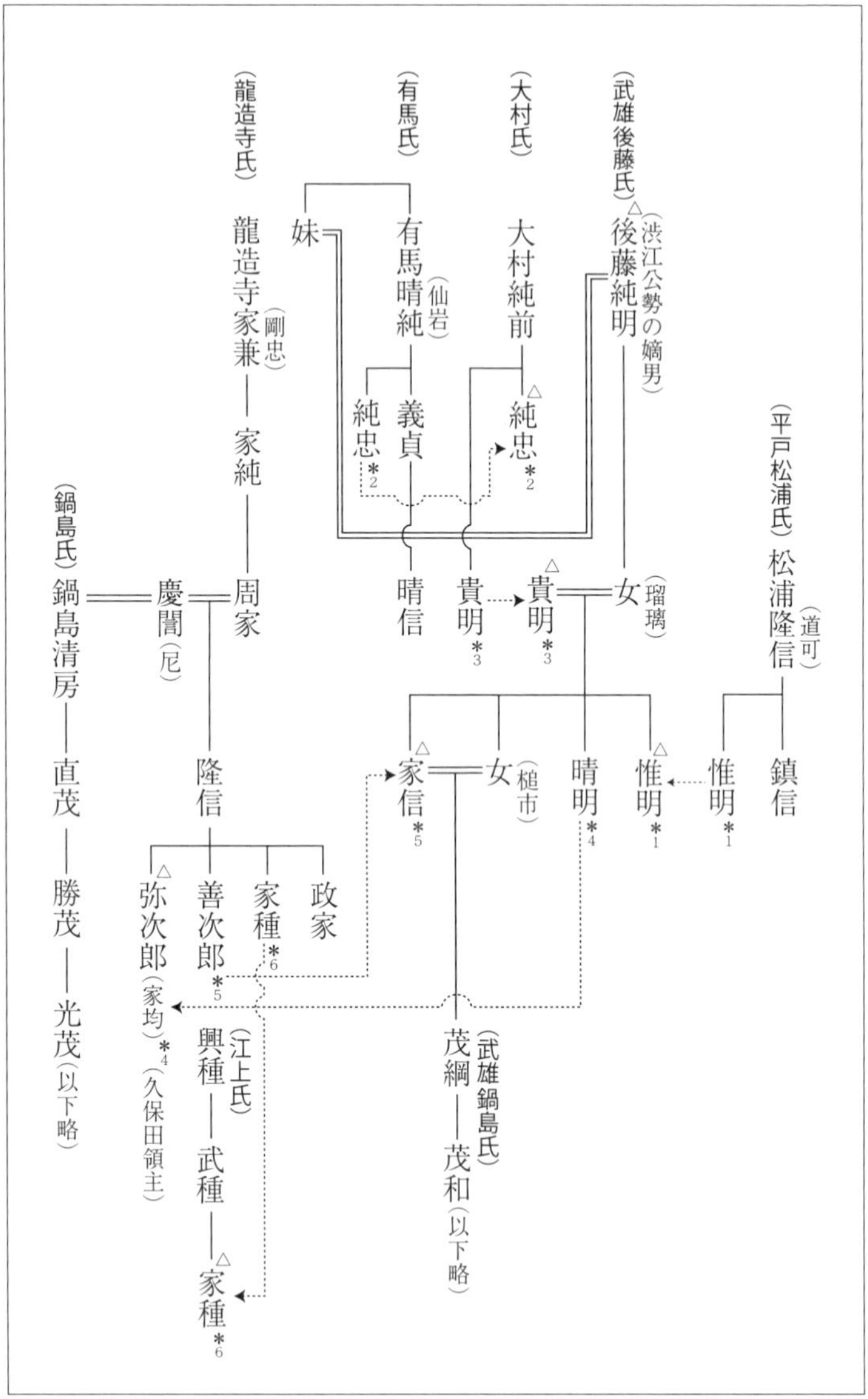

ある。

そののち、宮野において惟明処分の会議が開かれ、衆議は不孝者の懲《こらし》めとして誅戮《ちゅうばつ》すべしと決したが、貴明は、一度は父子の約を為した者ゆえ、誅伐すべきではないと訴え、平戸領の彼杵《そのぎ》郡早岐《はいき》［長崎県佐世保市早岐］に送ることとなった。なお、一味のうち小楠・八並は惟明に従い、また加々良讃岐守・中野式部少輔（晴明）・富岡喜左衛門は龍造寺のもとに来て、鍋島信昌を頼んで佐嘉に移り住んだ。

かくて、貴明は隆信に深く謝し、今後、別心を起こさない旨を固く約したのである。

また、後藤惟明が大軍に囲まれた時、小河・納富・執行の三人が隆信にそのことを報告すると、隆信は父子の間を和するよう命じたので、執行種兼が柄崎の城中にいる中野監物・馬場隼人佑に知らせ、そこで惟明が和を乞うたともいわれる。また、惟明が早岐で浪人ののち、伊万里［佐賀県伊万里市］へ来て後藤左京進と称していたのを、隆信が憐れんで龍造寺左衛門大夫と改めさせ、食禄の地を与えたともいう。

惟明について、『後藤系図』に「伊万里に住す」と記されており、『九州治乱記』には、伊万里の円通寺［伊万里市松島町］に住したとするが、こののち、平戸に戻った。平戸松浦家の『家世傳　巻五十三』にも、「松浦道可（隆信）公族後藤惟明」の項に「松浦道可之第二子」とあり、惟明の子息広明は「後藤」の姓を称し、平戸後藤家の始祖となったと記されていて、子孫は後藤氏を称した。また、筑前国黒田長政に仕え、豪傑として世に名高い後藤又兵衛基次は、その子であるともいわれる。

5 後藤氏との和平

後藤貴明は、既述のごとく、天正二(一五七四)年夏、龍造寺隆信の助力により、父子の争いに調停を受け服従を約したが、翌三年春には、再び隆信に対して害心を抱きはじめた。この時、貴明の一族貞明が龍造寺軍に通じてきたので、三月中旬、隆信は杵島郡北方に出馬し柄崎(塚崎)を攻めた。先手は鷺田畷《さぎたなわて》[武雄市武雄町昭和]弥三橋《やさぶばし》に押し寄せて戦ったが、しかし城は堅固で、びくともしなかった。

そこで隆信は、田原尚明《たばるひさあき》を使いとして貴明と再び和議を結び、互いに起請文《きしょうもん》を取り交わして、隆信の三男善次郎(のち家信)を貴明の養子とし、貴明の娘槌市《つちいち》を娶らせた。また貴明の子晴明は隆信の養子となり、弥次郎と名乗った。

養子善次郎(家信)は、後藤伯耆守と号し、のち十左衛門尉と改めて柄崎を領し、唐船岳城(御船山の武雄城カ)に居住した。

一方、晴明（弥次郎）は家均と改め、佐嘉郡太俣荘《ふとまたのしょう》［佐賀市久保田町］を知行し、天正九（一五八一）年、多久領主龍造寺長信（隆信の弟）の娘と縁組し、養子となった。同郡久保田の館に居住したが、のちに体調を崩し廃されたという。だが、晴明と長信の娘の間に誕生した茂富の長男茂辰《しげとき》は、長信の嫡子安順《やすよし》の家を継いで多久氏となった。

こうして、隆信の従兄弟にあたる龍造寺康房は天正四（一五七六）年十二月十三日、河原豊前守に起請文を出し、貴明・晴明に対し「隆信親子として粗略に存ぜざるよう、吾等兄弟取合い、無沙汰なき様にすべきこと」を誓った。また、翌五（一五七七）年二月三日には、隆信は子鎮賢《しげとも》（政家）と連署して、貴明および弥次郎（晴明）に起請文を与えた。四月二十四日にも、隆信・鎮賢の連署で、貴明父子に対して異心なき旨の起請文を与えたのである。これらの起請文は、いずれも『後藤家文書』中に残されている。

そののち、後藤貴明は郡内芦原［武雄市北方町芦原］に隠居し、天正十一（一五八三）年八月二日、五十歳で没した。

こうして隆信の威勢は、西肥前にも轟くに至った。『龍造寺家文書』からも、下松浦平戸の城主松浦隆信入道道可《どうか》・鎮信《しげのぶ》父子が、すでに天正三（一五七五）年五月に、隆信に異心なき旨の起請文を送ったことが知られる。また、『龍造寺記』には天正二年、壱岐の日高主膳・

同甲斐守、五島の宇久氏（のちの五島氏）も神文《しんもん》を送って平和を賀したとある。

6 東肥前の掃蕩

天正三（一五七五）年、龍造寺隆信は、弟信周を、東肥前三根郡に派遣した。神埼郡の本告《もとおい》・姉川・内田・藤崎・犬塚《いんつか》らは、隆信が西征する虚を狙い、佐嘉城を襲うことを談合していたが、本告・犬塚氏は「国中で隆信に勝る人はいない。下手なことをすれば家を保てぬ恐れがある。隆信の帰陣を待って幕下に属するほうがよい」と言い、一味同心して降参したと『肥陽軍記』に記される。

ところが、この時、横岳鎮貞だけは降らなかったため、隆信は西島城に鎮貞を攻めた。鎮貞は、かつて大友宗麟に通じて少弐政興を奉じ、宗麟は鳥銃（鳥の形をした銃）・弾薬・兵粮などを送った。そのうえ城も堅固であったため、隆信はそれまで一度も勝利を得たことがなかった。

だが、この時期になると大友氏の援助も届かず、一族の横岳頼続《よりつぐ》も隆信に属し、家の存続のため隆信に降ることを諭したので、ここに鎮貞も一戦も交えず降参することになった。三根郡中野城主馬場鑑周もこれを聞くと開城し、宗筑後守も和平を乞い、さらに筑紫鎮恒も押領した地を還したため、隆信は西島城に佐嘉兵を在番させ、ついに東肥前を掌中におさめたのである。

７筑後貝津の城を落とす

西島城降伏後、隆信は横岳頼続を大将として筑後に入り、三潴《みづま》郡貝津［みやま市高田町海津］の城主安武家教（鎮教改め）を攻めた。安武家教は先年、すでに隆信と和していたが、再び反旗を翻したため、先手を新参の横岳鎮貞・坊所尾張守・赤司《あかし》志摩守・秀島淡路守以下二千余と定め、その征討を命じたのである。『歴代鎮西要略』によれば、貝津城では不意を衝かれ、家教は坊所《ぼうじょ》尾張守の勧誘により、たちまち開城、降服したという。家教は筑後に戻り、隆信に人質を出した。一説には、家教は討ち死に、あるいは豊後に出奔したとも伝える。

隆信は横岳頼続を城番とし、馬場鑑周を杵島郡小田［杵島郡江北町］に移し、綾部鎮幸を有馬氏の押さえとして同郡横辺田《よこべた》［杵島郡大町町大町］に置いた。また、戦功のあった横岳鎮貞の家臣広木玄蕃允《げんばのじょう》ほか、高良山《こうらさん》の座主《ざす》鎮興の家来池尻入道久元らにそれぞれ恩賞を与えた。

第九章　肥前統一

1 藤津郡の諸将を落とす

天正三（一五七五）年初秋のころから、龍造寺隆信は、嫡子鎮賢《しげとも》に家督を譲って隠居することを考え、須古高城の普請に取り掛かった。勝屋勝一軒《かつやしょういっけん》・小林播磨守・成富信種を須古へ遣わして城池を点検させ、堀を深くし、塀を修補して、その年の冬に城の修築が完成した。これにより、曲輪《くるわ》・土塁《どるい》・石塁《せきるい》・二重の濠《ほり》（内濠・外濠）・虎口《こぐち》（門）等を備えた、東西五六〇メートル・南北五八〇メートルに及ぶ、肥前では最大規模の戦国時代の平山城となった。『九州治乱記』には、「同年十二月、須古城普請既に成就しありしかば、隆信頓《やが》て須古城に移られけり」と記される。だが、隠居したとは言え、世事を捨てたわけでないことは、曽祖父家兼（剛忠）の場合と同様であった。

隆信が須古を選んだ理由は、有馬氏はじめ、その与党の藤津郡および大村・伊佐早・島

須古城本丸屏風岩

原・深堀など南肥前の城将を征圧するための拠点として、佐嘉よりも有利であったからと考えられる。しかも北肥前第一の要害といわれた龍王峠〔杵島郡白石町深浦〕を控えていることもその理由の一つであった。

有馬氏は、高来郡日野江・原城主で、その勢力は藤津・杵島《きしま》・彼杵《そのぎ》三郡にわたっていたが、有馬義純は自ら藤津郡に来て松岡城を浜〔鹿島市浜町〕に築き、父義直は鹿島の鷲巣《わしのす》城〔鹿島市高津原〕に居城した。また、家臣の深町美作守・原左近大夫を横沢《よこぞう》城〔鹿島市中村〕に置き、鹿島方面への侵入を図った。

『越後入道宗佐(直通)伝』によれば、藤津郡宇礼志野《うれしの》(嬉野)日守《ひまもり》城〔嬉野市嬉野町岩屋川内〕城主宇礼志野越後守直通は、すでに嫡子を人質として隆信に出しており、また、「日守城を僻地としてみずから新城を鹿島の渡口に構えて攻守三年」と記される。

天正三(一五七五)年、直通は、有馬勢の侵攻に際し、隆信に援兵を求めたが、その時、

龍王峠付近（杵島郡白石町深浦）
写真の道路より左方は、かつて有明海であった。

隆信は東肥前に出兵中で援軍を出すことができなかった。天正四（一五七六）年になり、隆信は、藤津郡の敵城攻撃を評議すると、鍋島信昌が土地不案内のところへ馬を進めることは危険だから、まず軍兵を出して様子を探ったのち、しかるべき部将を出すのがよいと進言したため、隆信も同意した。さらに信昌が、「近年、浪人している元蒲田江城主犬塚鎮家と芦ヶ里の徳島信盛は、武勇の者なので、両人を味方に引き入れ、鹿島城へ送ってはいかがでしょう。もし仕損じて討たれても、わが軍の弱りにはなりますまい」と提言したので、使者を出し二人を須古へ呼び寄せた。

犬塚鎮家は、先年小舅の小田鎮光が隆信に誘殺されているので気乗りしなかったが、使者の勝屋勝一軒が説き伏せたため、一族と家来栗山大膳など究竟の者四十余人、雑兵《ぞうひょう》を合わせて二百余人を伴って須古に来た。徳島信盛もまた参じた。

隆信は両人を大いに饗応し、横沢《よこぞう》城攻めの先陣を頼み、犬塚鎮家には備前の太刀一振、子掃部助《かもんのすけ》にも同じく脇差「祐定《ゆうじょう》」を与えた。鎮家は先陣を承諾し、両人は藤津郡に入り森［鹿島市森］に要害を設けて有馬氏に対した。

こうして正月二十日、隆信は両人の報告を得て、一万余の兵を従えて須古を出発し、鍋島信昌を先頭に稲佐山下の高町《たかまち》［杵島郡白石町戸ヶ里高町］に陣を布き、二月初めに龍王峠に着き横沢城を攻めることにした。

龍王峠は、有明海に突出した岬で、藤津郡から来る敵を防ぐには格好の地点で、江戸時代になって、鍋島氏が領内に本城を構えるとき、ここを第一候補地として願い出たとさえいわれている。

前掲『越後入道宗佐伝』によれば、直通は隆信に「横沢城はこの頃の春雨で川水も溢れ、深田が多くなっているであろうから行軍は難しい。九龍（周辺の山の地名ヵ）に登って堤に沿って下り、攻めるがよい」と進言し、隆信もこの意見に従った。このとき鷲巣でも一揆が起こり、隆信は、「横沢の強敵を撃破すれば、鷲巣をはじめ他の城も服従するだろう」と、鍋島信昌を大将として横沢城に向かわせ、鍋島信房の一隊に鳥附《とりつけ》城［嬉野市塩田町五

嬉野氏略系図　△は養子

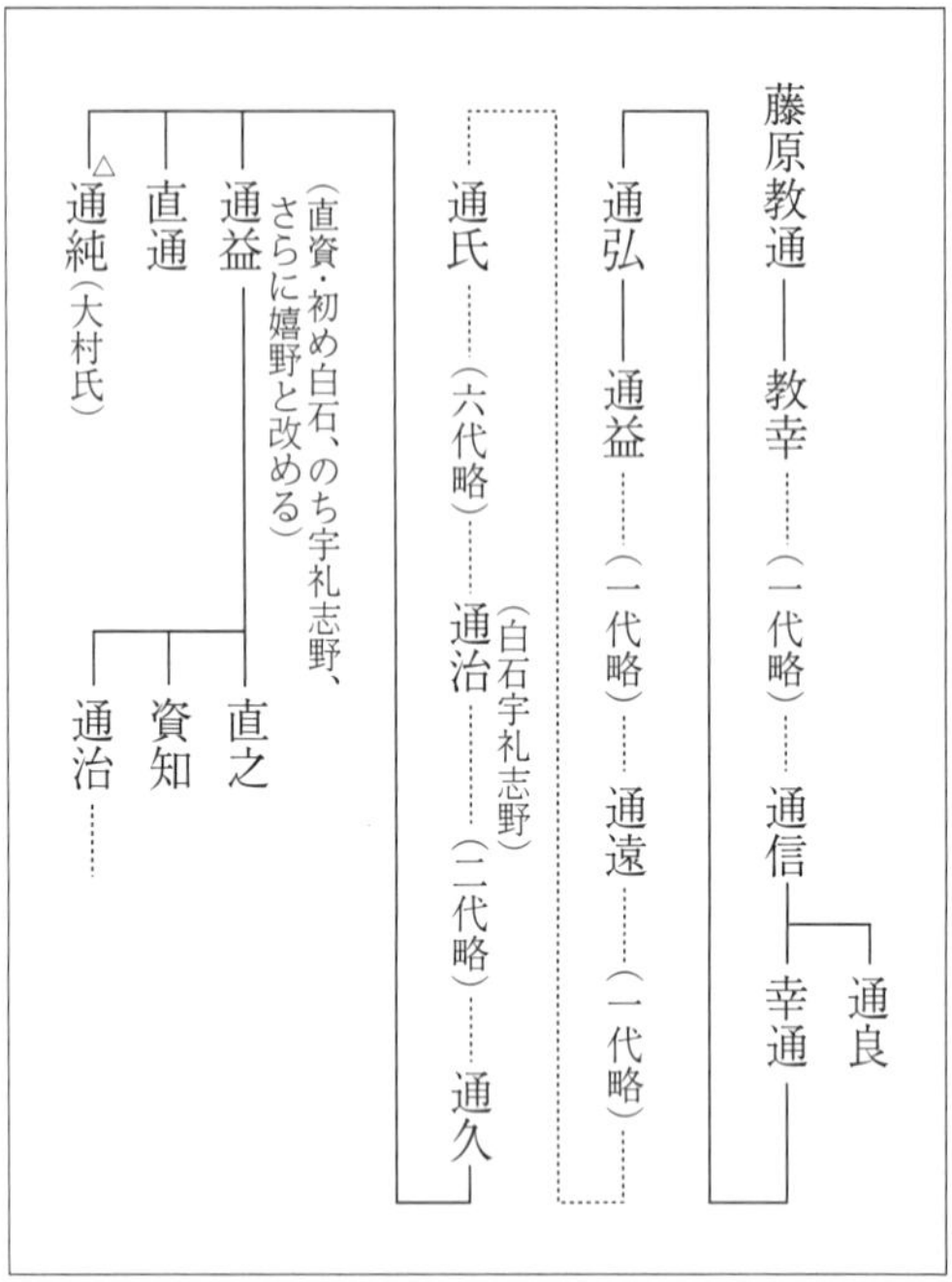

町田」を押さえさせた。直通は、「鷲巣は郷人が柵を構えて守護しているので、かならず後矢《うしろや》を射るであろう。自分は隆信公の御出馬に先だち鷲巣の柵を破り、横沢に出て公に会しよう」と言い、二月六日早暁、天に未だ星の瞬《またた》く時、鷲巣城を破って郷民を追い払い横沢に到ったとされる。『普聞集』にも、「嬉野越後守（直通）ハ鷲巣ノ一揆ヲ夜中ニ攻落シ、直ニ江ヲ渡テ横沢ニ来リ先登ス」とされる。

隆信は、一族の龍造寺安房守や鍋島信昌・龍造寺康房・高木左馬大夫・千布家利・徳島信盛らに八千余人を与え、先陣を犬塚鎮家・徳島信盛、第二陣を鍋島信房・信昌兄弟、第三陣以下を小河信貫・納富信理・龍造寺康房らの諸将とした。そうして同日(二月六日)、先陣犬塚鎮家父子は手勢三百余で追手の木戸を攻めた。

横沢城では、城主深町美作守・原清十郎以下二千余が必死に防戦したが、龍造寺軍は弓・鉄砲で多数を斃《たお》して木戸を破った。このとき、信昌もまた城に攻め入ろうとしたが、敵もよく防ぎ、信昌は傷つき、千布家利以下は討ち死にした。しかし、ついに龍造寺軍が城中に攻め入って火をかけたため、城主美作守は城を抜けて有馬方へ落ちて行った。

深町美作守について、『龍造寺記』『肥陽軍記』はかろうじて有馬に逃れたとし、『隆信公御年譜』『普聞集』『九州治乱記』では戦死したと記される。また「後藤系図」には城主を佐渡掾とし、有馬に奔《はし》るとある。大将分がこの有様なので、軍兵たちも度を失って四十余の輩がそこかしこで捕えられ、城は龍造寺氏の手中に入った。

こうして横沢城が落ちたため、塩田城城主原十郎五郎は一戦もせず開城し、鳥附城・松岡城も夜中に開城した。永田右京(左京亮ヵ)・大村越中守・宇礼志野通益・原讃岐守など、藤津軍の諸将も降る者が多かった。『龍造寺記』には両嬉野(宇礼志野)・吉田求馬らが、また、『九州治乱記』には直通の三兄弟、および通益の子通治、塩田城城主原直家・吉田城城主吉田左衛門大夫・久間城城主久間薩摩守・上瀧《じょうたき》盛貞らが帰服したとある。

これと前後して隆信の軍兵は浜［鹿島市浜町］の松岡城を攻めようとしたが、有馬義純らは開城して有馬に引き揚げたので、新たに降って来た藤津郡の諸氏を各本領に安堵し、犬塚鎮家を播磨守として盛家と改めさせ、藤津郡に二百町を与え、森丘に築城させた。また徳島信盛にも犬塚鎮家と同じく新恩の地を与え、筑後守に任じて松岡城主とし、横岳鎮貞を付し上瀧志摩守・永田左京亮らに在番させた。

一方、鷲巣城には宇礼志野通益の子通治を入れ、北鹿島の常広城《つねひろ》［鹿島市常広古城《ふるしろ》］には鍋島信昌の兄信房を置き有馬氏を押さえさせ、隆信は須古に帰城した。なお『歴代鎮西要略』などには、隆信は数千の兵を派して七浦《ななうら》［鹿島市音成《おとなり》七浦］の海陸を守らせたとある。『九州治乱記』には、隆信はこの年、成富信種に命じて、佐嘉城の四方の総構えを築き、城下の北東の牛島敵繰《たぐり》の土手に松を植えたとある。おそらく須古の城を普請したとき、佐嘉の本城も固めたのであろう。

2 下松浦平定

このころ、先年、龍造寺隆信に降ってきた上松浦郡の鬼子岳《きしだけ》（岸岳）城［唐津市北波多町稗田《ひえだ》］城主波多鎮《しずむ》・伊万里城城主伊万里治（後の家利）・有田唐船岳《とうせんだけ》城城主有田盛《さこう》は、有馬氏に唆《そそのか》されて俄かに変心し、同郡の獅子ヶ城に攻撃を仕かけてきた。天正四（一五七六）年六月二十八日、城主鶴田前は龍造寺河内守・馬渡主殿助らとともに城を出て戦ったが討ち死にした。

これに危機感を抱いた隆信の弟長信が多久からやってくると聞いた波多鎮は、部将福井山城守に多久原で待ち伏せを命じたが、相浦・田中・篠原ら第一陣のため敗れた。『肥陽軍記』『龍造寺記』は、この戦場を多久原《たくばる》とするが、多久原とは莇原《あざんばる》（多久市北多久町）・小侍《こざむらい》（同上）を漠然とさしているのであろう。長信の多久勢は上松浦に入り、天ノ川城を攻略して、鎮の居城鬼子岳城を囲んだ。鎮はついに罪を謝して再び帰服した。

一方、有田盛は天正五（一五七七）年六月に病死し、その子がいまだ幼少のため、盛の後室が臣池田武蔵守を遣わして和平を乞い、このため、隆信は弟信周の次男を養子とし、松浦太郎と名乗らせて有田家の嗣子とした。

また、隆信は天正四年六月、伊万里治を攻めたが、彼杵《そのぎ》郡大村三城《さんじょう》城［大村市三城町］城主大村純忠が助けたため容易に落ちなかった。しかし、鍋島信昌が城攻めに加わると、治もついに下城し、後藤貴明に講和の依頼をした。そして信昌の兄信房の三子茂成を養子として、治の娘に配した。伊万里氏が降ると西隣の山代城［伊万里市山代町］城主山代清もまた和を乞い、南隣の有田唐船山城城主松浦守、大木城［西松浦郡有田町大木宿《おおぎしゅく》］城主庄山高も軍門に降った。

隆信は伊万里氏を落とすと、弟信周を有田に在番させ、宇礼志野・徳島・上瀧・吉田を先陣として、藤津郡に入り七浦《ななうら》に赴いた。これは高来郡伊佐早《いさはや》［諫早市］の城主西郷純堯《すみたか》が、伊万里氏を支援した大村氏を応援するのを防ぎ、有馬氏の援助を牽制《けんせい》するためであった。

龍造寺軍が七浦に達したとき、西郷純堯の与党伊佐早・山田らは迎え討って戦ったが、『肥陽軍記』によれば、付近の野伏などは隆信側に合力したとあり、『普聞集』には「七浦の長小野兵右衛門以下五千十六人、隆信に味方した」とある。そのため純堯側の軍勢は退却し、龍造寺軍は伊佐早に進んだ。

3 大村氏を落とす

『大村記』などによれば、これより先の天正三（一五七五）年十二月、龍造寺隆信は大村純忠を攻略しようと、八千五百騎を率いて十一日に大村に入り、琴平岳（朝追岳《あさおうだけ》。『大村記』には「あとう岳」、『後藤系図』には「麻生岳」とある）に陣し、十二日に純忠の属城萱瀬《かやぜ》村［大村市宮代町《みやだいまち》］のすけむた（菅無田《すがむた》）砦を襲撃した。しかし、大村純忠は後藤貴明の実父であり、し

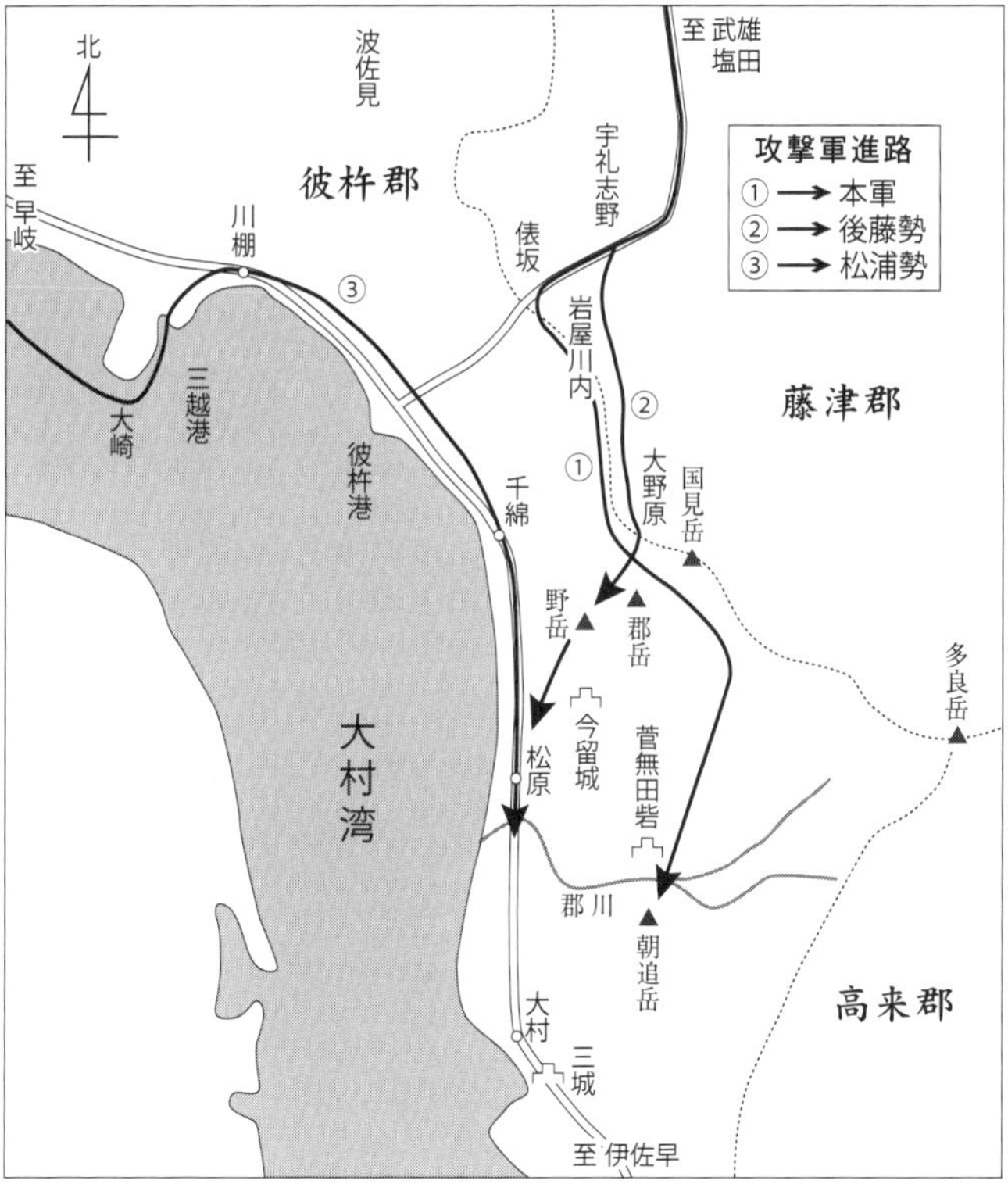

大村攻め龍造寺方諸軍進路図

かも天正二年には貴明が隆信と和を結んだ関係もあってか、天正四年六月、隆信が伊万里氏を落とすと、同月十六日、純忠は「貴明、当方の間は、聊《いささ》かも疎心を挟《さしはさ》まざる」旨の誓紙を隆信に送った。

だが、天正五（一五七七）年六月になると、隆信は、

郡川を挟んで琴平岳（右）**と菅無田砦**（左） 郡川を挟んで、琴平岳に龍造寺勢、菅無田砦に大村勢が陣を置き対峙した。後方は太良山系。

大村純忠を討伐するため再び出陣した。第一陣を鍋島信昌・勝屋勝一軒、第二陣を納富左馬大夫家輔（信景の子）・小河信貴、第三陣に城原衆を率いる江上家種の陣代執行《しぎょう》種兼、および山内衆を率いる神代《くましろ》長良の陣代同名弾正忠、第四陣に藤津衆を率いる鍋島信房と多久勢を率いる隆信の弟長信、そのほか小城《おぎ》の千葉氏以下とし、後陣は隆信の旗本とした。

こうして龍造寺本隊は俵坂［嬉野市嬉野町と長崎県東彼杵《そのぎ》郡東彼杵町との境の峠］を越え彼杵郡に入り、山縁を南下して野岳《のだけ》［大村市野岳町］北方路を迂回し、琴平岳（麻生岳）［大村市原町］に向かった。後藤貴明も呼び出しに応じ、武雄勢を率いて伊万里・山代および大川野・浪瀬の両鶴田氏の軍勢を別働隊として、嬉野［嬉野市嬉野町］から岩屋河内《いわやがわち》［嬉野市嬉野町岩屋川内］より谷道を大野原《おおのばる》［佐賀県・長崎県県境］に出て、国見岳の西北麓から郡境

菅無田の墓石　菅無田砦の麓にはこの時の戦闘で戦死した一瀬半右衛門らの墓が建てられている。大村市指定史跡。

を越えて野岳に進んだ。

また松浦鎮信指揮下の軍も、平戸から軍船で大村湾に入り、大崎［東彼杵郡川棚町の大崎半島］を迂回して川棚南方の三越《みつごえ》港［東彼杵郡川棚町三越郷］に上陸して、その先鋒は大村の北方松原［大村市松原］に進撃して大村に迫った。

三方からの大軍が菅無田砦《すがむた》に攻めてくることを知った大村純忠は、将兵に最期の決心をうながし、峰弾正（『成松遠江守信勝戦功略記』では「郡新八」とする）を主将とする逞《たくま》しい兵士数百人を是河内（貝瀬。萱瀬《かやぜ》カ）の要害に籠らせて、佐嘉勢の到着を待った。

第一陣鍋島信昌・勝屋勝一軒は、六月二十日菅無田砦の木戸に迫り、城兵を誘い出そうとしたが、大村勢はそれには応じず静まり返っていたので、鍋島信昌らは城兵の兵粮となる、周辺の青田を刈り取らせた。『龍造寺記』には「野伏を遣はす」とあるが、『普聞集』には、「付近の郷民に金銀を与え、ある夜、城辺の青田をことごとく刈り取らしむ」とあり、『九州治乱記』は、「足軽をして刈らしめた」と記している。

このため、ついに城兵が打って出てきたので、龍造寺軍は鯨皮《とき》を挙げて木戸口に押し寄せたが、城兵は木戸を支えて防戦に努めた。鍋島信昌の先手江副兵部左衛門は射斃《いたお》され、原口平次兵衛も黄金色の一本菖蒲の旗指物を差して刎木戸《はねきど》を越えようとしたところを、城兵が鉄砲で撃ち倒した。勝屋勝一軒の隊もまた続こうとしたが、これも城兵の防戦に敗れて退いた。

隆信は大いに気をもみ、田原伊勢守を使者として、信昌に急ぎ勝一軒を援けるよう命じた。信昌は少しの間、勝屋軍の戦いぶりを傍観していたが、隆信の命令が下ると総勢一団となって急攻した。城兵はここを先途《せんど》と必死に防戦したので、信昌は人数を分け究竟《くっきょう》の者を西南の搦手へ回した。これが図に当たり龍造寺軍は城兵の隙を衝いて副島式部少輔が木戸を破って攻め入った。つづいて倉町真清・成松信勝・於保賢守などが総勢をこの口に回し敵兵を多く斃したが、龍造寺軍も多数の死傷者を出した。

この間に鍋島信昌の家臣杉町刑部が城中に忍び入り、また小河但馬守の子源右衛門が濠を泳ぎ渡り、塀を乗り越えて城内に忍び込むと火を放った。そして成富信安も城の東南より火を放ったので、大村軍は防ぎ切れず逃走して、ついに落城した。

大村純忠は有馬晴純（仙岩）の子だったので、有馬氏の援軍を頼りにしていたが、有馬氏は先年の北肥前侵入に痛手を受けており、また、龍造寺軍のため連絡路を絶たれていたので援軍も得られなかった。けれども『郷村記』には、三城城にいた大村純忠は、翌朝、龍造寺氏を急襲し諫早へ退却させたと記述している。また、この戦いによって麻生岳（琴平岳）が朝追岳と呼ばれるようになったとも記される。その後、純忠は隆信と和議し、六月二十六日、神文《しんもん》を送り、大村家秀を人質として差し出した。

隆信はこれを承諾、大村氏と和し、純忠の居城を攻めることをせず、純忠の娘を二男家種の室とすることを約した。これを聞いた伊佐早城城主西郷純堯の弟純賢《すみまさ》（のちに深堀氏を嗣ぐ）もまた帰服した。

4 伊佐早攻め

龍造寺隆信は、大村氏と和議が成立したので、続いて高来《たかく》郡伊佐早城を攻めるため、軍を進めた。先陣は龍造寺康房・小河信貫、二陣は鍋島信昌・納富家景（信景改め）、三陣は倉町信俊・龍造寺信時・高木盛房、四陣は内田信堅・横岳鎮貞・馬場鑑周で、その後に旗本が続いた。大村純忠の陣代大村左近大夫・松浦栄の陣代松浦蔵人をはじめ、波多・鶴田・草野の軍勢、西郷純堯の弟純賢も来陣した。

この時、高来郡船越［諫早市小船越町］の城には城主西郷純堯がおり、宇木城［諫早市有喜町］には西郷常陸守がいた。また、同郡小野城［諫早市小野町］には西郷太郎二郎がおり、彼杵郡矢上［長崎市矢上町］の城には箭上《やがみ》伯耆守がいた。

龍造寺軍は、まず宇木城を攻め、先手成富信種以下の奮戦でたちまちこれを攻略し、城主は降伏した。また、伊佐早城城主西郷純堯は有馬氏に加勢を乞おうとしたが、弟純賢が両陣の仲介に入り和平を議したため戦さにはならず、隆信と純堯と対面して、純堯の子純尚《すみひさ》を隆信の女婿にすることに決定した。なお、純尚は隆信の偏諱を受け信尚と改め、純堯は隠居して小野城に入った。

こうして天正五（一五七七）年十月十四日より一族二十六人全てが起請文を出し、隆信への帰順を誓った。一方、隆信もこの時、神文を与え、また、秀島家周を人質として伊佐早に遣わし、家周は翌天正六年まで滞留した。

5 島原半島遠征

龍造寺隆信は、伊佐早城城主西郷純堯との和議が成立したので、いよいよ有馬氏攻撃のため、島原半島に渡ることになった。『横岳家文書』中の天正六（一五七八）年と思われる正月十八日の有馬鎮純（のち鎮貴と改名）から横岳氏への書状に、「龍造寺山城守（隆信）、旧冬月迫《げっぱく》に此の堺《（境）》に到り取り懸け候、云々」とあるように、天正五年十二月に渡っている。この時、隆信の軍勢は『九州治乱記』には二万とある。

まず隆信は、島原半島の北岸神代《こうじろ》［長崎県雲仙市国見町］に着船した。この時、領主神代《こうじろ》貴茂《たかもち》が隆信を饗応し、島原城城主島原純豊も駆けつけた。

一方、当郡の総地頭格である有馬鎮純は、佐嘉勢が来襲すると知ると、急いで長田左京・安富・安徳以下を集め、多比良《たいら》［長崎県雲仙市国見町］・三会《みえ》［長崎県島原市三会町］の湊《みなと》で龍造寺軍を破り先制攻撃で勝利したが、龍造寺軍も犬塚勝右衛門の手勢三十余が踏みとどまって戦ったため、これに力を得、押し返して有馬勢を退けた。隆信はこれにより、半島の西岸千々石《ちぢわ》［長崎県雲仙市千々石町］の城主千々石直員を攻めた。しかし、直員は有馬晴純（仙岩）の末子であったので、有馬氏より加勢が出て激しく防戦したため、龍造寺軍の旗色は再び悪くなった。

この時、佐嘉城下光照寺［佐賀市与賀町］の住持空円という、昔旅僧《たびそう》だった者が、たまたま隆信の陣に見舞いに来ていたが、戦況がはかばかしくないと見るや僧服の長袖を肩に結んで投げかけ長刀を押っ取り、敵に向かって走って行くと、「龍造寺与賀の寺僧空円とは、実は松永弾正（久秀）の弟なるぞ。出家とて侮《あなど》るな」と四角八方に駆け巡り、敵を追い散らしたが、ついに陣没した。松永久秀の弟を名乗ったのは、当時、天下にその勇名が轟いており、敵兵を驚かすためだったろうか。

空円は佐嘉に来て、城下の密蔵寺に仮寓《かぐう》していたが、殊勝な出家だったので、隆信夫妻は時々、城中に招いて法話などを聞いた。また、内室の亡母光照院菩提のため密蔵寺を修築して光照寺［佐賀市与賀町］と改め、空円を住職に据えていた。ところが、この僧は生国や俗姓を明かさず、不思議に思っていたところ、図らずも討ち死にに際して名乗ったので、隆信らは驚き嘆いたという。この後、隆信は、年の瀬も押し詰まったのでひとまず帰陣すべしと、諸勢とともに佐嘉に引き揚げた。

こうして天正五（一五七七）年も暮れ、六年を迎えると、隆信は再び有馬氏の攻撃を企てた。『横岳家文書』中、天正五年と思われる十二月二十八日、島原城主島原純豊から三根郡西島城主横岳鎮貞にあてた書状に、「龍造寺隆信事、（中略）来春当郡に至り渡海すべきの由、普《あまね》く申来り候、事実に於ては何様《なにさま》一戦緩《ゆるがせ》（粗略）有るべからざる覚悟に候」とある。また、翌六年と思われる正月十五日、島原純豊が横岳氏に与えた書状にも、「龍山（龍造寺山城守隆信）、近日、伊佐早に至り、滞陣候と雖《いえども》、云々」とあり、また、十八日同郡日江城主有馬鎮純から横岳鎮貞にあてた書状には、旧冬にこの地に攻めてきたが、さしたる行《てだて》（手段）もなかったとし、「何分一戦を遂げ、悉《ことごと》く討ち果たす事は訳ない事であるから、当方と呼応して佐嘉表に到りて放火を揚げん」ことを求めている。

さらに六月朔日に有馬鎮純が横岳氏に与えた書状には、「去る三月下旬、当郡北目に到り、隆信一勢差渡候」とあって、三月下旬に島原半島北岸の神代《こうじろ》に隆信が上陸したことを記している。

『普聞集』には、鍋島信昌が神代《こうじろ》に軍を進めるに先立ち、成松信勝・成富信種両人を派遣して上陸地の状況を探索させたところ、神代の敵は容易《たやす》くは平定し難いとの報告により、「事を長引かせば神代貴茂《こうじろ》が討たれ、伊佐早まで敵の有（領地）となろう。速やかに渡って敵の変に随《したが》って退治すべし」と言い、神代に渡ったと記される。この時、神代城の二の丸を守っていた古部某が俄かに有馬氏に通じ、有馬勢を引き入れ龍造寺軍の上陸を阻んだため、信昌は船を二手に分け、十町ほど隔たった地点に上陸して古部某を討ったとされる。

『龍造寺家文書』によれば、隆信が上陸すると、松薗備・力武豊らが来て起請文を出した。ところが、前年冬、降参した島原半島の輩のうち、神代貴茂は別に異心はないが、島原純豊からは人質を取る必要があるという者があり、成松勝信・成富信種を純豊の居城森ヶ岳(島原城)へ遣わした。だが、彼らは返答も得られずに引き返してきたため、信昌が「自分が出かけよう」と、主従百余人に水町信定を従えて島原城へ出向いた。

城主島原純豊は大幕を張って一族家来たち二、三百人を左右に侍らせ、信昌を迎えた。信昌は左右には目もくれず一人で陣幕内に入り、「人質を出されよ」と言ったが、純豊は承知せず、表情を荒げて睨みつけたので、信昌の身を危ぶんだ水町信定が、大幕を押し開けて中に入り、信昌の側に座った。他の家来たちも信昌を取り囲んで座ったので、さすがに純豊も表情を戻し、嫡子杢左衛門を質として出すことにした。こののち信昌は杢左衛門を従えて本陣に帰ったため、隆信は満悦した。

こうして島原半島中の城将たちも大半は隆信に従い、もはや有馬鎮純も領地は狭く無勢となり、力を落として、ついに和平に応じることとなったのである。

前掲六月朔日の有馬鎮純が横岳鎮貞に与えた書状には、去三月下旬、隆信が軍勢を率い、島原に渡って来たが防戦を遂げ、味方は勝利し、敗北は無かった旨が記されるが、『九州治乱記』所収文書によれば、実際は、有馬鎮純は三月二十三日、安富純正を隆信の部将納富左馬大夫の陣所へ遣わして、隆信に講和を懇請する書状を差し出していたのである。

隆信は、有馬鎮純は以前にも一度和を乞いながらも違変しているので、今回もまた事実ではなかろうと疑いを抱いたが、これを赦免し、嫡子鎮賢《しげとも》(政家)と有馬鎮純の妹とを婚約させることとした。また人質として、鎮純から一族島原大学助の家臣土黒《ひじくろ》備中守が、深江城[長崎県南島原市深江町]城主安富純泰からは嫡子助四郎が差し出された。島原純豊の人質は、前記の杢左衛門であった。

第十章　筑後経略

1 西筑前出馬

天正六（一五七八）年三月末、肥前一円を平定した龍造寺隆信は島原半島から帰城し、つづいて筑前に出馬することとした。

既述のごとく、筑前は本来、大宰少弐武藤（少弐）氏の本拠であったが、室町幕府が九州探題を設置してからは、少弐氏と九州探題の両者は犬猿もただならぬ仲となった。しかし、探題の勢力が弱体化すると、正平十八（貞治二）（一三六三）年春、九州探題斯波氏経が周防の大内氏に助勢を依頼したことが契機となって、大内氏が北九州に勢力を伸ばし、ついに少弐氏との間に軋轢《あつれき》を生じるようになったのである。

一方、龍造寺氏は少弐氏に疎まれたため、大内氏と連繫していたが、隆信が相続したころには、大友宗麟が勢威を伸ばして龍造寺氏と筑前でも衝突するようになった。

大友氏は、有力な部将を西筑前に置き、大内氏滅亡後の毛利氏に対する備えも固め、毛利配下の諸将や肥前衆を押さえさせた。まず糟屋《かすや》郡立花城に宿老戸次鑑連《べっきあきつら》、御笠郡岩屋城に高橋紹運《じょううん》、同郡宝満城にはその嗣子統虎《むねとら》、早良《さわら》郡荒平《あらひら》城（安楽平城）［福岡市早良区重留《しげどめ》］には小田部紹叱《こたべしょうしつ》、那珂郡鷲岳城［筑紫郡那珂川町南面里《なめり》］には大津留入道宗秀（一に宗秋または宗周）、志摩郡柑子岳《こうしだけ》城［福岡市西区今津］には臼杵鎮富を居城させた。

一方、秋月種実は、最初から龍造寺氏に加担し、戸次鑑連と対抗していた。そのほか原田種秀・筑紫広門も龍造寺にあえて背かず、筑後では蒲池鎮並《かまちしげなみ》・星野・草野・安武・城島らが従った。特に蒲池鎮並にいたっては、日向耳川［宮崎県児湯《こゆ》郡木城《きじょう》町］の合戦に、大友氏の催促で父鑑盛と出馬していながら、隆信への義理として引き返したほどであった。さらに豊前では長野城［北九州市小倉南区］城主の長野氏、仲津郡城井郷［福岡県築上郡築上町］の城井《きい》氏も隆信に従っ

高橋紹運像（部分、天叟寺蔵、柳川市鍛冶屋町）大友氏の一族、吉弘鑑理の二男として生まれたが、筑後の高橋鑑種が大友宗麟に滅ぼされた後、その家督を継いだ。

た。

天正六（一五七八）年、隆信は、神埼城原衆に命じ、主将に江上家種、軍奉行に老臣執行種兼・諸岡安芸守・鍋島種房を充て、郡境脊振山を越えて筑前早良郡に攻め入ったが、この時、大友氏に不満を抱く脇山［福岡市早良区脇山］の住人重松対馬守・大教坊・円信坊ら六十三人が隆信方に投じ、江上衆の陣所へ入ってきた。これを糸口に城原衆は、彼らの案内で所々を焼き払って進んだ。

こうして隆信は、敵地との連繫の城として荒平山の南、脇山の西内野［福岡市早良区内野］に要害の地を選び、執行種兼・鍋島種房の諸将に城原衆を副え、交替で在番するよう命じて佐嘉に帰城した。

一方、前年の天正五（一五七七）年冬、薩摩の島津義久は、日向の伊東義祐《よしすけ》を破って弟家久以下を土持親成《つちもちちかしげ》の旧城高城《たかじょう》［宮崎県児湯郡木城町高城］に置き、日向を治めさせた。これにより、島津氏は、日向・薩摩・大隅の三州統一を終えたのである。

ところが、この時、豊後に出奔した伊東義祐は、大友氏との旧縁を頼り失地の回復を考え、謝礼として大友氏にその地を進呈することを約していた。

こうした状況から、島津義久は、大友氏が龍造寺氏と合同して攻め寄せるなら一大事と考えた。『九州治乱記』所収文書によれば、天正六（一五七八）年六月十九日に義久は家臣の名で、龍造寺の家臣納富氏に宛て、「向後《きょうこう》深く申し談ずべし」と色絹布四段を送ってきたという。

また、伊東義祐の求めに応じた宗麟は、義祐の旧地を回復すべく、嫡子義統《よしむね》を主将に、部将志賀・佐伯・田代・田原以下多数を率いて日向に向かわせ、島津勢を駆逐して七月に帰城した。これに怒った島津義久は、十一月、宗麟と日向の耳川で激突し、ついにこれを撃破したのである。

一方、この両軍が戦う虚に乗じ、龍造寺隆信は近国を従えようと、筑後に出陣を企てた。そこで、蒲池鎮並を誘って天正六（一五七八）年十一月十九日に出馬し、部将鍋島信昌を先陣とし、納富家景を二陣、一族龍造寺家晴を三陣、松浦勢を四陣、三男後藤家信を五陣、弟長信の率いる多久衆を六陣、江上家種を七陣とし、馬場鑑周を八陣、神代長良の陣代同名弾正忠および千布家利を九陣、殿《しんがり》を隆信の旗本として小河信貴・成松信勝・百武以下がこれに従い、総勢二万余と号して筑後三潴《みづま》郡酒見《さかみ》村［大川市酒見《さけみ》］に陣を布いた。筑後の諸士もおよそこれに従った。すなわち、大友氏の属将であった三井郡久留米［久留米市］の豊饒中務大輔、山本郡草野［久留米市草野町］の草野鑑員、三潴郡下田［久留米市城島町］

の堤貞之、三潴郡西牟田［筑後市西牟田］の西牟田鎮豊、そのほか酒見・城島氏らも集まってきたのである。

隆信は出馬の始めに彼らが参陣したことを大いに喜んだが、上妻《こうづま》郡戸原《へばる》河内［八女市立花町］の城主戸原親運《ちかかず》入道紹心（真）や三池郡今山（三池城）［福岡県大牟田市今山］（『九州治乱記』には「古賀」とある）の城主三池鎮実らは参陣せず、その居城に籠ったので、隆信はまず戸原の城を攻撃せんと、龍造寺信家・同信門・内田美作入道卜庵・姉川信安・副島光家・鹿江信明以下を率いて戸原河内に向かった。しかし、上妻郡川崎伊駒野城［八女市山内］城主川崎鎮堯が多数の兵で戸原紹心に加勢したため、龍造寺軍は思うにまかせず、ついに退却した。

また、十一月末、隆信は、「筑後をそのままに置き、筑前に入る」と、酒見の陣を撤して十二月朔日に筑前に討ち入った。この時、秋月種実・筑紫広門、早良郡の衆も来陣し、隆信は彼らを案内として大友方の戸次・高橋の諸勢が拠る立花・岩屋・宝満の諸城の攻撃を企図したが、いずれも堅固な城で、急には落城しないだろうと案内の者が言うので、攻撃を断念し帰城した。この時、養父郡勝尾城主筑紫広門から十一歳になる弟晴門を信昌の養子に遣わす由を申し出たので、信昌は承知し、佐嘉へ連れ帰った。

一方、秋月種実は、一時的に大友宗麟に投降したこともあったが、弘治三（一五五七）年、宗麟の秋月攻めで父文種が戦死を遂げたこともあり、この年、宗麟の「暴悪十箇条」を掲げて近国へ触れ回し、反大友の諸将は連判をしたという。

宗麟はこれを怒り、筑後生葉［うきは市と八女市の一部］に本営を置いて秋月討伐を行おうとしたが、日向耳川の惨敗後、大友氏の国政が乱れ、老臣田北入道を誅伐したり、家臣のなかには勘気を蒙り国外に去る者などもあった。さらには一族の田原《たわら》氏まで叛くようなことになってしまっていた。

田原氏は大友氏の祖能直の弟泰広から出て、豊後国国崎《くにさき》（国東）郡田原荘《たわらのしょう》［大分県杵築市大田］を領したが、六代親貞の弟親昌から田原本家と武蔵田原家の両家に分かれた。親昌の裔親賢は大友氏の信任を得て重職となったが、キリスト教に改宗したことで国人はこれを憎んだとされる。本家田原親貫も親賢と合わず、ついに親貫は大友氏を離れ、浦部城［大分県国東市国東町大恩寺］に籠って大友氏に対抗した。そして、秋月種実と縁戚の津崎入道を派遣してひそかに種実に通じ、秋月の援兵を請うた。また同時に、隆信にも連絡し、大友氏の府内の城を攻めようとしたのである。

大友宗麟はこのことを注進によって知ったため、秋月攻めを延期し、まず十二月下旬に浦部城を攻め、翌年二月二十七日にこれを落とした。

2 下筑後の攻略

龍造寺隆信は、天正七(一五七九)年正月二十日、子鎮賢(のち政家)とともに久留米の高良山の麟圭《りんけい》を座主職《ざすしき》に安堵したが、このことは高良山が隆信の勢力下に入っていたことを示している。三月になると隆信は、下筑後の経略を再開するため、大軍を率いて出発した。

前年、筑後へ出馬した時、すでに三潴郡の酒見・城島・安武・草野・堤氏らが従ったとはいえ、筑後の将士でも、馳せ参ずる者もあり、また、山門郡鷹尾《やまとたかお》[柳川市大和町鷹ノ尾]の城主田尻鑑種らのように、いまだに従わない者もあった。なかでも、三池鎮実、上妻郡山下城[八女市立花町北山]城主蒲池鑑広などは居城に籠っていたため、隆信の出陣はこれらを打ち崩すためのものであった。

こうしたなか、田尻鑑種は、叔父の田尻鑑乗入道宗達が、龍造寺氏の岩楯某と知友であったため、岩楯の手引きで大友氏と断交し、隆信に会い隆信父子と神文を取り交わすこととなった。そして、この和議により、田尻鑑種は、宗達や蒲池鎮並の勧めに従い、ついに心を隆信に通じ、隆信出馬の際に、鎮並とともに参陣するようになったのであった。

隆信は大いに喜び、田尻鑑種・蒲池鎮並を案内者とし、山門郡瀬高荘[みやま市瀬高町]

を通って竹井村［みやま市高田町竹飯《たけい》］に着陣し、三池郡今山の城主三池鎮実を攻めるため、三月二十日、その軍勢を向けた。『九州治乱記』には、人質を差し出すよう田尻鑑種が談じたが、鎮実は承知しなかったとある。

またこの時、隆信は、田尻鑑種を肥後玉名郡筒岳《つつがだけ》（小岱《しょうだい》）城［熊本県荒尾市・玉名市］城主小代《しょうだい》入道宗禅に遣わして降伏を勧めたが、小代宗禅は永年にわたって大友氏の恩顧を受けているからと断ったため、鑑種もやむなく陣所へ引き返した。ところが宗禅の妻女が鑑種の陣所へ来て、「戦っても負けて滅ぼされるに決まっていますから、私を人質として隆信公の陣所へ連れて行って欲しい」と、子孫のことを案じて申し出た。田尻鑑種も「心賢き人ぞ、隆信公に披露しよう」と、隆信の陣所へ伴った。この妻女は鑑種の姑《しゅうとめ》（『田尻系図』）で、居城鷹尾城に預かることとなった。

しかし、これを聞いた小代宗禅は怒り、一族小代越前守と重臣荒尾家経に人数二千余を副《そ》え、筑後三池郡の芥田神というところまで攻め寄せたが、隆信はこれを予期して、鍋島信昌を向かわせ、これを追い崩したという。

こうしていよいよ三池氏の本城である今山城攻めとなり、田尻鑑種が先陣、二陣には蒲池鎮並、三陣には鍋島信昌、四陣には神代《くましろ》長良の陣代弾正忠・千布家利、五陣には横岳

今山城（三池城）址（大牟田市今山）

頼続《よりつぐ》、その他筑紫広門・安武家教・豊饒鎮連・堤貞之以下、佐嘉・三根・養父・神埼諸郡および筑後三潴・山門諸郡の兵を率いて三池鎮実が籠る城へと取り掛かった。この主将は隆信の三男柄崎《つかざき》（武雄）の後藤家信であった。

城兵は木戸を守って戦ったが、これに対し先陣・二陣の軍士に堤貞之の手の者が加わって一ノ木戸を破った。また、鍋島信昌は養父郡の軍兵を加え山内《さんない》勢と一丸となって城内に攻め込もうとしたが、城兵はよく二ノ木戸を支えたため、信昌の軍勢から戦死者が多数出た。この時、武藤貞清という武士が火矢を放ち、櫓を焼き落としたが、城中はなお支え、敵味方の混戦はいつ果てるともなく続いた。しかし、酉の刻（夕方六時ごろ）になって雨が沛然《はいぜん》と降り出し、龍造寺軍も一時退却した。その間、風雨に紛れて城主三池鎮実は出奔し、そのため龍造寺軍も引き揚げた。

筒ヶ岳城(小代城)址(熊本県荒尾市・玉名市)

3 肥後小代氏を落とす

こうして、今山城(三池城)を攻め落とした隆信は、あらためて小代宗禅を攻めるべく、蒲池鎮並を先手として小代に攻め込み散々に戦い、鎮並の柳河勢も多数討ち死にしたという。また、小代の重臣荒尾家経が二千の兵を率いて打って出たのを、鍋島信昌が三千の兵で応戦したため、家経は辛うじて梅尾[荒尾市府本]に逃れたが、信昌はさらに追撃し鬨《とき》を挙げて梅尾に入り、町小路や宗禅の梅尾館をも焼き払って城兵百余人を討ち取った。この時、鍋島の家来木下四郎兵衛昌直が小代越前守を攻めて陣没させた。小代《しょうだい》入道宗禅・親伝父子は防戦もできず筒岳の本城に登り、木下を介して降参を申し出て許されたため、戦闘は終結した。

なお、この木下昌直は、既述の「龍造寺四天王」の一人に数えられる人物である。木下覚順の二男とされ、天文二十(一五五一)年、隆信が家臣に土橋栄益の反逆に遭い窮地に陥った時、少年ながら濠《ほり》を泳ぎ渡り伝令を務め、隆信を救う活躍をし、そののち京都で修行して光円寺[佐賀市中の館]を開創した仙叔蔵主《せんしゅくぞうしゅ》とする見方もある。

こののち、肥後隈本(熊本)[熊本市]の城主城親冬《じょうちかふゆ》も隆信に降参して質子を出したとされるが、史料的には不明で、『龍造寺家文書』中、山門郡瀬高《せたか》上荘[みやま市]の高良別宮大宮司紀親祐の起請文に、「拙者事、最前より城親賢同前に別心《べっしん》なく申し談じ候」とあることから、城親冬・親賢父子もすでに隆信に服していたことも考えられる。

ついで五月二十一日には、三潴郡八院《はちいん》[三潴郡大木町]の鐘ヶ江《かねがえ》実続も起請文を提出して隆信に帰服した。

4 蒲池鑑広を攻略

ここに至って、下筑後はほとんど龍造寺隆信に属したが、上妻《こうづま》郡山下城[八女市立花町北山]城主蒲池鑑広《かまちあきひろ》は服していなかった。鑑広は、蒲池鑑盛の家の分家で、父の代に分かれたが、知行八千六百町を有して上蒲池家と称し、筑後屈指の大名であった。宗家の三潴郡蒲池[柳川市蒲池]の城主鑑盛は、隆信の曽祖父剛忠が筑後に退去した時も、また、隆

山下城址（八女市立花町）

信の筑後退去の時も、よく扶持した人物である。
だが、鑑広は、鑑盛とは従兄弟であっても、いまだ隆信にには服していなかったため、隆信はこれを落とそうと天正七（一五七九）年四月八日、肥後勢を交えておよそ二万余りの兵で進攻した。

鑑広は龍造寺軍が必ず殺到するであろうと考え、山下城と矢部川をはさんで対岸の矢原《やばる》「八女市矢原《やばら》」・上妻「八女市津江」および谷川「八女市立花町」などの要害に数千の兵を置き、矢部川の大河を前にして、乱杭《らんぐい》・逆茂木《さかもぎ》などの障害物や、鉄砲百余挺を用意し、同時に、生葉郡星野妙見山城「八女市星野村」城主星野親忠を攻撃するため生葉郡に出陣していた大友軍の後援を頼んで、龍造寺軍が近づくのを待ったのである。

龍造寺隆信は、鑑広が菖蒲尾《しょうぶのお》「八女市立花町白木」・上妻・酒井田「八女市酒井田」に将兵を籠めていることを知ると、案内を田尻鑑種に命じて都合二万と号する大軍でまず甑手《こしきで》に夜陣を張り、翌九日、軍勢を進めた。案内の鑑種は佐嘉衆に加わって蒿蒲尾の要害を攻撃したが、敵も猛烈に防ぎ、一時は龍造寺軍も危しと思われた。ところが、佐嘉勢から副島式部少輔・北島河内守らが進んで、敵を討ち取ると同時に櫓に取り付いて打ち破り城中に攻め入ったので、蒿蒲尾の要害も落ち、翌十日には龍造寺軍は山下城麓に進んで、下妻郡水田［筑後市水田］に陣を布いた。形勢が悪化したとみた山門郡瀬高上荘鷹尾の高良別宮大宮司紀親祐は、隆信父子に起請文（『龍造寺家文書』）を送り、投じてきた。

だが、こののち、五月下旬になると、龍造寺軍は北肥後へ出馬するため、山下城攻めを一時中止したが、肥後を従えると、六月下旬、隆信は再び蒲池鑑広の山下城攻めを開始、水田の陣から上妻郡戸原《へばる》［八女市立花町辺春］・兼松［八女市立花町兼松］へ旗を進めた。また、この時期、高良山大祝部《おおはふりべ》鏡山安実は起請文を隆信に出して投じてきた。

一方、豊後の大友宗麟の子義統《よしむね》は、隆信が筑後・肥後へ出陣したと聞くと、逆徒を討つと揚言し自ら出馬、八月二十二日、日田に陣を布いた。

これに先立ち、隆信は七月二十四日、秋月種実を介して、「筑後出勢の援軍を頼む」と毛利輝元に依頼した。

八月二十六日、毛利氏の部将吉川《きっかわ》元春・小早川隆景は、連署して胡蔵主を遣わし、つぎの書状を隆信に送っている。

去る（八月）廿一（二十一）日の御状、種実の伝《つて》を以て慥《たしかに》到来候、去る（八月）廿四（二十四）日、筑後に至り相動かるべきの由、仰《おおせ》を蒙《こうむ》るの条、宝満〔太宰府市宝満城〕・秋月〔朝倉市古所山城〕に至り、人数差出し候、其表《そのおもて》御行《てだて》の儀は追々《おいおい》示《しめし》に預り其の意を得べく候、猶《なお》胡蔵主に申含め候、恐惶謹言

（『歴代鎮西志』所収）

とあり、毛利輝元が、叔父にあたる吉川元春・小早川隆景の両名に援軍の派遣を命じていることがわかる。

山下城攻撃は百数十日を越したが、九月一日、城兵が矢原口に討って出た。龍造寺軍からは納富信理の一隊が城兵と戦った。なかでも牛島兵部少輔以下がよく戦い、犬塚勝右衛門が一番槍をつけ、城兵の多くを討ち取ったが、龍造寺軍にもまた戦死者が出た。そこに鍋島信昌が加勢して追い立て、その家来の松田権助・秀嶋新助が大奮戦したため、城兵はついに城中に逃げ込んだ。そして翌二日、隆信は水田から津留田〔筑後市鶴田〕へ陣を移し、鍋島信昌は上妻郡三溝〔八女市矢原《やばら》カ〕に、蒲池鎮並は津留田に、また田尻鑑種は

山門郡長田［みやま市瀬高町長田］にそれぞれ陣した。三日には城兵が三溝へ打って出て、鍋島信昌の陣に切り掛かって激しい戦闘となったため、信昌も苦境に立たされたが、槍を取って敵を払い、千変万化に働いた。従兄弟の鍋島為俊は討ち死にした。また、松田権作らもここが瀬戸際とばかりに奮戦したので、城兵はついに敵わず城中へ逃げ込み、信昌は陣を据えた。

蒲池鑑広は数ヶ月間居城を囲まれ、兵粮も窮し、また、隆信は田尻鑑種を堤村に在陣させて敵の稲刈りを警戒したため、城兵も相当に疲弊した。

しかし、山下城は究竟の要害であり、また、この間、大友義統《よしむね》がこの間に星野・草野・筑紫・秋月氏らと戦い、生葉《いくは》［うきは市と八女市の一部］に陣を置いていたため、鑑広も気強く思っていた。ところが、十一月初旬になると、義統も豊後へ引き揚げてしまったため、鑑広はすっかり力を落とし、ついに自ら隆信の陣所へ来て降参の意を表し、弟鎮行を質とし、血判の起請文（『龍造寺家文書』）を送ったのである。そこで、隆信は二十八日、山下城の囲みを解き、陣を高良山に移した。

5 北肥後諸城の攻略

ところで前記のごとく、山下城攻略の途中の、天正七（一五七九）年五月下旬、龍造寺隆信は北肥後に出馬した。玉名郡和仁《わに》［熊本県玉名郡和水《なごみ》町王仁］の田中城城主和仁大善亮（丹波守とも）を攻めるためであった。

田尻鑑種は案内者として先頭に進み、木戸口にいたって鯨波《とき》を揚げた。これをみて中野式部少輔以下も続いて進撃し、敵の首級《しゅきゅう》をあげた。このとき、武藤貞清が火箭《ひや》を飛ばして敵の城塁を焼いた。火箭というのは、矢に火薬を仕掛けて発射する武器である。

かくて大善亮も防禦《ぼうぎょ》の力を失い、田尻鑑種の計らいにより降服したので、鍋島信昌は軍《いくさ》を止め、大善亮は城を開いた。『田尻家文書』には、隆信が鑑種の度々の功をねぎらい、六月朔日、子鎮賢（政家）と連署で領地を与えたことを示す判物が残る。その坪付けをみると、三池氏の旧知行地に加えて、新たに三池郡豊永［大牟田市橘］二十五町および同郡江ノ浦［みやま市高田町江浦町］上下六十町が加えられた。また、このちも忠節を守れば領地を与えると書き副えられている。このほか、一族田尻鎮貞に田中城［佐賀市諸富町大堂、別名・太田城］の地を与えた。

ついで隆信は、肥後山鹿《やまが》郡木山城［熊本県山鹿市菊鹿町松尾木山］城主永野紀伊守を攻めるため、鍋島信昌・納富家理らを発向させたが、なかでも家理の一隊の大隈兵部少輔・小宮善助以下は激しく進撃し、また堤左馬允は軍忠を抽《ぬき》んでた。このため永野紀伊守もついに降参した。筑後高良山座主良寛・麟圭も降った。肥後益城《ましき》郡御船《みふね》城［熊本県上益城郡御船町］城主甲斐《かい》入道宗運父子をはじめ、菊池郡木野・山鹿郡山鹿の者たちもことごとく降った。

やがて信昌は隈府《わいふ》［熊本県菊池市］まで進撃した。軍勢の勝ちに乗じ八代《やつしろ》の赤星氏を攻めよという評議もあったが、一応帰陣と決し、水田［筑後市水田］の陣へ帰った。

こののち、隆信は、上妻郡伊駒野城［八女市山内］城主川崎鎮堯が前年十一月の戸原《へばる》の戦いの時、山下城城主蒲池鑑広とともに敵方についたこともあり、討伐を決し、七月二十一日、兵を発して伊駒野城へ向かった。先手は柳河［柳川市］の蒲池鎮並で、大手の木戸を打ち破って戦った。蒲池治部大輔・西牟田鎮豊・安武山城守・城島右近ら筑後衆がこれに従った。龍造寺軍の成富信安は、敵方の中園備前守を討ち取った。城主川崎鎮堯は、一族手勢の多くが戦死し、残兵は落ち、力及ばずと知って出奔した。このため、隆信も水田の陣に引き揚げた。

また、八月上旬には上妻郡黒木郷の猫尾［八女市黒木町北木屋］・高牟礼［八女市黒木町笠

猫尾城本丸址（八女市黒木町）仁安2(1167)年の築城と伝える。天然の要害としての姿をよく残し、貴重な中世山城の遺構である。福岡県指定史跡。

原」の城主黒木実久（鎮連入道宗英）が高良山の新坊とともに、隆信の水田の陣に降ってきた。黒木実久は嫡孫四郎を、新坊は親類の者をそれぞれ質とした。

天正七（一五七九）年九月、『九州治乱記』『歴代鎮西志』『歴代鎮西要略』によると、龍造寺隆信が筑後に在陣中、肥後八代の赤星統家《あかほしのぶいえ》を味方に引き入れようと、鍋島信昌が一計を案じ、統家の知人である同国の甲斐外記《げき》と内談したうえで、家臣下村生運《しょううん》を外記に副《そ》えて八代に遣わした。両人は隆信に味方するよう、しきりに説いたが、統家は容易に承諾しなかった。だが、下村生運が持ち前の弁才でついに説き伏せ、そのうえ質子のことまで承知させた。質子とは十歳になる統家の男子で、統家は「この子を深く頼む」と両人に渡す時、太刀一腰を与えたという。そこで両人は筑後の本陣に帰ったが、隆信は信昌とともにこれを喜び、外記には謝礼し、生運には恩賞として肥後波恵《(並)》村を与えた。赤星の質子は、佐嘉郡川副郷の南端に近い鰡江《しくつえ》［佐賀市川副町西古賀］の無量寺に置かれた。

さらに、同年冬には、上妻郡の戸原親運《へばるちかかず》が、隆信に対して逆心を抱いていることがわかり、隆信は蒲池鎮並・田尻鑑種、肥後の小代入道宗禅、同じく南関《なんかん》［玉名郡南関町］の大津山《おおつやま》河内守資冬に討伐を命じ、肥前からは後藤家信・内田兼能を発向させ、戸原の城を攻撃させた。なかでも大津山衆は進んで戦い、敵勢を多く討ち果たした。龍造寺軍の猛攻で、戸原親運は隆信に降参した。

こうして隆信は、筑後一円および肥後の北部を平定したので、一族の龍造寺家晴・信時を肥後の高瀬［玉名市高瀬］に、土肥家実を小代の城（筒岳城《つつがだけ》）に籠らせて大友・島津らの与党を押さえさせ、また鍋島信昌を筑後酒見《さかみ》［大川市酒見《さけみ》］の城に置いて筑後を守らせ、十二月三日、佐嘉に帰城した。

隆信帰陣の翌々日十二月五日に、隆信は嫡子鎮賢と連署して起請文を鷹尾の城主田尻鑑種に与えた。『田尻家文書』中に残るこの起請文には、筑後国衆が鑑種に対して、いかなる疑心を起こすことがあっても鑑種を捨てざること、また別儀なき心底を保てば、領地等のことは相応に協議すること、鑑種の身上において案外の風説があっても、糾明のうえ正否をただすべきことが書かれている。

また、この年、山内《さんない》の神代《くましろ》長良から隆信に、「長良に家を継ぐべき男子がいないので、一族の中から養子をもらい、娘に配して家を譲りたい。同名（龍造寺）の方の中からは叶わないだろうから、鍋島信昌に子息が多いので、その中より賜りたい」と申し出てきた。隆信は信昌にそのことを伝えたが、信昌が辞退したため、信昌の弟小河信貫の三男犬法師丸という七歳の子を山内に送り家士八人を付けることとなった。犬法師丸は、のちの家良である。

6　蒲池鎮並の謀叛

年も明けて天正八（一五八〇）年。龍造寺隆信は、前年春から出馬して筑後を平定、西筑前を押さえ、北肥後も平定、また肥前も統一して、いまやその威は隆々たるものがあった。そこで、元旦には年始の儀式も美々しく、佐嘉城は、まさに門前に市《いち》をなすとも形容すべき盛観であったと伝える。筑前・筑後・肥後の将士が参集し、あるいは名代が集《つど》い、初春の祝辞を述べるという様子で、隆信もまた、中国の毛利氏へ聘《へい》を通じ、また、小早川隆景を介し、前将軍足利義昭に音信して、上洛を遂げ天皇に拝謁しようと願ったとされる。

『龍造寺記』『隆信公御年譜』には、前年、隆信は家臣田原尚明を小早川隆景に遣わして前将軍足利義昭に通聘《つうへい》するとあるが、『九州治乱記』等によると、「隆信は、ようやく九州に武威を顕してきたので、進んで中国の毛利輝元と図って共々に中国・西国を切り従え、上洛して天子および将軍を輔《たす》くべし」と言い、家臣三浦入道可鷗、神埼郡脊振山の僧水上坊仁秀、佐嘉城下與賀神社の社僧西覚坊賢世および土肥信安・田原尚明らを交替で中国に往来させたとする。また『普聞集』などには、毛利輝元からも龍造寺氏へ遣いを送って来たとある。さらに『歴代鎮西志』は、輝元が家臣志道《しじ》・朽羽《くちば》・財満《ざいま》らを佐嘉に遣わしたと記し、また前将軍義昭は小早川隆景に九州経略の方法を調べさせたとあるので、これらの記述からも、隆信の勢威がようやく京都方面にも知れ渡るようになったということができようか。

ところが、このような時、下筑後の豪族蒲池鎮並《かまちしげなみ》が居城柳河城に籠って叛旗《はんき》を翻《ひるがえ》した。二月十日のことである。

蒲池鎮並というのは、筑後山門《やまと》郡柳河城城主で、上妻《こうづま》郡山下城城主蒲池鑑広（上蒲池）の宗家にあたる。蒲池氏は、宇都宮朝綱の裔《すえ》である久則がはじめて下妻郡鹿待《かまち》郷蒲池［柳川市蒲池］に居住し、これを屋号とした。鎮並の父の代から両家に分かれて下蒲池とも称し、一万二千余町を知行する筑紫国中城持《しろもち》大名二十四人の旗頭であった。しかも九州中でも無双の要害といわれた柳河城に居住し、この両三年、隆信が筑後経略のときは案内役をつとめ、数々の合戦で功績を顕していただけに、鎮並の叛心は実に意外な事件であった。

柳河城址（柳川市）蒲池鎮並の居城柳河城址。堀に囲まれた平城であった。写真は柳川市立柳城中学校の敷地内で、近世に天守台の置かれた場所。天守の復元を呼びかけるため、仮の天守閣が据えられている。

蒲池鎮並の父鑑盛は慈悲深い人で、龍造寺隆信の曽祖父剛忠が筑後に難を避けた際には、これを扶持した。隆信のときも足掛け三年、同様に扶持し、隆信の帰国に際しては兵二百人をもって護衛させたほどであった。

その後、鎮並は、元亀元（一五七〇）年、大友宗麟が隆信の佐嘉を攻めたとき、やむなく大友軍に従った。しかし、宗麟の威勢が人心を離れるころには、叔父の田尻鑑種が鎮並を説いて隆信に属させた。前記のごとく、天正六（一五七八）年、日向耳川の合戦の時は、大友氏の催促で父鑑盛とともにやむなく従軍したが、途中で病と称して帰国した。これに対し、父蒲池鑑盛は、「武士は二張りの弓を引くを恥とす、大友氏を離れ龍造寺氏に与《くみ》せんことは後代の恥辱なり」と三百余人で耳川に出征し、残らず討ち死にしたため、後世、鎮並は父を殺したといわれたほどであった。また伊駒野城［八女市山内］の川崎鎮堯を攻めた際も、彼は隆信の味方として戦功を立てたので、二心なく見えたが、去る冬のころより俄かに隆信に害心を抱くにいたったのである。

その理由は、前年冬に戸原親運を攻囲しているとき、自分の城地へ帰ったと批判されたことや、親類とはいえ、蒲池鑑広とはかねて不和であったのに、今回、和議が成立し

蒲池氏略系図

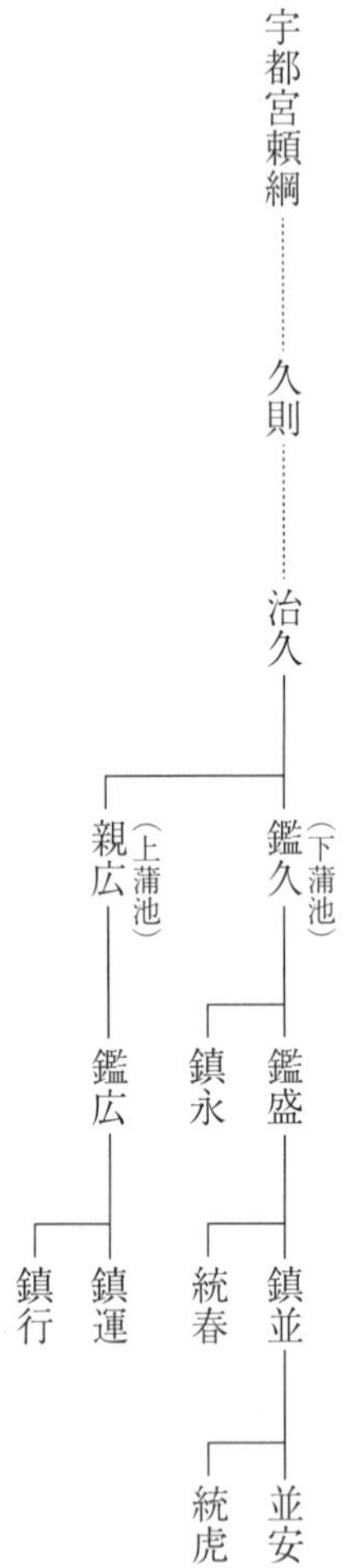

て味方に組み入れられたことに不快感をおぼえたことなどが異心を抱く理由と思われた。

しかし、実は鎮並討伐については、前年天正七（一五七九）年十二月初めから、田尻鑑種・隆信・鍋島信昌の間で相談されていた。十二月九日には、隆信が田尻鑑種に、筑後のうち千町、および鑑種が所望していた津留村［みやま市瀬高町津留］・浜田村［みやま市瀬高町濱田］百三十町を充行うことを約束し子供達と連判で神文を送るなど、密談は天正八（一五八〇）年正月に及んでも続けられた。

二月十日、蒲池鎮並が柳河の城に立て籠ったことを、田尻鑑種が、勝屋勝一軒《かつやしょういっけん》の兄弟で勝屋宗機という大内氏の浪人を使いに立てて隆信に知らせてきた。筑後酒見《さかみ》［大川市酒見］にあった鍋島信昌からも注進が入った。そこで隆信は、嫡子鎮賢《しげとも》（政家）を大将として一万三千の軍勢を柳河に向けて発向させた。

先手は神埼郡の内田兼能で、鍋島信昌は三潴《みづま》郡衆を率いて酒見館より、田尻鑑種は三池・山門両郡の家臣を率い、国衆《くにしゅう》として蒲池鑑広・西牟田鎮豊以下が参陣した。肥前衆は、一族龍造寺家晴・安住家能《あんじゅういえよし》・横岳鎮貞・弟頼続らが集まり、二陣は田尻鑑種、三陣として蒲池鑑広、四陣には鍋島信昌、五陣として龍造寺家晴・西牟田鎮豊、六陣は龍造寺鎮賢、殿《しんがり》に神代長良の陣代同名弾正忠・千布家利以下という陣立で、十三日、柳河城を取り囲んだ。

その後も諸所の軍兵《ぐんぴょう》が駆けつけ、総勢二万余となった。

蒲池鎮並は、佐嘉勢が柳河城へ侵攻することを聞くと、搦手《からめて》の江《え》には乱杭《らんぐい》・逆茂木《さかもぎ》を打ち、兵船を浮かべ、追手には大木戸を構えて櫓《やぐら》・掻楯《かいだて》を隙間なく用意した。

佐嘉勢は大木戸を破らんと鬨《とき》の声をあげて攻めかかったが、城兵も強く容易には攻め込めないため、佐嘉勢は軍評定《いくさひょうじょう》を開き、時を重ねた。

こうして籠城は三百余日に及び、鎮並軍にも疲弊の色が見えてきた。そこで、十一月二十七日、田尻鑑種がさまざまな謀略を駆使してなだめ賺《すか》したため、翌二十八日、鎮並方はついに龍造寺鎮賢の陣に到って和を乞うた。隆信は包囲を解き、娘を鎮並に配することを約して、田原但馬守を家来として付した。

けれども、蒲池鎮並の降服はけっして矢尽き刀折れたものでなく、城はまだ十分堅固であったから、田尻鑑種の折衝が功を奏したものといわれた。

『歴代鎮西志』によると、十二月八日、鎮並の弟統春《むねはる》は酒見の館にいたって鍋島信昌と会い、ここにようやく軍を徹したとある。『田尻家文書』によれば、十二月二十七日、龍造寺隆信は子鎮賢と連署して田尻鑑種に起請文を出し、今後筑後衆が鎮並と同心して軍を起こそうとも、隆信は鑑種を捨てない、また、和議成立の際は、前に約束した領地は相

鷲岳城址(筑紫郡那珂川町)　中央奥の塔が立つ山が鷲岳城址。かつて鷲岳城の出城であったという鷲嶽山正応寺から撮影。

違なく与えることをあらためて誓ったことがわかる。

鍋島信昌もまた同日、田尻鑑種に対して「疑い解けぬ場合」は、「隆信父子とともに駆けつけて鎮並を討ち取る」と誓った。

7 筑前脇山合戦

ところで、蒲池鎮並討伐が落着しないうち、龍造寺隆信は筑前にも出馬した。

すでに隆信は、天正六(一五七八)年三月末、西筑前の早良郡「福岡市早良区」に打ち入り、大友方への押さえとして脇山の内野に砦をつくり、江上氏の老臣執行種兼を主将として城原衆を置いていた。

大友氏の宿将戸次鑑連《べっきあきつら》入道道雪《どうせつ》は、大友宗麟に再三諫言したため、疎まれて筑前立花城「福岡市東区、粕屋郡新宮町、久山町」の城番とされた。しかし、宗麟が日向耳川において敗戦したことにより隣国の諸将が多く離反するなかで、西筑前の五ヶ城（岩屋・立花・柑子岳《こうしだけ》・荒平・鷲岳）を堅守できたのは、ひとえに鑑連の力量であった。

天正八（一五八〇）年には、大友氏の五ヶ城のうち小田部紹叱の荒平《あらひら》（安楽平《あらひら》城）〔福岡市早良区重留《しげとめ》〕・大津留宗秀の鷲岳〔福岡県筑紫郡那珂川町南面里《なめり》〕の両城は嶮阻な高山にあり人馬の通行が不自由で糧食も乏しいため、立花城へ糧食の援助を願ってきた。戸次鑑連はこれを承諾したが、運搬の途中でかならず内野衆が出てくるであろうから「われら警固のため出張すべし」と自身で数千の兵を率い、閏三月十八日、脇山に出陣した。

これを知った執行種兼は、居合わせた江上武種・弟貞種らわずか七十三人を率いて未明に打って出た。種兼は、「味方の数は九牛の一毛にすぎないが、九死に一生の覚悟で戦え」と命じ、偵察の兵を出したところ、「大津留・小田部の軍勢と思われる兵五、六百が川を越え、その遙か後ろに立花勢らしきものが見えます」と報告してきた。「立花勢の来ぬうちに戦え」と種兼は命じ、大津留・小田部の軍勢が兵粮を受け取ろうと早良川を越えたところを攻め、二時《ふたとき》（現代の四時間）ばかり戦い、江上貞種が傷を被ったとはいえ、ついにこれを追い崩した。

戸次鑑連はこれを聞くと、立花勢三千余で内野に来襲したが、執行種兼は鉄砲十四、五

荒平城址（福岡市早良区荒平山）

挺で応戦し、やがて敵・味方とも引き揚げた。この戦いで小田部紹叱・大津留宗秀の両将が討ち死にし、種兼はその首を隆信に送った。戦勝を喜んだ隆信は、種兼をはじめ戦功者に感状を与え、それぞれに褒美を出した。一説に、入道紹叱は荒平城に逃げ帰ったが、隆信は飯場の城主曲淵房資に命じてこれを討たせたともいう。

大友宗麟は、大津留宗秀・小田部紹叱が執行種兼の軍勢に討たれたことを知ると、「さらば人数を加えて龍造寺方を討つべし」と臼杵鎮富・小佐井鑑直に兵を与えて筑前に送り、荒平城を修築するとともに、隆信方の内野・飯場〔福岡市早良区飯場〕・飯盛〔福岡市西区飯盛〕などの城を攻める評定をした。

一方、この注進を受けた隆信は、筑紫・秋月・原田・波多・草野らの諸将に廻状を出し、荒平城への出陣を命じ、五月下旬、佐嘉城を出馬した。先手は小河信貫・納富信理とし、国境の三瀬峠を越え、そののち神代長良・曲淵房資に案内を命じ、筑前本名村［福岡市西区飯盛本名ヵ］に着陣した。

隆信の弟長信、一族康房はそれぞれ多久の梶峰［多久市多久町］・女山［多久市西多久町板屋］の両城から出張して波多鎮・草野鎮永と会し、ついで原田信種とも合して着陣した。また、江上家種・鍋島信昌・秋月種実らも出陣し、その数二万余となった。

このとき、龍造寺軍の大将龍造寺信周（隆信の弟）は筑紫・秋月と議し、岩屋・宝満・立花の三城と荒平城との通路を遮断し、軍勢に荒平城を攻めさせた。しかし、要害を誇る荒平城は、龍造寺軍を一歩も寄せつけなかった。隆信は遙かに城を見上げ、その後、軍兵を引き揚げさせると、四方を囲んで遠攻にすることとした。だが、執行種兼は、副島光家・神代弾正忠・曲淵房資らと相談し、城中に忍びの者を入れ、城内所々に放火したので、さしもの荒平城も防ぎきれず、七月七日、ついに城主臼杵鎮富は和を願った。

そののち、龍造寺軍は戸次鑑連の立花城攻撃にかかったところ、筑紫広門が斡旋に入り和議が調い、ここに筑前十五郡のうち西南九郡を龍造寺領に、そして東北六郡を大友領に定めることになった。また、『肥陽軍記』『龍造寺記』『九州治乱記』などには、立花・岩屋・宝満の城付の大友方の所領以外は龍造寺領としたと記される。

　こののち隆信は豊前征圧のため、まず博多［福岡市］に出馬し、豊前には弟信周を監軍として軍勢を差し向けた。秋月種実の弟高橋元種は、信周を豊前京都郡《みやこ》馬ヶ岳城［福岡県行橋市西谷］に迎え、ここに城井《きい》鎮房・長野鎮辰以下、企救《きく》［福岡県北九州市］・田川［福岡県田川市］・仲津［京都郡みやこ町］など諸郡の将士は、一戦もせず降服した。こうして龍造寺信周は豊前を治めることとなり、しばらく在国して政務を見た。

　ここに至って、隆信の武威はますます轟《とどろ》き、小田増光・空閑入道可清・副島入道放牛・龍造寺家久・倉町信俊・執行種兼・神代弾正忠らを、内野・荒平・柑子岳・飯盛・鳥飼などの諸城に籠め、博多に代官を置き、やがて佐嘉に帰陣した。また、鍋島信昌は、柳河城［柳川市本城町］の蒲池鎮並攻めの途中でもあったため、再び柳河に戻った。

第十一章　五州二島の太守

1　隆信の隠居

龍造寺隆信は隠居を思い立ち、須古〔杵島郡白石町堤〕の高城《たかじょう》を修築させたことは既述のとおりだが、天正八（一五八〇）年、佐嘉の城を子鎮賢《しげとも》（政家）に譲って、年来の望みどおり隠退した。その時期について、『系図纂要』は天正八年四月、また『肥陽軍記』『普聞集』『歴代鎮西要略』『成松遠江守信勝戦功略記』も天正八年とする。一方、『隆信公御年譜』『歴代鎮西志』は天正九年としていて、さらに二月説と十月説があって明確ではない。ただ、隠居といっても、それは表面だけのことであった。

ところで、武雄鍋島家に残された文書には、後藤貴明の養子に入った三男後藤家信に宛てた次のような隆信自筆の書状がある。

我等《われら》死去の時、家内其《そ》の外《ほか》、此比《このごろ》のやうに覚悟有るべく候、尤《もっと》も其《そ》の方存命《ほうぞんめい》の間、何篇《なにへん》鎮賢《しげとも》(政家)存意の外、意分《いぶん》これ有るべからず候之事、
また申し候、鍋島飛弾(騨)守(信昌)事、卒度《そっと》は我等存分《ぞんぶん》のやうに候の間、我等死去の後、彼の者へ相談候て然《しか》るべく候、兎角《とかく》鎮賢へ違《たが》ふ儀候はば、草のかげよりも守るべからず候、正路《しょうろ》覚悟専一《せんいつ》に候、

四月廿(二十)日　隆信(花押)

家信まいる

申給え

と書かれ、後事を誡《いまし》めた書状である(口絵参照)。「自分(隆信)が死んだ後も、龍造寺一門と家臣団の体制は変わることなく、その方(家信)が生きているうちは必ず鎮賢《しげとも》(政家)の意向に従うこと。また、鍋島飛騨守《ひだのかみ》(信昌)は自分と同じ考えのようであるから、信昌に何事も相談せよ。とにかく、鎮賢の意向には背かぬように。それに背くならば、草葉の陰からの見守りもしてはやらぬぞ」と、厳しく言い送ったものである。後継となるべき鎮賢への情愛と、家臣であり、義兄弟である信昌への信頼を思わせる書状で、まさに隆信の遺

言状ともいうにふさわしいものである。認《したた》められたのは、おそらく天正八(一五八〇)年か、翌九年と考えられ、隠居からほど遠くない時期のものと思われる。

だが、この時期から、隆信の行状《ぎょうじょう》にもやや弛緩が見えてきた。地位を得、また満足を得た境地から、享楽に走るのは人間の通弊で、戦国の世に生きる武将でも、前半は緊張しているが、後半においては政務を怠り、武事を疎んじ、芸能に凝り、治にいて乱を忘れる。そうしたことが、隆信の身上にも見られるようになった。

鍋島信昌は、これを歎き諫言《かんげん》したが、「金言、耳に逆らう」の譬《たと》えのとおりで、信昌は筑後・肥後を押さえるためという名分で筑後に移されることとなった。

これ以後、隆信は心のままに遊興に耽《ふけ》り、詩歌管弦・猿楽《さるがく》に打ち興じたといわれ、須古の前領主平井氏の時に戦勝祈願のための舞いとして栄え、そののち姿を消した須古《すこ》踊りも復興させたという。こうした隆信の有様を見て、ひそかに龍造寺家の将来を考え、滅亡が近いと憂える者もあったと伝える。

2 肥後の経略なる

薩摩の島津氏は、天正六(一五七八)年、日向耳川で大友氏を破り、日向一円をも支配下に収めるようになると、次第に肥後へも発展を図った。天正九(一五八一)年には、老臣新納武蔵守《にいろむさしのかみ》久純に肥後の諸将を招致したが、一方、大友氏も配下の諸将を肥後へ向かわせようとした。

龍造寺隆信は、これに先立ち、二月、肥後・筑後の将士が帰順を求めたので、龍造寺家晴と鍋島信昌に命じ、質子を徴させた。

隆信は、すでに盟約した肥後球磨《くま》郡人吉［熊本県人吉市］の城主相良義陽《さがらよしひ》のほか、飽田《あきた》郡隈本《くまもと》城［熊本市］城主城親賢《じょうちかまさ》(親冬の子)以下を招致した。城親賢は、木庭教心・城統勝らとともに、三月十七日、隆信に起請文を出している。また、同日、益城郡御船［熊本県上益城郡御船町］の城主甲斐《かい》入道宗運も隈荘《くまのしょう》親教ほか一族五名と連署して起請文を出した。しかし、なお帰属しない者もあったので、ついに肥後進出を議し、鍋島信昌は、参陣の日を四月九日と決めた。このことは『田尻家文書』中、田尻鑑種宛ての書状に見える。

隆信は、須古の高城にあったが、自身は出馬せず、留守役として佐嘉城に入った。また、筑前が手薄になるのを案じ、秋月種実・筑紫広門に命じ、その口々を押さえさせた。

こうして四月九日、龍造寺鎮賢《しげとも》(政家)は、山門郡瀬高道を進んで同郡竹井《たけのい》［みやま市高田町竹飯］・北関《きたのせき》［みやま市山川町北関］を過ぎ、肥後に入った。先陣は鍋島信昌、二陣は隆信の弟信周父子以下とし、三陣・四陣が続いた。そのほか、城原・塚崎・多久の軍勢に加えて、筑後の国人らも参陣し、十日に肥後玉名郡大津山《おおつやま》［玉名郡南関町《なんかんまち》］に着陣した時は、総勢五万と号した。次いで、十一日、山鹿郡山鹿《やまが》に着いたが、ここで小代親伝《しょうだい》、菊池郡《きくち》隈部城《くまべ》［山鹿市菊鹿町上永野］城主隈部親永《くまべ》、玉名郡繭岳《あまつらがだけ》（大津山）城［玉名郡南関町関東］城主大津山資冬《おおつやま》、戸原高須田城《へばる》［八女市立花町上辺春］城主戸原親運《へばる》も参陣した。

一方、鍋島信昌は二十一日に隈部の赤星親隆を降し、次いで山本郡の霜野城［山鹿市鹿央町霜野］城主内古閑《うちこが》鎮房の攻撃に向かったが、鎮房は翌二十二日、開城して降参した。信昌は八代郡あたりまで馬を進めたといい、肥後経略は無事落着して帰陣した。

こうして龍造寺鎮賢は肥後を平定し、玉名郡高瀬・南関、山鹿郡山鹿に部将を残して境域を守らせた。『普聞集』『九州治乱記』『歴代鎮西要略』は、この龍造寺の肥後入りを天正八（一五八〇）年としている。

こののち、隈部親泰・天草郡の志岐《しき》鎮経・相良義陽・赤星統家《あかほしのぶいえ》・宇土《うと》郡の名和《なわ》顕孝らが、あらためて隆信と和を結んだ。

3　五州二島の太守となる

肥後の攻略も成り、龍造寺隆信の勢威はますます揚がった。そして、おそらくこの時期が龍造寺家としても最盛期であった。

『歴代鎮西要略』「天正八（一五八〇）年庚辰」の条《くだり》に「佐賀城を家嫡政家に譲り自親（身カ）は須古城に移る」とあって、さらに次のようにみえる。

隆信を五州太守と謂《い》うは、けだしこの時の事なり。其の旗下《きか》に属し、其の指揮に従う兵馬二十万騎に及ぶと云々。島津は日州（日向）の勝戦《かちいくさ》（耳川の合戦）より武威を振ひ、肥後に跨《また》がり、豊後を掠《かす》む。是に於て島津・大友・龍造寺、鎮西を三分して各《おのおの》其の一を有つ、恰《あたか》も三国の鼎《かなえ》の如く、亦、九州二島を併呑《へいどん》せんと欲す

龍造寺隆信が「五州の太守」と呼ばれた時期、その最大版図の時代を内容とする『隆信公幕下着到《ばくかちゃくとう》』という史料がある。「着到」とは、本来は出陣の際に大将の催促（召集）に応じて馳せ参じた軍勢の名を書き留めたものをいう当時の用語だが、佐賀藩では分限帳を「着到」と呼んでいる。いわば、家臣団の名簿であり、史料は龍造寺隆信の家中分限を記した

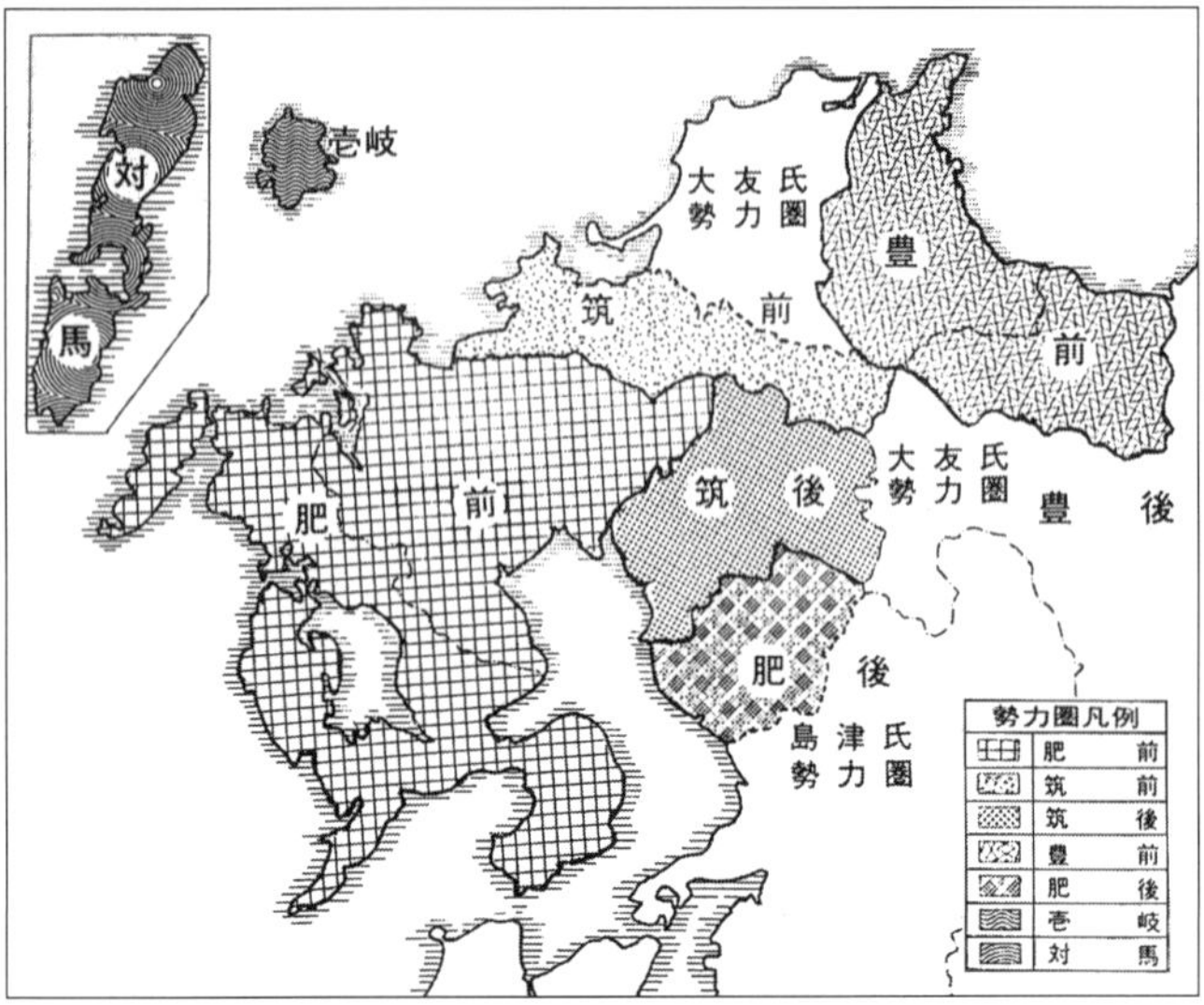

龍造寺隆信全盛期の勢力圏（『佐賀市史』第一巻より）

ものである。龍造寺八幡宮に旧蔵された分限帳は焼失したが、隆信の家臣成松信勝の家にこの分限帳の写しが伝えられて、佐賀県立博物館に所蔵されている。表題に「隆信公御一族并御家中幕下之侍名前附」とあり、内題に「天正八年肥筑豊太守龍造寺山城守藤原隆信公御一家并御家中幕下侍付写」とある。天正八（一五八〇）年とされるが、ここに記載される肥後の諸将の名から、肥後の経略が成ったのちのものと見ることができ、肥後平定が天正九（一五八一）年とすれば、それ以後の写しと思われる。

これによれば、肥前国内の侍数の

合計は二百五家、知行合計五万三千二百三十六町。肥後・筑前・筑後・豊前における幕下三十四家、知行合計七万三千五百三十一町という壮観さで、龍造寺の勢威をうかがうことができる。

ところで、このころ、隆信の長子鎮賢は久家と改名しているが、その年時は明らかではない。『龍造寺家文書』中、天正九（一五八一）年六月十六日の「蒲池鎮運起請文」には、宛名に鎮賢とあるが、『横岳家文書』にある七月十一日の「官途推挙状」や「一字書出状」には、差出に久家とあるので、この間に改名したのであろうか。ただし、前掲の蒲池鎮運の起請文は宛名が鎮賢であるため、数日のずれはあるかもしれない。久家は、次いで政家と改名している。また、『龍造寺家文書』天正九年九月八日の「相良義陽起請文」には、久家と宛名があるが、『後藤家文書』同年十二月九日の「一字書出状」には、政家となっている。いずれにせよ、龍造寺政家が久家と名乗ったのはわずかの期間であったようだ。

4　蒲池鎮並を誘殺

前記のごとく、天正八（一五八〇）年十一月二十八日、筑後国柳河の城主蒲池鎮並《かまちしげなみ》は一旦降伏したが、翌九年には同国三潴郡の西牟田鎮豊に密使を送り、またも龍造寺氏と手切れし、島津氏に一味することを勧誘した。だが、鎮豊は同意せず、逆にそれを家臣向井左京亮に託して隆信に報告したのである。また、監視のために鎮並に付していた田原伊勢守からも鎮並の逆意について注進が届いた。

報せを受けた隆信は、鎮並の度重なる逆意に憤激して誅伐のほかなしと考えたが、柳河に出兵するのは面倒と、須古に呼び寄せる方法を画策した。そのため、五月下旬、田原伊勢守・秀島源兵衛(『肥陽軍記』では西岡美濃守)に委細を申し含め柳河に派遣し、「隆信公は須古へ移られたが、それは近年の労苦を忘れるためでもある。そこで猿楽を興行し、隠居を祝おうと思う。鎮並公は詩歌糸竹《しちく》(弦楽器と管楽器)の達者であるから、須古に赴かれ隆信公を祝ってもらいたい」と伝えさせた。しかし、鎮並が容易に承諾しなかったため、二人は鎮並の母と叔父鎮永に会い、「御家のために須古へお出でになるのが第一と存じます。もし、お心に従わぬ時は、隆信公はお怒りになり、御出馬を決意されないとは限りません。自分たちも決して汚き心で申してはおりません」と訴え、誓紙を出した。

鎮並の母と叔父蒲池鎮永は、この田原・秀島の言葉を信じ鎮並を説いたので、鎮並の心も解け、母もまた「今度の首尾、然るべく頼む」と言って、田原・秀島の二人に各《おのおの》美女一人と黄金一枚に酒肴を引出物として遣わしたという。『肥陽軍記』には、「われら謀略の使いに来て武士の本意にあらず」と思い、美女と黄金は返したとされる。

鎮並は、母に暇《いとま》を告げ、行列も華やかに鎮永ともども芸人三十一人をともない、臣下百三十余人、田原・秀島二人を先頭に立てて出発した。この人数や出発の日は諸本まちまちで、甚だしいものでは七百人とある。

しかし、鎮並の同族、堀切城［みやま市瀬高町河内］城主大木兵部丞知光は、このことを知ると急ぎ追いかけ、「軍《いくさ》が激しい最中に他国に赴くなど何事でござる。万一、不慮のことが出来《しゅったい》したら、一家の瑕瑾《かきん》（きず）であります。引き戻し給え」と頻りに止めた。鎮並もその言葉が正しいことは知っていたが、「おめおめ引き返すも見苦しいことである。命を失う時は、居城にあっても逃れられまい。また、もし運命さえあれば、剣戟刀杖《けんげきとうじょう》（激しい軍）の中でも助かるだろう」と、千年川（筑後川）を渡り、川副郷の東、寺井津《てらいつ》［佐賀市諸富町寺井津］を経て、その日の夕刻に佐嘉へ着いた。

鎮並は田原伊勢守らの案内で龍造寺鎮賢と挨拶を交わし、鎮賢は鍋島信昌を接待役として饗応に善美を尽くした。この席で、鎮永は「異心があるか」と鍋島信昌の心を引いたが、信昌は誘いに乗らなかった。その夜、鎮永は城西の本行寺《ほんぎょうじ》［佐賀市西田代］に止宿し、翌二十七日は隆信から贈られた酒肴で再び宴を開いた。二十八日も滞在し、二十九日未明に須古［杵島郡白石町堤］を指して出発した。

蒲池鎮並が與賀《よか》神社［佐賀市与賀町］の参道の与賀馬場《よかんばば》に出ると、社前に小河信貫・徳島長房が待ち伏せており、四方から取り巻いた。鎮並は馬を降りて蒲池鎮永に、「柳河で考えていたとおりであった。御辺《ごへん》（貴公）の勧めによって計略に落ちたか」と口惜しがった。鎮永は、「この期《ご》に及んで返す言葉もない。しかし決して二心《ふたごころ》がないことを見給え」と言い捨て、與賀大明神の鳥居前で馬頭を西の須古に向け、「汚き龍造寺の仕業かな。おのれ、七生《しちしょう》が間は憎むべきぞ」と罵《ののし》り、屋根にのぼって奮戦したというが、堤左馬丞のために討ち取られた。このほか、子の並安をはじめ百数十人残らず討ち死に、あるいは負傷し、捕虜は数知れずと伝える。

蒲池鎮並は、一族・家人が戦ううちに、「いまはこれまで」とばかり、傍らの小家に入り、老婆に湯を沸かさせ、沐浴《もくよく》した後、主従三人刺し違えて絶命したという。ここに、蒲池の家も十七代で滅亡したのである。

だが、この鎮並の誘殺は、世人の指弾を受け、このため、諸士の離反を惹き起こし、龍造寺家の命運に一抹の暗影を投げかけたことは事実であった。

『葉隠聞書』には、「鎮漣《しげなみ》（鎮並）御成敗之時、百武志摩守罷出《ひゃくたけしまのかみまかりい》でず候事　附《つけたり》、女房働《はたらき》之事」

と題し、

辻堂辺《つじのどうあたり》に鎮漣《しげなみ》御成敗之由、騒立《さわぎた》ち候処《そうろうところ》、志摩守起きも上《あが》り不申候《もうさず》に付、女房《にょうぼう》物具を投げ懸け、是程《これほど》之騒《さわぎ》に御出《おいで》これ無きは御遅れ候哉《や》と申し候。志摩守申し候は、今度《このたび》鎮漣御成敗、御家御運之末《ごうんのすえ》と成りたると存じ候得ば、頻《しきり》に落涙《らくるい》し、打向《うちむか》ふ可《べ》き気《き》色無之《しょくこれなし》と申し候て、終《つい》に出合不申候《であいもうさず》。

とある。「龍造寺四天王」とうたわれた百武賢兼もまた、主家の家運について利のないことを感じていたようだ。

『歴代鎮西要略』によれば、隆信の家臣馬渡刑部少輔は蒲池鎮並の首を取り、その霊を祀った。「鎮《ちん》の森稲荷」と言い、土地では、「鎮山さん」と俗称したという。のちに、夜、鎮並の幽霊が出ると訴えてきたので、鍋島直茂はその地に堂を建て、六地蔵を安置したというが、これが現在の「辻堂《つじのどう》」という地名の起源かもしれない。

隆信は、田尻鑑種以下、肥後・筑後の諸将に命じ、鎮並の残党を殲滅した。

5 円久尼

ところで、前述の蒲池鎮並討伐の騒動の際、百武賢兼に物具を投げ懸け参戦をうながしたと伝える賢兼の女房(妻)は、円久尼《えんきゅうに》と呼ばれる。天正十二(一五八四)年の沖田畷の戦いで賢兼が戦没したのち、賢兼に代わり蒲田津《かまたつ》[佐賀市蓮池町小松]の城を守っていた。

同じ年六月から豊後の大友勢が筑後へ攻め寄せ、西牟田[筑後市西牟田]・酒見《さかみ》[大川市酒見《さけみ》]・榎木津[大川市榎津]一帯の家々を焼き払い、円久尼の守る蒲田津へと攻撃を加えた。『九州治乱記』には、「蒲田津の城に百武志摩守が後家《ごけ》円久尼 大力の女なり」とあって、「彼《か》の円久といひしは、比類なき剛の者にて、長高《たけたか》く髪長く、大力の荒馬乗りなり。過ぎぬる三月、夫志摩守島原にて戦死之後、信生《のぶなり》(鍋島信昌改め)の命に依って、女なれども志摩守に変らず当城を守り、元より男子あらざりしが、家人等を従へ居りたりしかば、大友勢の寄ると聞いて、大長刀《なぎなた》を横たへ城戸口に出で、手の者を励まし防戦す」と記されている。この女性も龍造寺隆信の母慶誾尼に負けず劣らずの「女丈夫」として知られる人であった。

第十二章　龍造寺領国の終焉と鍋島氏

1 筑後の諸将叛く

龍造寺隆信が蒲池鎮並を誘殺したことが世に知れると、もと有馬氏の配下で龍造寺に新付した筑後・肥後の諸将は動揺し、隆信に叛《そむ》く者が出てきた。

天正十（一五八二）年正月（『九州治乱記』は二月とする）、筑後国上妻《こうづま》郡木屋《こや》村［八女市黒木町木屋］猫尾城城主黒木実久（宗英）は、反龍造寺の旗をあげた。龍造寺政家（鎮賢改名）はこれを征圧するため、同国高良山に陣を進め、鍋島信生《のぶなり》（この前後に信昌は信生と改名、のちの直茂）に命じ黒木宗英を攻撃させた。信生は城を力攻めにはせず、包囲して城中の糧食が欠乏するのを待った。ここに宗英は抗戦の不利を悟り、草野長門守を介して和を乞うたので、信生はこれを許し、人質を連れて柳河に帰城した。

これと前後して、鷹尾城［柳川市大和町鷹ノ尾］城主で、蒲池鎮並に所縁のあった田尻鑑種も隆信に叛いた。隆信は、即座に鑑種を討つべしとしたが、評議のなかで、先ずはその実否を糾そうとの意見により、八月十八日、鑑種に神文《しんもん》を送り、別心ない旨を誓った。また、翌十九日には、鍋島信生・小河信貫・納富家理らも、鑑種に同様の神文を書き送った。しかし、十月四日、田尻鑑種は龍造寺氏との手切れを明らかにしたため、隆信は筑・肥・豊前の軍勢三万余りを集め、鷹尾攻撃を命じた。ところが、田尻方の防備は堅固で、一歩も退く気配がなかった。隆信は、この戦況を聞くと自ら出馬せんと、須古南方の龍王崎［杵島郡白石町深浦竜王］から船で筑後に渡り、三潴郡榎津《えのきづ》［大川市榎津］に着いた。これより小河信貫を軍奉行とし、鷹尾城包囲に向かったのである。

両軍の間に激闘が繰り返されたが、鑑種は一向に屈しなかった。そこで龍造寺軍は、一先《ひとま》ず軍を返すこととし、鷹尾を押さえる軍勢を残す一方、隆信自身は柳河城に去った。この間、田尻鑑種は、島津義久に誓書を送って応援を依頼すると同時に、肥後に出馬中の義久の弟忠平《ただひら》(のち義弘)および伊集院忠棟《いじゅういんただむね》へも、「薩摩に御味方いたす故、加勢を賜りたい」と懇望した。このため、天正十一(一五八三)年正月十三日、薩摩より伊集院若狭守が三百余を率いて海路来援したのである。

龍造寺方の秋月種実は、田尻鑑種が同族(秋月・田尻・原田氏は、平安時代中期の大宰大監大蔵種材《おおくらのたねき》の子孫）であるため、その家の滅亡を嘆き、和平を斡旋し、ようやく七月二十一日、龍造寺・田尻両氏は神文を取り交わしたため、一旦は和議が成ったかにみえたが、のちにこれも破れた。

こうして田尻鑑種の籠城は五百余日に及んだ。この時、鍋島信生も、武名高き田尻家が滅びることを忍びなく思い、鑑種の従弟《いとこ》田尻了哲を、その知友百武賢兼に説得させた。これにより、天正十一（一五八三）年十一月二十七日、ついに和議が成立した。隆信および政家から田尻氏に別義なき由の神文が送られ、十二月朔日には田尻一門九人が連判して神文を差し出した。また同月十日には、鷹尾城の築地《ついじ》を破却して開城する旨が定められた。十二月下旬、鑑種は堀切［みやま市瀬高町河内］の端城に退き、同二十五日、嫡子長松丸に佐嘉郡巨勢のうちに新地二百町が充行われた。

なお、その前年、天正十（一五八二）年十月、上妻郡辺原《へばる》城［八女市立花町辺春《へばる》］城主戸原紹心（紹真）も大友氏に通じ、戸原河内の城に拠ったが、出奔して落城した。同じころ、三潴郡蒲船津《かまふなつ》城［柳川市三橋町蒲船津］城主蒲池益種も異心を抱いて居城に籠ったが、やがて討ち取られた。

2 政家、肥後に出馬

薩摩の島津氏は、耳川の合戦以降、日向を掌中に収め、続いて肥後経略にも着手していた。天正九(一五八一)年の秋、島津義久は弟忠平を出兵させたが、八月二十日、義久は自ら肥後に陣し相良氏の水俣城を攻め、さらに龍造寺や大友方の諸城を攻めるため、肥後益城《ましき》郡に入った。これは、肥後宇土《うと》郡宇土[熊本県宇土市]の名和顕孝、飽田《あきた》郡隈本[熊本市]の城親賢《じょうちかまさ》が島津氏に属し、軍勢を手引きしたためであった。

そののち、島津忠平は八代・益城に転戦し、龍造寺方の阿蘇・甲斐氏らと戦ったが、甲斐・相良諸氏は南関《なんかん》に陣した龍造寺家晴に応援を求めた。家晴はただちに増援し、このため忠平は八代に退いた。

時に、龍造寺氏は田尻鑑種との戦闘の最中であったが、龍造寺政家は肥後の情勢をみると、自らの将士を率いて出陣せんと陣触れを下し、ついで筑前・肥前の軍勢三万七千余を合わせ、柳河城から肥後に進撃し玉名郡南関に本営を置いた。これを聞いた島津忠平は、「されば出向いて一戦に及ぶべし」と、肥後の与党の軍勢を徴するとともに、伊集院・新納《にいろ》・樺山・喜入《きいれ》以下の手勢を合わせて益城郡御船《みふね》[上益城郡御船町]の陣を発《た》った。

まさに肥後の地は風雲急を告げた。だがこれより先、秋月種実は両家が和平することを望み、使僧を二度島津義久のもとへ遣わし、「両家は長年にわたって争い、士卒や領民は疲弊している。されば和平を結び、共に大友氏に当たろう」と申し送った。二度目の使者が隈本の島津氏陣営に着いたのは天正十一（一五八三）年九月二十七日である。

その結果、両軍に和談が進み、龍造寺政家は成富長門守を派し、島津氏からは赤星周防守が出向いて交渉を重ね、やがて十月の半ばごろに両家の和議が成立した。

これにより、両家がそれぞれ肥後半国を領知することとして、玉名郡の高瀬川を境とし、島津氏はその南東を、龍造寺氏は北西を領することに定めたのである。こののち、島津忠平は八代《やつしろ》［八代市］に、政家は柳河に引き揚げた。なお、龍造寺氏は家晴を玉名郡南関に、太田家豊らを同郡大野別府［玉名市岱明町］に、また、横岳頼続・姉川信秀を同郡横島［玉名市横島町］に置き、一方、島津方は新納《にいろ》忠元を益城郡御船に置いて守護させた。

だが、龍造寺隆信は、島津氏と一戦もなく講和したことを聞いて憤り、また後悔したという。ともあれ、こうして九州は、島津・大友・龍造寺の三氏が鼎立《ていりつ》する形勢となった。

こうしたなか、『隆信公御年譜』によれば、隆信は肥後の赤星統家《のぶいえ》が隆信の陣所への招聘に遅延したことのみせしめと称して、質子としていた十六歳の新六郎と八歳の娘を筑後と肥後の境、竹井原《たけいばる》［みやま市高田町竹飯］で磔刑《たっけい》（はりつけ）に処した。これを知った赤星統家は、悲歎にくれ、隆信に報復せんと島津氏を頼った。また同じく、質人であった高良山大祝部鏡山安実の妻女も高良山麓に引き出し、磔刑に処した。こうした隆信の冷酷な所業により、新付した諸将も動揺して、次第に隆信を嫌うようになった。

3 島原陣

ところで、島原半島では、先年、隆信と和議した有馬鎮貴（鎮純改め）が、天正九（一五八一）年に島津氏が肥後へ出陣してくると、これに通じて隆信に反旗を掲げた。一方、有馬氏と縁戚である同地深江《ふかえ》［長崎県南島原市深江町］の城主安富純治・純泰父子は、天正六（一五七八）年の隆信の島原半島遠征以来、島原城の島原純豊らとともに龍造寺氏に加担しており、龍造寺氏の肥後経略に際し、安富氏の居城深江が玉名郡横島城の対岸に位置することから、純泰は天正十（一五八二）年十月九日、横島城在番を命ぜられた。

父純治もまた島原城城主島原純豊の加勢に赴き、この結果、深江城は手薄となった。そこで有馬鎮貴は島津氏に一味して、安富氏の不意を突き、布津《ふっ》［南島原市布津町］・深江の諸村に放火すると深江城を包囲した。しかし、城方では、純泰の妻女、および留守居の手勢が中心となってよく防ぎ、年を重ねて籠城した。

だが、天正十一(一五八三)年四月二十八日、純泰の叔父で安徳城《あんとく》〔島原市安徳町〕城主の安徳純俊《やすとみ》が変心して有馬方となり、隆信に抗した。島津氏からは、八代に在陣する島津忠平の軍勢を分けて、有馬・安徳方に加勢が遣わされ、深江城に火矢・鉄砲を射かけ、昼夜にわたって猛攻が繰り返された。

一方、隆信も深江の危急を救おうと、筑後の安武、西島の横岳家実、藤津衆、さらに彼杵《そのぎ》衆に出陣を命じ、兵粮用として多比良《たいら》村の五十町の地を渡した。八月朔日《ついたち》、安富純泰は、純後の安徳城を攻撃し、以後、島原の地をめぐって龍造寺・島津両氏の攻防が繰り返されたのである。

ところが、前述のごとくこの年十月になると、龍造寺氏と島原氏の間に和議が成立したため、島津氏の有馬加勢は中止されることとなった。しかし、この和議はあくまでも表面的なものであり、天正十二(一五八四)年二月には、島津義久は再び有馬表に出兵しようと、「領内諸所に出陣を命ずるとともに、兵船の造営を命じた。『九州治乱記』や『藤龍家譜』によれば、島津義久の弟家久は、薩摩・日向・大隅三国より選《え》りすぐった精兵三千を率い、鹿児島の鎮守の神前にて神水を飲んで必勝の誓いを立て、十文字の白旗と采配をいただいて、三月十三日、海路、安徳純俊の城に入ったという。

龍造寺隆信は、有馬攻めが遅々として進まないことを大いに怒り、「政家は有馬の聟《むこ》（有馬鎮貴の妹聟）であるから、好《よしみ》を捨てがたいのであろう。かくなるうえは、自分自身で出馬して、有馬を一気に蹴散らさん。そののち、薩摩に入って島津を追討し、もって九州を治め、豊前内裏浜［北九州市門司区大里］で豊臣秀吉を待ち、その沙汰を仰ごう。肥前・筑前・豊前の勢は我に従って有馬に来れ。筑後・肥後の輩は薩摩に向かい、隆信が薩摩に入るを出迎えよ」と下命したという。島原半島へ出馬し、島津氏と対決する決意を固めたのである。さらに『鍋島直茂譜考補』によれば、「政家は跡に居り、国衛《（国衙カ）》（龍造寺本家の村中城）を守れ。龍造寺安房守（信周）・同名越前守（家就）・納富但馬守（信景）は城にあって政家を守護し、鍋島駿河入道（信生《のぶなり》の父清房）はその後見をせよ。龍造寺上総介（家晴）と鍋島飛騨守（信生）は肥後・筑後を警固せよ」と留守についても下知した。

鍋島信生は、筑後柳河でこの隆信の出陣命令を聞くと、急ぎ須古の隆信のもとに駆け付け、言を尽くして出陣の中止を進言した。だが、隆信は信生の言葉を黙然と聞き流し、出馬の心を変えようとはしなかった。

三月十八日、隆信は有馬氏を討伐すべく、龍王崎［杵島郡白石町深浦］より兵船の纜《ともづな》を解き、信生もやむなく父清房を佐嘉に招き、十九日に出陣し、翌二十日に島原半島北端の神代湊《こうじろみなと》［雲仙市国見町］に着いた。

龍造寺軍の総勢は『龍造寺記』などには四万とするが、薩摩方の記録『島原軍記』『新納忠元勲功幷家筋大概』『長谷場越前自記』などは、六万とある。しかし、当時の軍の兵数については、『孫子』の兵法に、「兵は詭道《きどう》なり」というごとく、実数は半分にも満たなかっただろう。同じく薩摩方の記録である『古今戦』や宣教師ルイス＝フロイスの『日本史』には「一万二千の戦闘員を率いていた」とあって、兵数については諸本まちまちである。なおフロイスによれば、龍造寺軍は「豪華に装い、また清潔で気品があり、戦場で練磨された兵士たちであった」としたうえで、長銃・鑓・長刀・弓矢の各隊が続き、少数ではあるが大砲を備えていたとする。また僧侶十数人・卜者も随行しており、糧食・弾薬も豊富であったとし、つづけて、ヨーロッパの戦術図や戦術計画を入手しているかのようであったとさえ記している。

さらにフロイスは、隆信について、「キリシタン宗団の大敵、かつ暴君であり迫害者」として「何年か僧籍にあったが、己が宗派の務めを放棄して武術に精励した後は、戦略に関して、また自ら示した努力と勇気において傑出した人物となった」「その細心の注意と配慮と決断は、ユリウス・カエサルとて、それ以上の迅速さと知恵をもって企て得ないかに思われた」と記しており、隆信に対して大きな畏怖を抱いていたことが知られる。

ところで龍造寺軍を迎え撃つ島津勢は、兵船をことごとく薩摩に帰して、まさに背水の陣を布いていた。また、有馬鎮貴は、日野江・原両城を家臣に留守させ、自ら五千の手勢をもって五里(二〇キロメートル)余の島原に向かった。だが、島津・有馬両軍を合わせても、総勢一万にも満たなかったという。

こうして三月二十四日、いよいよ龍造寺隆信は敵勢の拠る島原の森ヶ岳城を攻撃せんと、軍を三手に分けた。隆信自らは旗本を率いて中央を進み、一手は鍋島信生が大将となって山手より向かい、残る一手を隆信の二男江上家種・三男後藤家信が率いて浜手を指したのである。やがて森ヶ岳城を俯瞰《ふかん》する小山に上った隆信は、敵方の陣営を一望すると、その数の少ないことを嘲笑し、驕慢《きょうまん》の態度を示した。容易に勝利を得ることができると考えたのである。

かくて、世にいう沖田畷の戦いの火蓋は切って落とされた。その時刻について、『島原軍記』『古今戦』は辰の刻(午前八時ごろ)、『長谷場越前自記』は、巳の刻(午前十時ごろ)としている。

この時、島津・有馬方は、龍造寺軍を誘い寄せる計略をとり、はじめのうちは目立った応戦もせず、島津家久は恰《あたか》も敗北したごとくに装って退いた。そして龍造寺軍の先手が勢いに乗じて殺到したところへ、弓や鉄砲を雨のごとく射放ったのである。このため、先陣はたちまち崩れ立ち、討たれた者は数知れなかった。これを助けようとした二陣も進撃路が小径《こみち》で、しかも左右は深い沼地であるため、思うように進めず混乱した。

先陣がいっこうに進撃しないことに憤った隆信は、馬廻の者に様子を見に行かせた。ところがこの使者は、「先手が臆病ゆえ、御旗本が問《つか》えている。命を惜しまず攻めかかれよ。大将の命令なり」と、隆信から命ぜられもしないことまで触れ回ったので、先陣の諸将はいきり立ち、遮二無二攻めかかった。まさに島津方の思う壺にはまったのである。

このように、龍造寺軍が無理な攻撃を仕かけたところ、それまで潜んでいた島津方の伏兵が、いっせいに弓・鉄砲を射かけた。戦国の戦法で、「釣り野伏」と呼ばれる戦術である。不意を突かれた龍造寺軍は、深田に入り込んだため、弓を引くことも太刀を振るうこともできず、空しく敵の的となって射殺《いころ》されていった。

4 隆信の最期

こうして、戦況は刻々と龍造寺方に不利となっていた。

フロイス『日本史』には、この時、隆信は家来六人が担ぐ駕籠に乗っていたとあり、あまりに肥満体であったため、馬に乗ることができなかっただろうことを想像させる。『九州治乱記』も、「隆信は大肥満の大将にて、馬より山駕籠に移り、小高き所に直られ、床几《しょうぎ》に腰を懸け、味方の軍兵共が或は分捕し、或は討死するを少時《しょうじ》一見せらる」と記している。

未の初刻（午後一時ごろ）、隆信は陣所で床几に掛けていたが、島津の兵、川上左京亮忠《さきょうのすけただ》智《とも》らは龍造寺勢に交じり入り隆信の旗下近くに忍んだ。隆信は彼らが在所辺りを馳せ回

〔龍造寺軍〕
❶小川武蔵守信俊
❷納富能登守家理
❸多久衆

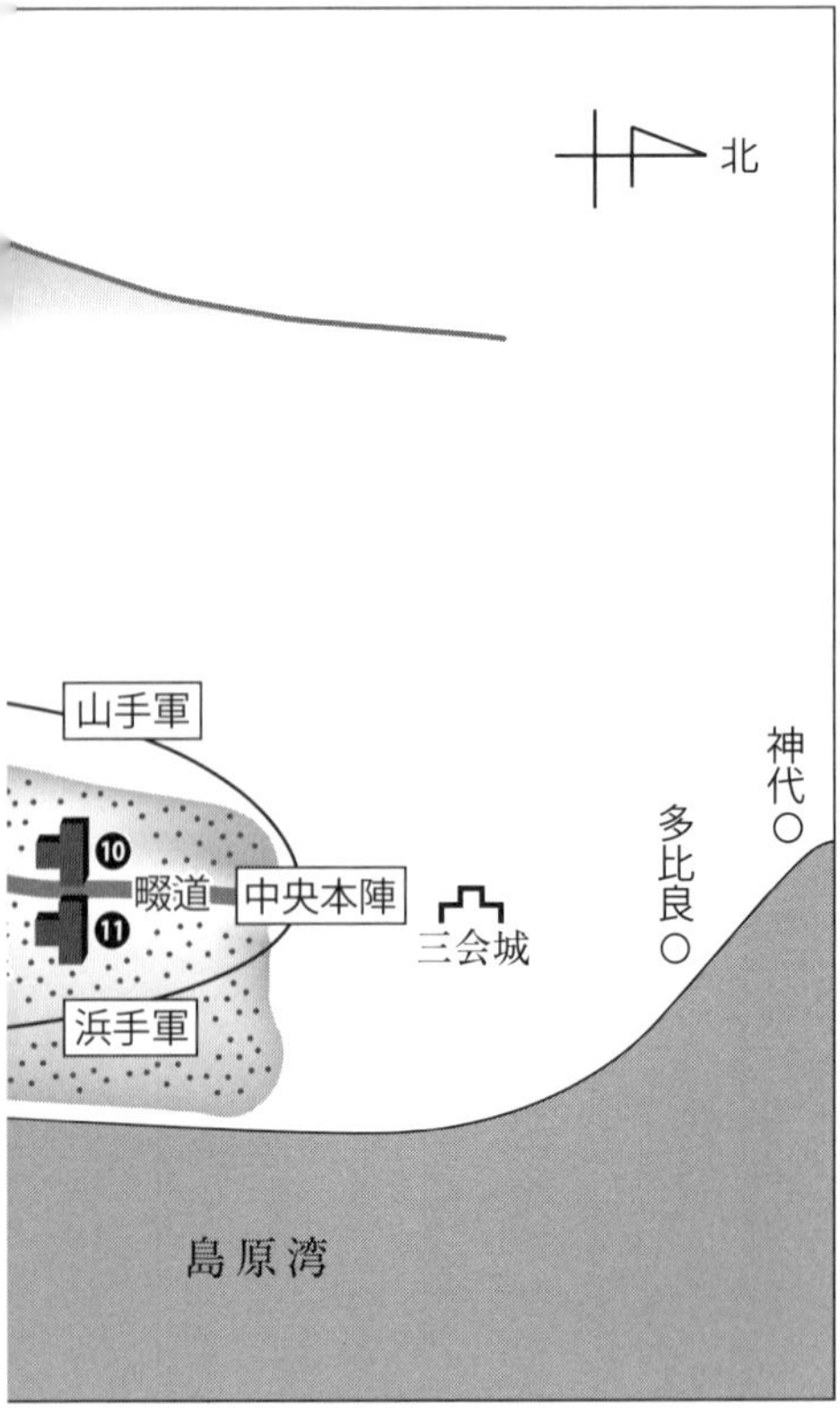

※宮帯出版社編集部が次の文献に基づいて作成。
・『完訳フロイス日本史10』第53章（中央公論社、2000）
・別冊歴史REAL『図解！戦国の陣形』（洋泉社、2016）

❹龍造寺下総守康房
❺上松浦衆
❻倉町左衛門大夫信俊
❼龍造寺隆信
　百武志摩守賢兼
　円城寺美濃守信胤
❽江上家種
❾後藤家信
❿鍋島豊前守信房
⓫藤津衆
⓬鍋島信生（直茂）
⓭神代弾正忠
⓮龍造寺政家
⓯武雄衆
⓰城原衆

〔島津・有馬連合軍〕
①薩摩伏兵
②猿亘（渡）越中守信光
③伊集院右衛門大夫忠棟
④新納武蔵守忠元
⑤赤星掃部統家
⑥島津中務大輔家久
⑦有馬鎮貴（晴信）

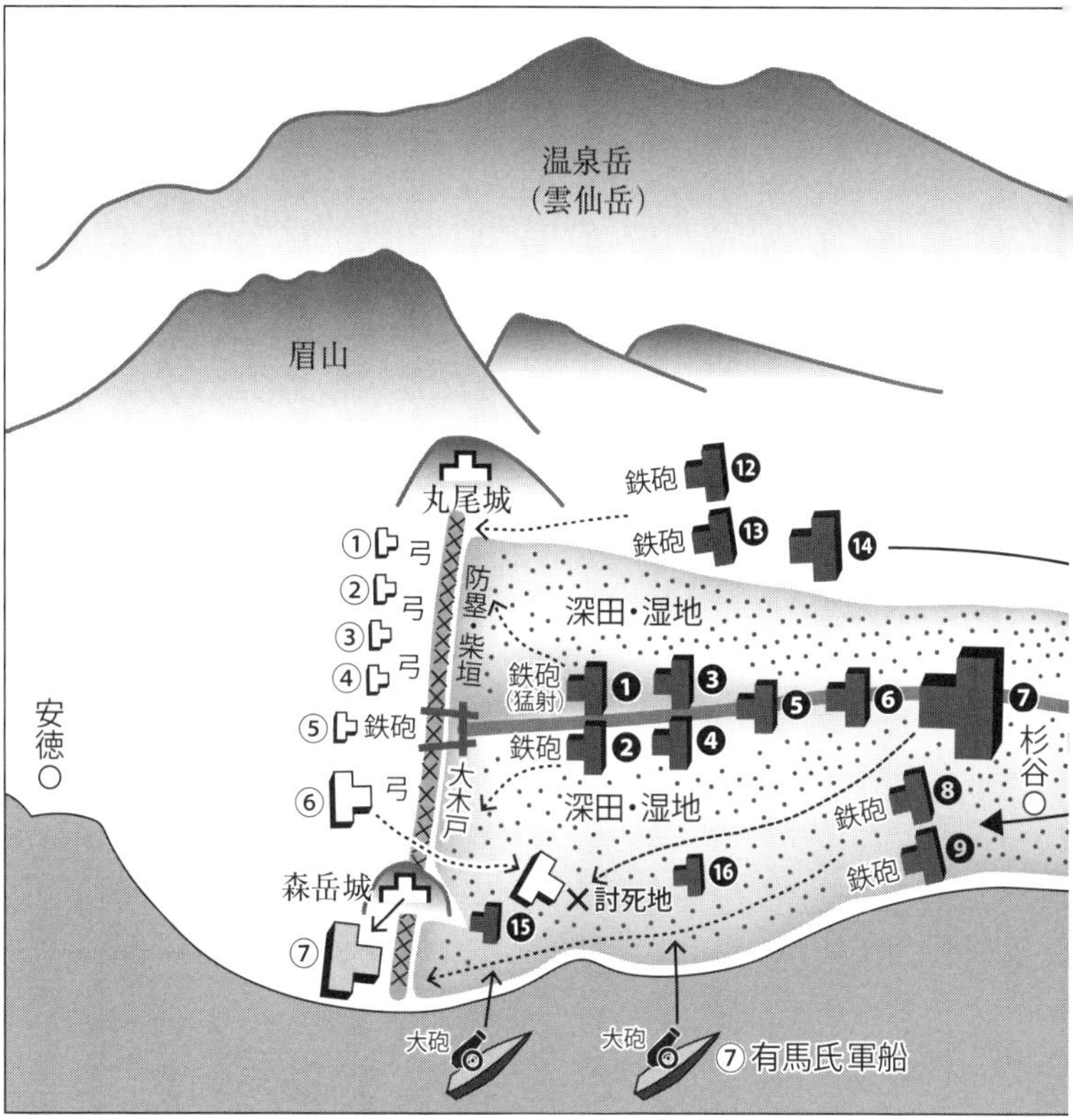

沖田畷の戦い戦陣図

るのを、部下の兵と思い込み、「汝ら隆信はここにあり、何れに向って敗走せんや」と声高《こわだか》に罵った。これにより、その声の主が隆信であることを確信した忠智は在所に入り、前に進み出て槍で隆信を突き伏せた。「汝は何者ぞ」と隆信が問うと、「某《それがし》は薩州の物頭《ものがしら》川上左京亮と申す者にて候、御介錯《おんかいしゃく》のために参りて候」と答えた。

『肥陽軍記』などによると、さすが剛強をもって鳴る隆信も、もはや我が命運ここに極まれりと察し、「汝は大将の首切る法を知って居るか」と言った。左京亮はこのとき「如何《いかんが》、是剣刃《けんじん》上の一句（自分の剣で今にも命を落とそうとしている。最後の気持ちは如何か）、作麼生《そもさん》（いかに、さあ如何か）」と辞世の句を問うと、隆信は即座に、「紅炉上一点の雪《こうろじょういってんのゆき》」と返した。「紅炉上一点の雪」とは、中国の仏教書『碧巌録《へきがんろく》』中の言葉で、紅炉の上に雪が舞い落ちればたちまち溶けるように煩悩などが消え去ることをいうが、紅炉上の一点の雪に儚《はかな》い人生を例えたのであろうか。こうした問答の後、左京亮は一拝して隆信の首を討ち取ったという。

幾多の戦場を駆け、武威を九州に馳せた龍造寺隆信も、ここにその生涯を閉じたのである。時に天正十二（一五八四）年三月二十四日未刻（午後二時ごろ）。行年五十六であった。

隆信が最期に臨んで句を交換したことについては、『肥陽軍記』『鍋島直茂譜考補』などにみえるが、『龍造寺記』『隆信公年譜』には記載がなく、『九州治乱記』は、味方の軍勢が崩れ、家臣が次々に討ち死にしていくなかで、もはやこれまでと、自ら「隆信なり」と大音声で名乗って討ち死にし、その首を川上左京亮が刎《は》ねたとするが、また、「或は云ふ」として川上左京亮と一句問答があったことを掲げている。

なお、隆信の最期について、『島原軍記』には、隆信の在所に紛れ込んだ川上左京亮が隆信を組み伏せ、首を刎《は》ねたとあり、また、『長谷場越前自記』には、敵味方入り乱れての戦闘の中で川上左京亮が隆信の首を落としたと記している。

隆信戦没の前後、中央を攻めていた龍造寺軍は総崩れとなり、「龍造寺四天王」と呼ばれる百武賢兼・成松信勝・江里口信常・円城寺信胤といった強者《つわもの》も次々に討ち死にした。また、浜手を攻撃していた隆信の二男江上家種・三男後藤家信の軍勢も奮戦したが、やがて、家種は長臣執行種兼以下が陣没したため城原に、家信は塚崎へと、それぞれ引き退いた。一方、山手を攻撃中の鍋島信生は、隆信の訃報に接するや、自害して果てようとしたが、家臣の者に押しとどめられ、柳河をめざして落ちていった。

島原沖田畷の戦いは、かくて龍造寺軍の惨敗するところとなった。

『鍋島直茂譜考補』には、この陣で戦死した龍造寺右馬大夫・同右衛門大輔・同雅楽助・

表 沖田畷の戦いにおける龍造寺軍の主な戦死者

武将名	役職	エピソードなど
成松遠江守信勝＊	軍奉行	隆信の戦没を知ると、「我こそは、先年豊後の大友親貞を討ち取りたる成松遠江守なるぞ」と名乗りを挙げ敵陣に突入し、殉死を遂げた。
江里口藤七兵衛信常＊	—	隆信戦没の報を聞き、討ち死にした味方の首を斬り、これを下げて敵陣に入り「分捕の首を大将に見参」と島津家久に近づき斬りつけ、家久の高股を突いたが、敵に取り囲まれ殺された。
百武志摩守賢兼（信兼）＊	軍奉行	隆信の本陣を固め、島津勢に本陣が急襲されると、隆信を逃がす盾になり敵前に立ち塞がり奮戦、主従四十人ことごとく戦死を遂げた。
木下四郎兵衛昌直＊	—	山の手にあり、鍋島信生に属した。隆信戦死の真偽確認のため陣中に引き返し、生還して注進を遂げた。なお、一説に、信生が引き上げるのを見て、敵陣に突入し戦死したともされる。
円城寺美濃守信胤＊	軍奉行	軍奉行として本陣にあり、隆信着用と同じ熊毛威の甲冑を身に着けていたが、「我こそは龍造寺隆信なり」と名乗りを挙げ、敵陣に突入、壮絶な斬り死にを遂げた。
高木大栄入道	軍奉行	高木城主高木鑑房の二男。
勝屋勝一軒	軍監	もとは周防の武士。周防では「しょうや」と称したが、肥前では「かつや」と改めた。
小河武蔵守信俊（信貫）	先手	鍋島信生（直茂）の弟。隆信譜代の家臣。
納富能登守家理	先手	隆信譜代の家臣。小河信貫・土肥家実とともに三宿老と評される。
龍造寺下総守康秀（信種）	二陣	多久女山城主。龍造寺純家の養子。子孫は多久氏を称す。
倉町左衛門大夫信俊	二陣	今山の陣後、多くの戦歴を持つ。室は隆信の娘で、信俊没後、龍造寺家晴（諫早家祖）に嫁す。
神代弾正忠	神代家陣代	山手軍の先手。
執行越前守種兼	—	勢福寺城主江上家の重臣。具足を付けず羽織袴で激戦。嫡子武直とともに主従36人戦死。

＊は龍造寺四天王に数えられる人物

同刑部左衛門・小河武蔵守をはじめ、味方の戦死者二百四十四名が列挙されている。また『九州治乱記』には、龍造寺軍の討ち死にした侍数二百三十余人、『島原軍記』には「討取処の首級《しゅきゅう》三千余、斬捨は数を知らず」と記している。

沖田畷古戦場の龍造寺隆信供養塔（島原市北門町）

龍造寺隆信を祀る二本木神社（島原市北門町）　森ヶ岳より北方1,500m、海岸より30mの地点にある小さな祠。

沖田畷古戦場　二本木神社前の海岸（島原市北門町）

『倭文麻環』隆信の首を運ぶ島原兵（口絵参照、尚古集成館蔵）

一方、龍泰寺［佐賀市赤松町］の大圭和尚は、隆信の戦死の報を聞くと、さっそく島原の戦場に赴き、死骸を湯江村和銅寺［諫早市高来町法川《のりがわ》］で荼毘《だび》に付し、遺骨を持ち帰って龍泰寺に葬った。『藤龍家譜』に、法名を「龍泰寺殿泰巌宗龍大居士」と称して、「隆信院殿」と号し、のちには「法雲院殿」と称えたことが記される。年を経て明治の初め、鍋島直大《なおひろ》はこの墓を高傳寺に改葬した。

佐賀市の松原神社［佐賀市松原二丁目］には、鍋島直茂、およびその祖先とともに、隆信が合祀されている。隆信戦没の地に近い二本木には二本木神社［島原市北門町］が建立され、寺町の護国寺

［島原市寺町］には墓石が営まれている。

また、隆信が隠居後に住した須古の南、稲佐山麓の東明寺［杵島郡白石町辺田］には、「隆信墓」と刻まれた五輪塔の残欠があり、その西側の隆信神社（隆信廟）には同じく「隆信墓」と刻まれた十六世紀後半の大型の有耳五輪塔が神体として祀られている。さらに、隆信が東明寺の大用守郭《だいようしゅかく》を中興開山として再興した法泉寺［杵島郡白石町馬洗《もうらい》］には、塔身に隆信自筆と伝える、「隆信」と刻まれた宝篋印塔《ほうきょういんとう》、また、隆信と、弟で須古初代邑主《ゆうしゅ》（領主）となった信周《のぶちか》（須古では「のぶかね」と呼ばれる。法号・昌庵宗桂《しょうあんそうけい》）、孫高房の彩色の木像三体（口絵写真）があり、歴代須古邑主の御霊屋《みたまや》の置かれる陽興寺［杵島郡白石町湯崎《ゆざき》］にも隆信の死の直後もしくは江戸時代初めの制作と推測される一木造・彩色の龍造寺隆信坐像が信周の像とともに残される。

隆信の首塚（玉名市願行寺）

なお、龍造寺・島津両氏の肥後境界線であった高瀬川に近い願行寺《がんぎょうじ》［玉名市高瀬］には、隆信の首塚がある。伝えられるところでは、隆信の首を島津義久が実検したのち、龍造寺家に返そうと使者を送った。ところが鍋島信昌は、「不運の髑髏《しゃれこうべ》に用なし」といい、その首を受け取らなかったと伝える。このため使者はやむなく薩摩への帰途についたが、高瀬川まで来た時、突然首桶が重くなり、盤石のように動かなくなった。使者は、「高瀬川が龍造寺・島津の境界であるため、隆信の霊もこの地から去ることを好まぬのではなかろうか」と言ったため、寺僧が手厚く葬り、法名を「宗阿弥陀仏」としたという。

龍造寺政家像
（部分、佐賀県立佐賀城本丸歴史館蔵）

5 隆信没後の龍造寺家と鍋島直茂

島原で、龍造寺隆信をはじめ一族・諸将が多く陣没したことで、国中は悲嘆に満ちた。しかし、後継の政家は佐嘉にあり、祖母慶誾尼《けいぎんに》とともに国政に励み、近親の者もよくこれを補佐したため、諸将士の勤仕も隆信在世のころと異なることはあまりなかった。

だが、島津氏が近く来襲するとの流言もあ

り、不穏の空気が低迷したため、政家の叔父龍造寺信周は宿老と相談して、鍋島信生《のぶなり》を柳河より呼び戻すこととした。「島原で死んだも同然の身なれば」と、一度は辞退した信生も、やがて千年川（筑後川）畔の寺井津で信周と会し、佐嘉に戻った。そして、先君の弔《とむらい》合戦を行うと陣触れをしたので、城下の不安は一掃された。こののち、一族・諸将らも異心なき旨の誓紙を政家に差し出した。また、後藤家信に藤津郡竹崎城［藤津郡太良町大浦］を守備させ、島津氏に備えた。

なお、天正十二（一五八四）年六月、大友義統《よしむね》は隆信の死に乗じて、龍造寺の領土を奪取せんと、老臣志賀親次以下に八千余の兵を付して、龍造寺に従う筑後の黒木実久を攻めた。このため、政家は倉町信光以下を送って、これを攻撃させた。十三年春にも、大友氏は筑後に来攻した。

鍋島直茂像
（部分、公益財団法人鍋島報效会蔵）

一方、長年にわたる龍造寺・島津両氏の確執に心を痛めていた筑前の秋月種実は、再度両家の間にたち、ついに調停を成立させ、この結果、龍造寺家から質子が差し出された。

だが、やがて政家は豊臣秀吉の命により島津氏と義絶し、天正十四(一五八六)年、秀吉の九州出兵に際し、政家は信生とともに島津攻めに進発したのである。

翌十五(一五八七)年正月、政家は、秀吉から肥前一国のみを与えられた。だが、政家はこれに不満を感じたのか、同年に起こった肥後の国衆一揆平定には出兵せず、このため、秀吉は政家を罰しようとしたが、これは鍋島信生の弁解によって事無きを得た。

こののち、天正十八(一五九〇)年七月、政家は肥前を充行《あてが》われた御礼言上《ごんじょう》のため上洛し、従四位下に叙せられ、侍従に任ぜられた。しかし病のために久しく奉公できず、嗣子長法師丸(のちの高房)も幼少で代理を務めることができなかった。しかも政家の病状は好転せず、一門・宿老らは隠居を願おうとし、政家はその相談のために下国した。

龍造寺高房像(部分、天祐寺蔵)

この席で慶誾尼は、「今、飛騨守(鍋島信生《のぶなり》)ならで、天下に御奉公申し上げ、家を存続すべき者なし。信生は隆信と兄弟の首尾なれば、政家が家督は飛騨守然るべし。さ候て長法師は飛騨守取立つべし」(『隆信公御年譜』)と、龍造寺の家督を政家に代わり、一旦は鍋島飛騨守が相続し、長法師丸(高房)が成人ののちに取り立てるようにと提言したので、一同もこれに同意した。

このため、政家は信生に証文を出す一方、成富信安を使者にたて、宿老らが後《あと》あと違変しない旨の神文を、秀吉政権下で九州取次となった小早川隆景に送った。隆景はこれを秀吉に執奏したので政家の隠居は認められた。

天正十六(一五八八)年十一月二十八日、政家は信生を養子とし、長法師丸を信生の養子とした。なお長法師丸は羽柴の姓を与えられ、藤八郎と改名した。

天正十七(一五八九)年正月七日、鍋島信生は従五位下に叙せられ、加賀守に任ぜられ、諱《いみな》を直茂と改めた。

天正十八(一五九〇)年、龍造寺政家は病弱を理由に隠居し、隠居料として佐嘉郡太俣郷のうち五千二百二十四石余、および軍役免除の朱印状を受けた。また、五歳の藤八郎には、三十万九千九百二石の知行を与え、龍造寺領国の当主として認めたが、藤八郎が幼少であったため、これに代わり直茂に国政を委任した。

こうして龍造寺体制は、龍造寺家は藤八郎（のち高房）が継ぎ、直茂が国政をつかさどるという、家督と支配が分離するかたちとなったのである。

天正二十（一五九二）年三月に始まる秀吉の朝鮮出兵では、鍋島直茂は、一万二千もの軍勢を率いて朝鮮に渡ったが、政家も特に願って翌文禄二（一五九三）年春に渡海した。

文禄五（一五九六）年には、龍造寺の一門・重臣は、直茂の嫡子勝茂に対して起請文を差し出して忠誠を誓い、佐賀藩における直茂―勝茂体制を承認した。

この時期以降、とくに慶長年間（一五九六〜一六一五）にかけて、鍋島直茂は佐嘉城（村中城）を拡張・整備し、近世の佐賀城を構築することとなった。

関ヶ原の戦いののち、慶長六（一六〇一）年の春、鍋島直茂は佐賀藩を安堵され、二年後の慶長八（一六〇三）年、直茂は駿府で家康に謁見した。この時、家康は勝茂に従四位下を与えたが、直茂は主家の龍造寺藤八郎を気遣い、それを辞退して、藤八郎に諸大夫《しょだいぶ》、従五位下、駿河守を受け、高房《たかふさ》を名乗らせた。

こうして、高房は、江戸で将軍秀忠に仕えることとなった。

ところが、慶長十二（一六〇七）年三月、龍造寺高房は、江戸詰めの時に、龍造寺家の行く末を悲観してか、妻室を刺殺し、自身も割腹し自害を試みた。幸い、家臣が止めに入り一命は取り留めたものの、九月六日に行われた江戸城内での馬術競技で、腕に覚えの高房は曲乗り・離れ業を披露し、快方に向かっていた傷が悪化、ついに落命した。まさに自殺行為であった。

こののち、将軍徳川秀忠より、龍造寺政家に対して江戸に詰めるべき命があったが、政家は病身のため、その子八助(安良)と源四郎(のち佐野雅義を名乗る)の二人が父に代わって遣わされた。十月二日には、政家も高房のあとを追うように死没した。

安良は秀忠に拝謁して、米八千俵の禄を賜り、さらに千俵加増されたが、のちにこれを辞して政家隠居分の久保田を領し、安良の旧領地養父《やぶ》郡村田村[鳥栖市村田町]に因《ちな》み村田氏を称して鍋島勝茂に仕え、小城・鹿島・蓮池の三家に次ぐ「親類」として相伝し明治にいたった。一方、源四郎は将軍秀忠に仕えて百人扶持を得た。

なお、龍造寺が鍋島に移る経緯については、種々問題とされるところである。それは、龍造寺政家が隠居にあたり、直茂―高房―勝茂の順序で龍造寺氏を継がせようとしたが、鍋島直茂は終始「龍造寺」を称えず「鍋島」を名乗り、また慶長十二(一六〇七)年、高房が死去したことにも起因している。

そうしたなか、寛永十二(一六三五)年には、龍造寺高房の子伯庵《はくあん》が、修学と称し龍造寺主膳正・朝山将監とともに東上、やがて三代将軍家光の上洛を機に龍造寺再興を提訴した。伯庵は、「伯庵事、龍造寺の嫡孫にして肥前を領すべき者なるに、小給も授けず、剰《あまつ》さえ出家に及ぶ。直茂・勝茂の不義なり。宜しく御糾明を請い奉る」として、鍋島直茂・勝茂父子の不義を訴えたものであった。同時に、伯庵は証拠として、政家と直茂の間で取り交わされた七枚の起請文を提出した。このため、幕府は評定所において、伯庵と勝茂の代理多久安順《たくやすとし》(龍造寺長信の子)とを対決させた。

この席で安順は、「伯庵は庶流であって、もとより国を領する資格はない。彼が主張するなら、むしろ龍造寺の嫡流は自分である。なぜなら、わが父は龍造寺長信といい、隆信とは同胞の兄弟であるからだ。隆信の子政家は、病のために公務を執ることができず、そのため封域を直茂に譲った。しかも、直茂は隆信の兄弟である。兄に子なきときは、弟が家督を継ぐのは当然ではないか」と抗弁した。この結果、幕府は安順の論を正として、伯庵の訴訟を却下したのである。

これにより、龍造寺氏の封土《ほうど》は鍋島氏に帰することが決定した。龍造寺から鍋島に移った経緯は、直茂の横領ではなく、自然の成り行きであった。

鍋島の藩政下において、前記の村田家のほか、隆信の弟信周は杵島郡須古を治め、同長信は水ヶ江家を継ぎ、多久氏の旧地小城郡多久にあって多久氏を称した。三子家信は杵島郡塚崎の後藤氏を継ぎ、こののち、武雄を名乗ったのち、鍋島を名乗った。また、一族龍造寺鑑兼の子家晴は高来郡諫早にあって諫早氏を名乗った。この龍造寺系の四氏は、「親類同格」と呼び、佐賀藩から親類に準ずる待遇を受け明治にいたった。

また、天正十二(一五八四)年に龍造寺軍が島原攻めの際、上陸した島原半島北端神代《こうじろ》［雲仙市国見町神代］・伊古《いこ》［雲仙市瑞穂町西郷］・古部《こべ》［雲仙市瑞穂町古部］などの地は、慶長十三(一六〇八)年、鍋島直茂が兄信房にこの地を与えて以来、長く佐賀藩神代《こうじろ》領となり、明治四(一八七一)年、廃藩置県で長崎県に入るまで佐賀藩にあった。これらは、龍造寺隆信の余徳といえるだろうか。

おわりに

佐賀藩二代藩主鍋島光茂の御側役・御書物役として仕えていた山本神右衛門常朝（一六七八〜一七四八）が、藩主の死後、元禄十三（一七〇〇）年、剃髪して金立山山麓の黒土原［佐賀市金立町金立］に草庵をかまえ閑居した。そののち、宝永七（一七一〇）年三月五日、同じく光茂の祐筆役（藩主の代筆係）を務めていた田代陣基が常朝のもとを訪ねたことが『葉隠聞書』（通称『葉隠』）成立のきっかけとなった。享保元（一七一六）年に成立。全十一巻からなり、教訓・佐賀藩祖鍋島直茂以下、歴代藩主・藩士の言行、史跡・伝説・その他に分類される。

「佐賀の武士道書」「佐賀論語」とも呼ばれるこの書物中に、龍造寺隆信の言葉が収められている。

『葉隠聞書』第一（一一二）に、

古人の詞《ことば》に、七息思案《しちそくしあん》と云ふことあり。隆信公は、「分別《ふんべつ》も久しくすればねまる」と仰せられ候。直茂公は「万事しだるきこと十に七つ悪し。武士は物事手取早《てとりばや》にするものぞ」と仰せられ候由。心気うろうろとしたるときは、分別も埒明《らちあ》かず。なづみなく、さわやかに、りんとしたる気にては、七息に分別すむものなり。胸すわりて、突っ切れたる気の位なり。

とあり、古人は、七息の短いうちに思案せよ、と教えている。龍造寺隆信は、「思案も長々とすれば、ねまる（佐賀の方言で「腐る」）」とおっしゃった。鍋島直茂も、「万事、だらだらと遅らせるのは十に七は悪い。武士ならば物事は手っ取り早くするものだ。心がうろうろとする時は、まともな思案もできない」とおっしゃり、「濁りなく、さわやかに、凛《りん》とした気持ちの時は、七息のうちに決心でき、吹っ切れた気持ちになる」との言葉が記される。

刻々変化する状況のなかでの、鋭敏な決断を説いたもので、そこにはいかにも、戦国の時代を駆ける武将らしい覚悟が窺《うかが》われる言葉である。

また、『葉隠聞書』第六（六三三）には次のようにある。

隆信公、豊軍御取合之半《ほうぐんおんとりあいのなか》ば、敵陣より使者を以《もっ》て酒肴《しゅこう》を贈り申し候。公、即《すなわ》ち召上《めしあ》がらるべくと候を、御前の人々、「敵方の贈物、毒害のおそれ御座候《ござそうろう》。大将の召上がらるべき物にあらず」と、留《とど》め奉《たてまつ》り候。公、聞召《きこしめ》され、「何、毒なればとて、いかほどの事あるべきぞ。その使者を呼び候へ」と仰せられ、即ち御前《ごぜん》に召出され、即座に樽を打破り、大盃にて三度召上がられ、使者へ御盃下され、御返答仰聞《おおせき》けられ、差帰《さしかえ》され候由。博多御在陣の時、立花道雪参礼《さんれい》の時なり。

これもまた、戦国武将らしい躊躇《ためら》いのない豪毅さを伝える逸話で、『普聞集』にも天正八（一五八〇）年七月のこととして記されている。

こうした話は、隆信の決断の素早さや雄邁《ゆうまい》な人柄を示すものである。

ところが、その隆信も晩年になると、自身の気持ちに次第に変化が見られるようになった。残された隆信の多くの肖像画に見られるように、「大肥満の大将」と形容される容貌についても、戦国の乱世の緊張を忘れた油断と驕《おご》りからくる弛緩であると評する人たちもいる。

龍造寺領国興隆の絶頂で突然に散った英雄の心底ははたしてどのようであったか。

島原沖田畷で陣没する直前、川上左京亮に遺したという「紅炉上一点の雪」という言葉は、まさに戦国を駆けた龍造寺隆信の生涯を象徴する言葉であるかも知れない。隆信にとっても、その生涯はやはり「夢のまた夢」であったのだろうか。

本稿を閉じるにあたり、最後に、龍造寺隆信を慣用的に形容して使われる「五州二島の太守」という用語について触れておきたい。

その言葉に関して言えば、『歴代鎮西志』に「天正八（一五八〇）年庚辰、春正月、龍造寺山城守隆信、佐嘉城ニ於テ、筑前・筑後・肥前・肥後・松浦・壱岐郡司城主之聘礼ヲ受ク」とあるものの、対馬についての言及はなく、また諸本にも対馬との関係を見出すことはできなかった。

隆信の壱岐・対馬二島支配について、対馬史に詳しい荒木和憲氏（国立歴史民俗博物館研究部・准教授）から「龍造寺氏が壱岐・対馬を支配した具体的な事実はなく、少弐氏が鎌倉期に三前二島（豊前・筑前・肥前・壱岐・対馬）の守護だったため、それを乗り越える意味で用いた言説ではなかったか」との納得できる御教示をいただいた。

もっとも、隆信没後のことだが、天正十四（一五八六）年三月から七月にかけて、対馬の宗氏が壱岐・平戸方面に侵攻した戦闘には、龍造寺氏は波多氏とともに宗氏側に加担しているため、それ以前には少なくとも両者の提携関係が形成されていたことは容易に考えられよう。

さらに加えて、同様に隆信に冠する言葉として、「肥前の熊」という形容が多く用いられる。でっぷりと肥えた体躯、そしてキリスト教宣教師のフロイスらが恐れた獰猛《どうもう》さからも、その形容は相応しいのかもしれない。だが、本著執筆にあたり、諸本を点検したが、典拠が明確にはならなかった。その言葉は近年になり、龍造寺隆信のニックネームとして定着したものではないかと考え、本書での使用は控えた。

なお、本著は、川副博著『龍造寺隆信』(人物往来社、一九六七年刊)、川副博著・川副義敦考訂『五州二島の太守　龍造寺隆信』(佐賀新聞社、二〇〇六年刊)を底本として改稿したものである。地名・人名等の読みについては、諸本を参考にしながら記述した。また、本来通用したと思われる読みで表記したものがあることも付記しておく。

龍造寺関係資料・古記録解題

本書は、主に『九州治乱記（別名、北肥戦誌）』『歴代鎮西志』等の江戸時代に成立した戦記物の記述を中心に書き進めた史伝である。以下に、本書で参考にした龍造寺氏に関わる史書についての解題を記した。

『九州治乱記』（『北肥戦誌』） 公益財団法人鍋島報效会所蔵（鍋島文庫） 復刻版（肥前叢書第二輯 昭和四十八年 青潮社）

佐賀藩士馬渡俊継、成立年不詳、編年体。十三世紀後期の蒙古襲来（文永・弘安）の役から始まり、天正十五（一五八七）年の豊臣秀吉の九州出兵まで、肥前国を中心としながら九州全般の治乱興亡を記したもの。文書などの付記もみられる。

『歴代鎮西志』全二十五巻付 公益財団法人鍋島報效会所蔵（鍋島文庫） 復刻版（平成四年 青潮社）

佐賀藩士犬塚六郎兵衛盛純著、元禄（一六八八～一七〇四）年間成立、編年体、漢文体により記述された戦記物。九州全域の歴史を天地開闢から古代・中世を経て近世初頭に到るまでを様々な事件と人物を網羅し克明に記述した一大通史で、二千年にも及ぶ治乱興亡の歴史物語である。

『歴代鎮西要略』全十三巻 公益財団法人鍋島報效会所蔵（鍋島文庫） 復刻版（昭和五十一年 文献出版）

編者不詳、成立年不詳、編年体、漢文体により記述された戦記物。神代～文禄二（一五九三）年までの九州北西部の戦乱を中心に九州全域の歴史を記述した戦記物。『歴代鎮西志』を底本に要約したものと考えられるが、内容的には異なる記述も多く、単独の戦記物としても貴重である。現存しない文書・史料などの付記もみられる。

『肥陽軍記』全四巻　公益財団法人鍋島報效会所蔵（鍋島文庫）（原田種眞氏　現代語訳版　平成六年　勉誠社）
編者不詳、成立年不詳、編年体。龍造寺家の由来にはじまり、龍造寺家兼（剛忠）の話から隆信の事績までを記述したもの。天正十二（一五八四）年の龍造寺隆信の戦没までを記す。龍造寺興亡史というべきもの。

『隆信公御年譜』（『亨天事記』）全五巻　公益財団法人鍋島報效会所蔵（鍋島文庫）
佐賀藩編、成立年不詳、編年体。龍造寺家の由来にはじまり、龍造寺家兼（剛忠）の話から隆信の事績等について記述したもの。天正十二（一五八四）年の龍造寺隆信の戦没、慶長十二（一六〇七）年の政家の逝去までを記す。

『龍造寺記』全五巻　公益財団法人鍋島報效会所蔵（鍋島文庫）
編者不詳、成立年不詳、編年体。冒頭に肥後高瀬願行寺の隆信の石碑銘を掲げる。一・二巻に龍造寺家の由来、龍造寺家兼（剛忠）の事績。三巻以降に隆信の事績。沖田畷の戦いでの隆信戦没までを記す。龍造寺興亡史。

『藤龍家譜』全四巻　公益財団法人 鍋島報效会所蔵（鍋島文庫）
編者不詳、成立年不詳。龍造寺家の由来から龍造寺家歴代当主の事績を十八代政家までの家譜としてまとめたもの。多くの文書を引用して記述されており、龍造寺氏研究にとって貴重である。三、四巻に隆信、政家関係の記述がある。天正十八（一五九〇）年に政家が隠居し、政権が鍋島直茂に移るまでが記述される。

『普聞集』（肥前旧記『普聞集』とも呼ぶ）全十巻　公益財団法人 鍋島報效会所蔵（鍋島文庫）
編者不詳、成立年不詳、編年体により記述された戦記物。龍造寺家の由来にはじまり、慶長三（一五九八）年の朝鮮出兵までの記述。龍造寺隆信の事績を中心に、鍋島直茂・勝茂父子の活躍を記述したもの。文書などの付記もみられる。

『神代家家伝』乾坤二巻　公益財団法人 鍋島報效会所蔵（鍋島文庫）
編者不詳、成立年不詳、編年体により記述された戦記物。神代勝利の山内統一を冒頭に記し、以下、神代家の由緒から天正九（一五八一）年の神代長良の逝去までが記される。

『成松遠江守信勝戦勝功略記』成松家旧蔵　佐賀県立博物館蔵
今山の合戦で敵将大友親貞を討ち取り、「龍造寺四天王」と謳われた成松信勝の武勇を記録した伝記。

『越後入道宗佐伝』嬉野家旧蔵　武雄市歴史資料館寄託

肥前国藤津郡嬉野の日守城城主宇礼志野直通について記述した史書。嬉野氏は杵島郡の白石氏から分かれたとされ、『蒙古襲来絵詞』に描かれる白石六郎通泰の子孫。通泰の子息は、弘安四（一二八一）年の「弘安の役」の勲功賞として神埼庄内に知行を配分された。嬉野家は、のち、佐賀藩藩士となった。

龍造寺隆信略年譜

和暦	西暦	年齢	事項
享禄　二	一五二九	1	二月十五日、龍造寺隆信、佐嘉水ヶ江城東館で誕生する（幼名長法師丸）。
享禄　三	一五三〇	2	八月十五日、龍造寺家兼、少弐氏の配下として、肥前国神埼郡で大内氏の軍と戦う（田手畷の戦い）。鍋島清久・清房父子ら赤熊武士の一団、大内氏の軍を奇襲し撃退する。
天文　三	一五三四	6	［十月、大内義隆・少弐資元の和議成立］［この年、織田信長誕生］
天文　四	一五三五	7	隆信、僧となり佐嘉宝琳院に入り、円月と号し、中納言と称す。
天文　五	一五三六	8	［少弐資元、多久専称寺で自刃］
天文　七	一五三八	10	二月、家兼、剃髪して剛忠と号す。［鍋島清房の子彦法師丸（直茂）誕生する］
天文　八	一五三九	11	八月三日、龍造寺胤久没す。子胤栄、龍造寺本家を継ぐ。
天文　九	一五四〇	12	春、有馬氏の東肥前侵攻に対抗し、少弐・千葉・龍造寺の講和が成立する。
天文一〇	一五四一	13	［彦法師丸（直茂）、千葉胤連の養子となる］
天文一二	一五四三	15	［八月二十三日、ポルトガル人、大隅国種子島に漂着。種子島銃を伝う］
天文一三	一五四四	16	十一月二十一日剛忠、少弐氏の部将馬場頼周に欺かれ、肥前西部の諸将討伐のため、龍造寺一族を各所に進発させる。
天文一四	一五四五	17	一月二十二日、剛忠、筑後国一木に落ちる。 一月二十三日、龍造寺家純・家門・純家ら肥前国佐嘉郡與止日女神社で討ち死にする（河上社頭の戦い）。

天文一四	一五四五	17	一月二十四日、龍造寺周家・頼純・家泰ら神埼で討ち死にする（祇園原の戦い）。 三月、剛忠、水ヶ江城を奪還する 四月二日、剛忠、肥前国小城郡の牛頭（千葉）城を急襲し、馬場頼周・政員父子を討つ。 この年、剛忠、佐嘉城内に僧侶百人を請じ、永正二（一五〇五）年と合わせ大乗妙典一万部の読誦を結願し、徳政を行う。
天文一五	一五四六	18	三月十日、剛忠没す（九十三歳）。中納言円月還俗、水ヶ江龍造寺家を継ぎ、胤信を名乗る。 三月二十七日、本家村中龍造寺家の胤栄、大内義隆より肥前代官に補せられる。
天文一七	一五四八	20	三月二十二日、胤栄没す。家臣ら議し、胤信に本家村中龍造寺家も継承させる。
天文一九	一五五〇	22	七月一日、胤信、大内義隆の偏諱を得て隆胤と改める。 七月十九日、隆胤、隆信と改める。 ［二月十五日、大友義鑑、一族の内紛で殺害される］ ［八月十一日、鍋島清房室（龍造寺家門娘）没す］
天文二〇	一五五一	23	十月、隆信の配下土橋栄益、反逆を企て、龍造寺鑑兼の擁立を図る。 十月二十五日、隆信、筑後国一木に逃れる。 十月二十六日、鑑兼、水ヶ江龍造寺家を継ぐ。 ［鍋島直茂、千葉家を出て鍋島家に帰る］ ［大村純前没し、有馬氏から養子に入った純忠が継ぐ］ ［九月一日、大内義隆、家臣陶晴賢の謀反により自刃する］

天文二一	一五五二	24	隆信、佐嘉への帰国を図るが失敗。 [陶晴賢、大友義鎮（宗麟）の弟晴英を大内義隆の跡に奉ず]
天文二二	一五五三	25	七月二十五日、隆信、佐嘉郡川副郷鹿江崎に上陸。 八月八日、隆信、佐嘉城を奪還する。
天文二三	一五五四	26	一月、隆信、大内氏に遣使。弟家信、義長（大友晴英改名）より偏諱を得て長信と称す。
天文二四／弘治元	一五五五	27	[十月一日、厳島の戦い。毛利元就、陶晴賢を討つ]
弘治　二	一五五六	28	隆信母慶誾、鍋島清房に嫁す。 隆信の長子長法師丸（政家）誕生する。
弘治　三	一五五七	29	隆信、神代勝利と佐嘉郡鉄布峠に戦う。 この年、隆信の子政家（長法師丸）誕生する。
弘治四／永禄元	一五五八	30	十一月十日、隆信、江上武種の神埼勢福寺城を攻める。 十一月十五日、隆信、小田鎮光の佐嘉郡蓮池城を攻める。 [春、毛利氏、大友氏の門司城を攻略する]
永禄　二	一五五九	31	一月十一日、隆信、千葉胤頼・少弐時尚（冬尚改名）の籠る小城郡晴気城を攻め、胤頼陣没。 少弐時尚、神埼勢福寺城の江上武種を頼るが、拒否され自刃する。 [五月十九日、桶狭間の戦い]
永禄　四	一五六一	33	九月十三日、隆信、神代勝利を川上に破る。 [九月十日、川中島の戦い]

永禄　五	一五六二	34	[大友義鎮、落飾して宗麟と号す]
永禄　六	一五六三	35	七月二十五日、隆信、小城郡丹坂峠で有馬軍を破る。進んで同郡多久城を落とす。 七月二十八日、隆信、肥前国杵島郡須古の平井経治と戦う。
			[毛利隆元没し、子輝元が継ぐ]
永禄　七	一五六四	36	三月、隆信、肥前国養父郡中野城の馬場鑑周、および三根郡西島城の横岳鎮貞を攻める。
永禄　八	一五六五	37	四月二十四日、隆信、神代長良の佐嘉郡千布土生島砦を攻める。 [三月十五日、神代勝利、山内畑瀬城で病没]
永禄一一	一五六八		[九月二十六日、織田信長、足利義昭を奉じて入京]
永禄一二	一五六九	41	一月十一日、大友宗麟、筑前・肥前に出馬する。 四月六日、大友氏の部将戸次鑑連以下、佐嘉郡に来襲する。 四月十七日、隆信、城親冬の斡旋で大友氏と和す。
永禄一三／元亀元	一五七〇	42	八月十七日、大友親貞、佐嘉郡に入り今山に陣を置く。 八月二十日、隆信の部将鍋島信昌(直茂)、今山の陣を奇襲し、成松信勝が親貞の首級を挙げる(今山の戦い)。 八月二十一日、鍋島信昌、小田鎮光の多久梶峰城を攻め落とす。
元亀　二	一五七一	43	隆信、弟長信を多久梶峰城に、同信周を杵島郡小田城に、再従弟家晴を蓮池城に置く。 神埼の江上武種と和し、隆信の次男を武種の養子(家種)とする。 四月九日、小田鎮光を佐嘉に招き、謀殺する。 この年、鍋島信昌を介し、神代長良と和睦する。

元亀　三	一五七二	44	四月二日、隆信、養父郡に進み、筑紫貞治の朝日山城を落とし、さらに勝尾城を落とす。
元亀　四 ／天正元	一五七三	45	十二月、隆信、肥前国上松浦の鬼子岳城城主波多鎮、獅子ヶ城城主鶴田勝を招降する。
天正　二	一五七四	46	一月二日、隆信、草野鎮永の上松浦鬼ヶ城を攻め落とす。 三月、隆信、須古高城城主平井経治と横辺田に戦う。 七月三日、杵島郡柄崎の後藤貴明、一族の内紛から隆信に援助を請う。 十一月二十六日、平井経治の高城を攻め、十二月二十日、落城させる。
天正　三	一五七五	47	三月、隆信、三根郡西島城主横岳鎮貞を攻め降服させる。同じく養父郡中野城主馬場鑑周も降服する。また、筑後国貝津城安武家教を攻め降服させる。 三月、隆信、武雄の後藤貴明と和睦し、三男善次郎（家信）を貴明の養子とする。また、貴明の子弥次郎（晴明）を養子に迎える。 五月六日、平戸の松浦隆信・鎮信父子、起請文を差し出す。 秋、隆信、須古高城の普請にかかる。
天正　四	一五七六	48	二月六日、有馬氏支配下の肥前国藤津郡横沢城を攻め落とす。藤津郡の諸将帰属する。 同じ頃、須古高城の修築完成。 同じ頃、大友宗麟、隆信攻撃のため、筑後に陣を置く。 六月十六日、大村純忠と講和する。
天正　五	一五七七	49	六月、肥前国松浦郡伊万里城城主伊万里治を落とす。山代城主山城清、有田唐船山城主松浦守、大木城城主庄山高も降服する。高来郡伊佐早の城主西

天正　五	一五七七	49	郷純堯と戦う。 六月二十六日、肥前国彼杵郡大村の大村純忠の萱牟田城を攻め、純忠と和議を交わす。 十月十四日、西郷純堯と和を結ぶ。 十二月、島原半島神代に上陸、神代貴茂に迎えられる。島原純豊降服する。
天正　六	一五七八	50	三月十三日、松浦郡山城城主山城虎王丸、隆信の長男鎮賢（政家）に起請文を送る。松薗備・力武豊、起請文を送る。 三月下旬、隆信、有馬攻めのため島原半島に渡り、神代城に着陣する。隆信、筑前国への進出を策す。 早良郡脇山の重松対馬守・大教房ら六十三人投降。早良郡脇山内野に砦を構える。 十一月、隆信、筑後上妻郡に出征し、戸原親運を攻める。 十二月、隆信、筑前に出陣する。 ［十一月十二日、島津義久、大友宗麟の軍を撃破する（耳川の戦い）］
天正　七	一五七九	51	一月二十日、隆信、高良山の麟圭を座主職に安堵する。 二月、筑後山門郡鷹尾城城主、田尻鑑種、同鑑乗ら、大友氏と絶交し隆信に従う。 三月、筑後に出陣。三池鎮実の古賀城を攻め落とす。 三月下旬、肥後の小代入道宗禅降参する。 四月八日、隆信、筑後国上妻郡山下城城主蒲池鑑広攻めに出陣する。 五月二十一日、筑後の鐘ヶ江実続、起請文を提出する。

			五月下旬、隆信、肥後国玉名郡和仁の田中城を攻め、城主和仁大善亮を投降させる。山鹿郡木山城城主永野紀伊守・益城郡御船城城主甲斐宗運らも投降する。 六月、有馬鎮純、龍造寺鎮賢に起請文を送る。 七月二十一日、隆信、上妻郡伊駒野城城主川崎鎮堯を攻める。 九月、隆信、肥後国八代の赤星統家を誘致し、質子をとる。 冬、隆信、上妻郡の戸原親運を攻め降参させる。 十一月、蒲池鑑広、降参し、隆信に起請文を差し出す。 十二月、隆信、鍋島信昌を筑後国酒見城に置く。 [九月、筑前立花城番戸次鑑連、脇山に侵入。秋月種実、戸次の軍を破る]
天正　八	一五八〇	52	この年、隆信、子鎮賢に佐嘉城を譲り、須古に隠居する。 二月十日、筑後国山門郡柳河城城主蒲池鎮並、反乱を起こす。 二月十三日、隆信、鎮賢に柳河に向け進撃させる。 七月七日、隆信、筑前国荒平城を攻略、さらに立花城に進む。講和が成立し、筑前十五郡のうち、西南九郡を龍造寺領、筑前東北六郡を大友領とすることを約す。この後、隆信、豊前国征討のため、博多に出馬する。弟信周を差し向け、企救・田河・仲津諸郡の将士、降伏する。 十一月二十八日、蒲池鎮並、降伏する。 [六月二日、本能寺の変]
天正　九	一五八一	53	三月十七日、肥後の城親賢・木庭教心・甲斐宗運ら、起請文を差し出す。 四月九日、鎮賢、肥後遠征に出発する。 四月二十一日、肥後菊池郡の赤星親隆を落とす。

天正　九	一五八一	53	四月二十二日、肥後山本郡の内古閑鎮房を落とす。 五月二十九日、筑後柳河の蒲池鎮並を佐嘉に誘殺する。 六月、隆信、田尻鑑種に蒲池鎮並の残党退治を命じ、妻子・弟ら五百人余を殺害する。 六月四日、筑後の豊饒鎮連らを落とす。 六月五日、天草の志岐鎮経、起請文を差し出す。 六月十六日、蒲池鎮運、起請文を差し出す。 この年、龍造寺鎮賢、久家と改名し、さらに政家と改める。
天正一〇	一五八二	54	一月、筑後国上妻郡猫尾城城主黒木宗英を落とす。 春、隆信養女秀前、波多親に嫁す。 八月二十一日、田尻鑑種、起請文を政家に差し出す。 十月四日、筑後山門郡鷹尾城城主田尻鑑種叛し、隆信、攻撃を命ずる。 十月十六日、戸原河内城城主戸原紹心を落とす。 同じ頃、三潴郡蒲船津城城主蒲池益種を落とす。 同月、政家、肥後に出陣し、玉名郡で島津の兵と戦う。 冬、五島の宇久氏、龍造寺配下となる。 この頃、隆信、招聘に応ぜずとして、赤星統家の質子二人磔刑に処す。 同じく、質人の高良山大祝部鏡山安実の妻女を高良山山麓で磔刑に処す。 [夏、鍋島信生、豊臣秀吉に好を通じ南蛮帽子を贈る]
天正一一	一五八三	55	三月、筑前国秋月の古処山秋月種実、島津義久に龍造寺氏との和議を勧める。 四月二十八日、島原安徳城城主安徳純俊が変心し有馬方となる。島津氏も有馬・安徳方に加勢の兵を送る。以後、島原の地をめぐり、龍造寺・島津

			氏の抗争始まる。
天正一一	一五八三	55	九月二十七日、秋月種実の二度目の使者が隈本の島津陣営に到着。 十月、龍造寺政家、島津氏に対抗するため、三万七千の兵を催し肥後に出陣、玉名郡南関に本営を構える。 十月半ば、島津氏と龍造寺氏と和議成立、肥後領の境界を玉名郡高瀬川と定める。 十一月二十七日、龍造寺、田尻鑑種との間に和議成立する。
天正一二	一五八四	56	二月、島津義久、有馬方面への出馬を企てる。 三月十三日、島津氏の軍勢、島原の安徳城へ入る。 三月十八日、隆信、杵島郡深浦の龍王崎を発し、島原半島に向かう。 三月二十四日、隆信、島津義久の弟家久、および日江城主有馬鎮貴の連合軍と島原に戦い、陣没する（沖田畷の戦い）。
天正一四	一五八六		三月、龍造寺政家、豊臣秀吉の九州出兵に、先陣として信生とともに出陣する。 この年、政家の子（隆信の孫）高房（長法師丸）誕生する。 七月、政家・長法師丸・信生が上坂し秀吉に伺候、政家、肥前守に任じられる。
天正一六	一五八八		十一月二十八日、政家、嫡子長法師丸を信生（直茂）の養子として、信生に龍造寺の名字を与えるが、信生は固辞する。
天正一七	一五八九		一月、信生、従五位下に叙せられ、加賀守に任じられる。直茂と改める。
天正一八	一五九〇		一月、政家、病弱を理由に隠居する。秀吉、朱印状を下し、藤八郎（長法師丸改め）に三〇万九九〇二石の知行を与え、龍造寺領国の当主として認め、幼少の藤八郎に代わり、直茂に国政を委任させる。

天正一八	一五九〇		七月、政家、従四位下に叙せられ、侍従に任じられる。
文禄　二	一五九三		四月二十八日、政家、文禄の役に出兵、釜山浦に渡る。
文禄　五	一五九六		龍造寺一門・重臣、直茂の子勝茂に起請文を差し出し、忠誠を誓う。
慶長　八	一六〇三		龍造寺藤八郎、徳川家康より諸大夫・駿河守に任じられ、高房を名乗り、江戸で将軍秀忠に仕える。
慶長一二	一六〇七		三月三日、龍造寺高房、江戸屋敷で妻女を殺害し、割腹自殺を図るが未遂に終わる。 九月六日、高房、江戸城内の馬術競技に参加、自殺行為で命を絶つ。 十月二日、龍造寺政家、隠居地の久保田で死没し、龍造寺本家は廃絶する。

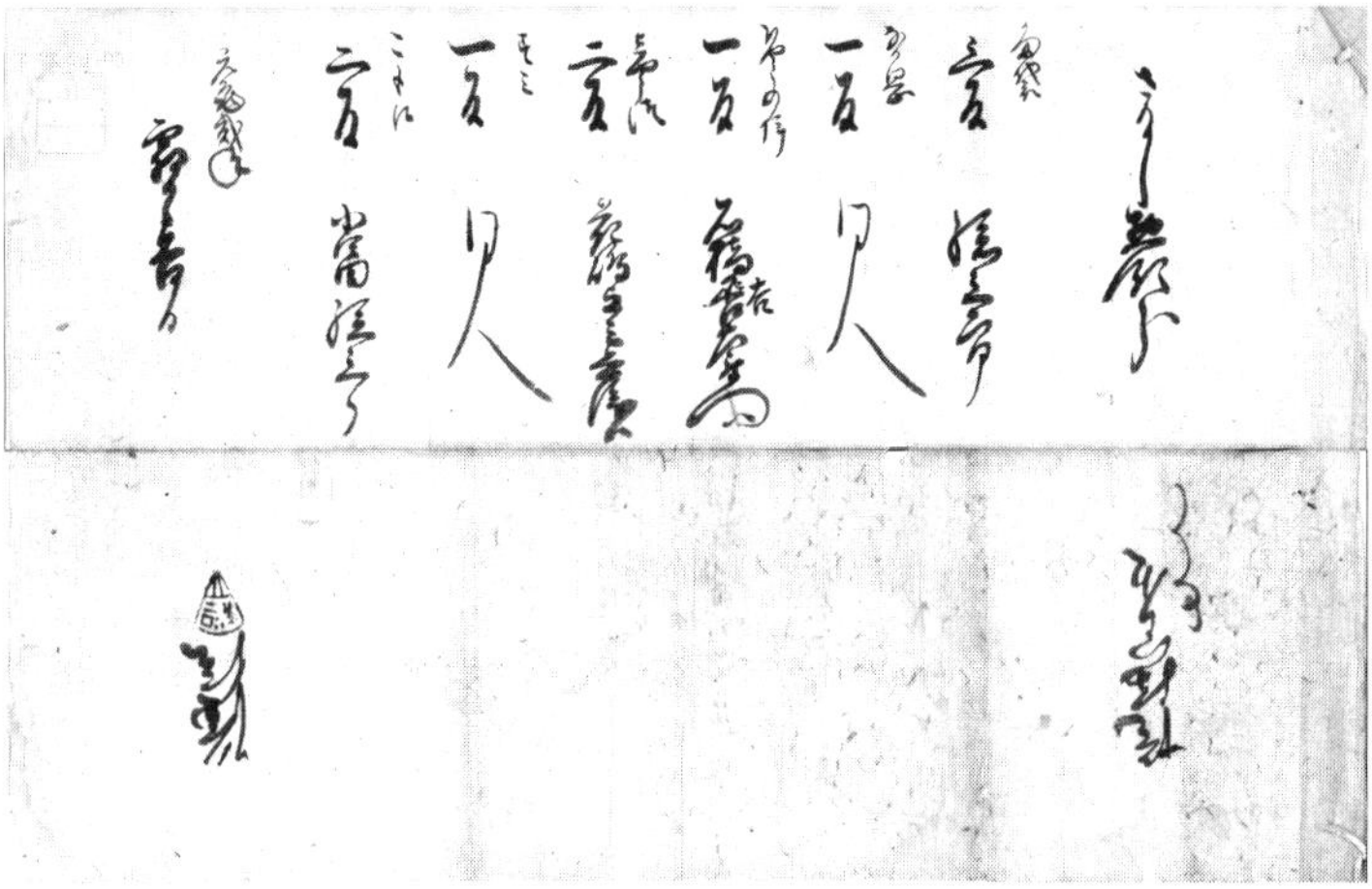

龍造寺隆信印判状　元亀2年（1571）11月（堤家文書、佐賀県立図書館蔵）

戦国時代には領国支配と家臣団統制のため、文書の発給量が増大し、花押の代わりに印判状が流行した。隆信は扇子の印判を用いていた。

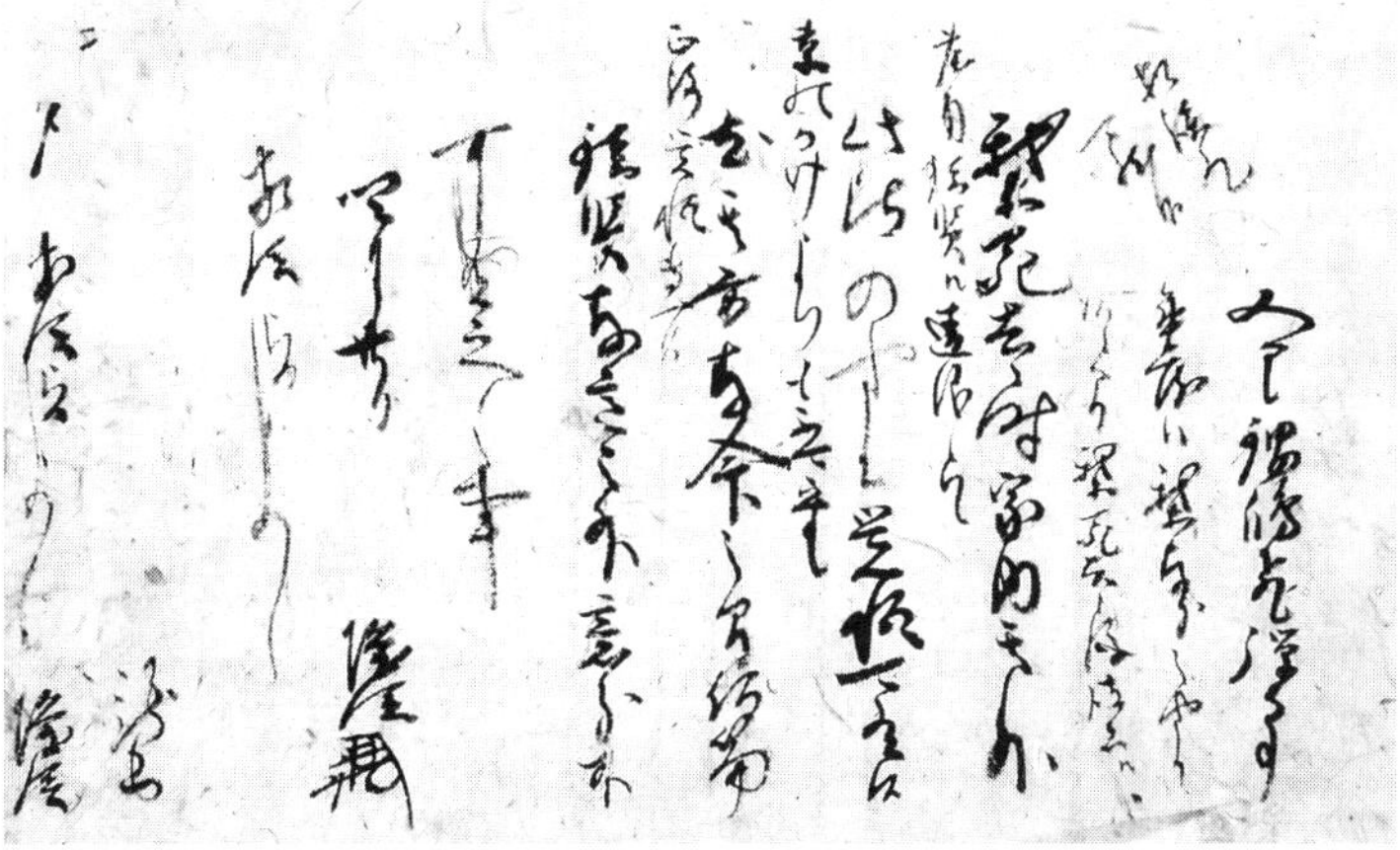

龍造寺隆信自筆書状（武雄鍋島家資料、武雄市蔵）

隆信隠居のころ、後藤貴明の養子に入った第３子後藤家信に与えた訓誡の書（285頁参照）で、通常、隆信の遺言状と呼ばれるもの。

龍造寺関係地図(佐賀周辺)

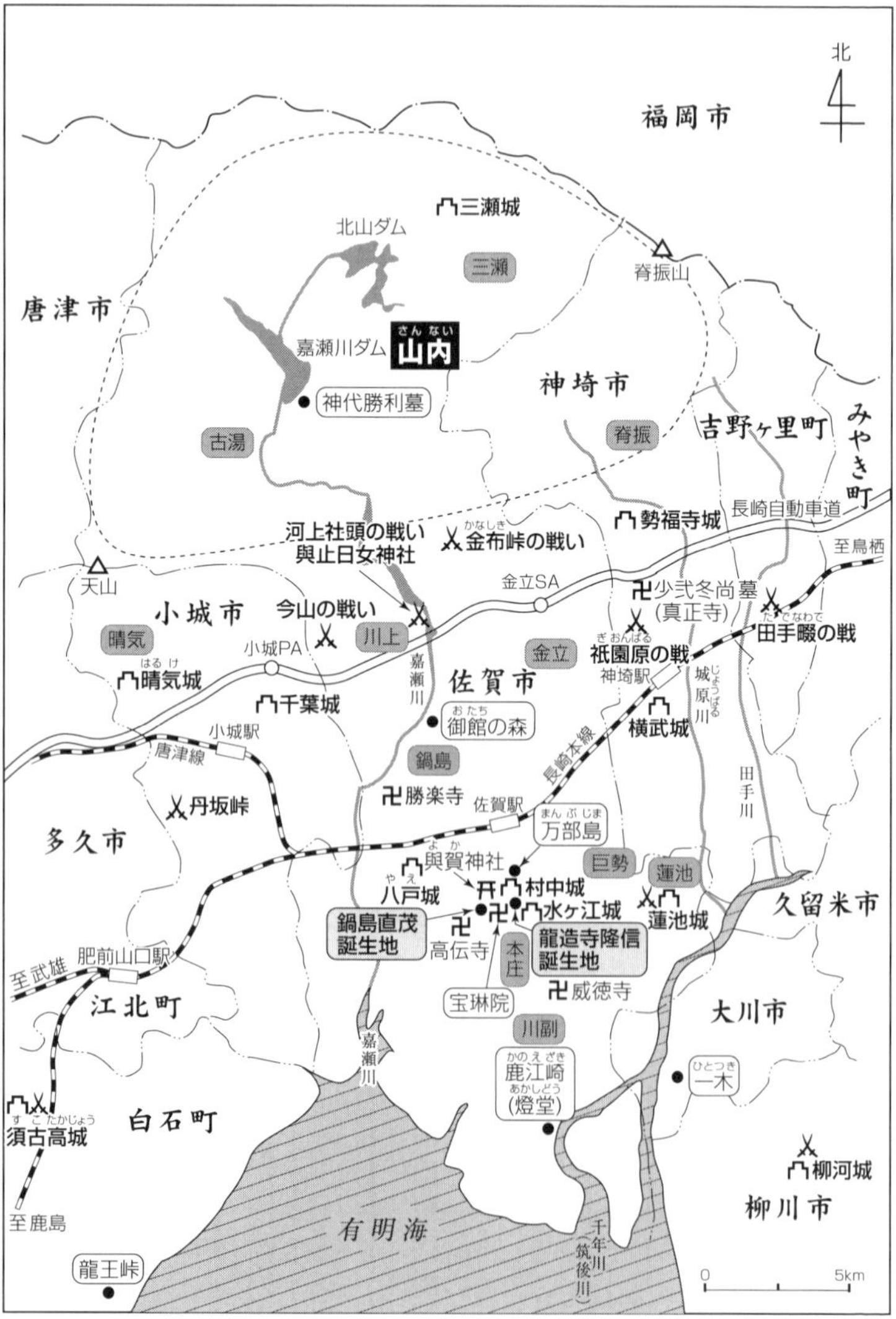

龍造寺関係地図（九州北西部）

参考文献

『佐賀市史　上巻』（一九四五年）
『佐賀県史　上巻』（一九六七年）
『佐賀市史　一巻』（一九七七年）
『国史大辞典』（吉川弘文館）
『佐賀県大百科事典』（佐賀新聞社、一九八三年）
『佐賀市埋蔵文化財調査報告書第五十六集　佐賀城跡』（佐賀市教育委員会、二〇一〇年）
『佐賀県近世史料　第一編第一巻』（鍋島直茂譜考補）
『佐賀県近世史料　第二編第一巻』（元茂公御年譜）
『佐賀県史料集成』（第一巻　河上神社文書、第三巻　後藤家文書、第三巻　龍造寺家文書、第六巻　横岳文書、第七巻　田尻家文書）
『諸富町史』（一九八四年）
『肥前国誌』（青潮社、一九七二年）
『川副町誌』（一九七九年）
『白石町史』（一九七四年）
『改訂 白石町の文化財』（一九九三年）

『富士町史』（二〇〇〇年）
『久保田町史』（二〇〇二年）
『肥前叢書　第一巻』『肥前叢書　第二巻』（一九三七年）
『佐賀市の川と橋』（佐賀市建設部監理課・深川保、一九九三年）
「堀立家文書」（山口県文書館、毛利家文庫）
『校註葉隠』栗原荒野編（二〇〇三年）
「成松遠江信勝戦功略記」（佐賀県立博物館所蔵）
『史籍雑纂　第二』「大村記」
『新納忠元勲功並家筋大概（東京大学史料編纂所所蔵）
『長谷場越前自記』（鹿児島大学附属図書館所蔵）
『続群書類従　二十三輯上　合戦部』（有馬晴信記）
『旧典類聚』（古今戦）（東京大学史料編纂所所蔵）
『島原軍記』（鹿児島大学附属図書館所蔵）
『フロイス　日本史10』（中央公論社、一九七九年）
『戦国を駆ける武将たち』（佐賀県立博物館、一九九五年）
『戦国の九州と武雄』（武雄市歴史資料館、二〇一〇年）
『戦国大名家臣団事典』（新人物往来社、一九七六年）

『風雲肥前戦国武将史』(木原武雄、佐賀新聞社、一九九五年)
『佐賀の戦国人名志』(川上茂治、佐賀新聞社、二〇〇四年)
『九州戦国の部将たち』(吉永正春、海鳴社、二〇〇〇年)
『九州古城探訪』(廣崎篤夫、海鳴社、一九九七年)
『史伝　鍋島直茂「葉隠」の名将』(中西豪、学習研究社、二〇〇二年)
『シリーズ実像に迫る　鍋島直茂』(岩松要輔、戎光祥出版、二〇一六年)
『肥前国　深堀の歴史』(平幸治、長崎新聞社、二〇〇二年)
『対馬宗氏の中世史』(荒木和憲、吉川弘文館、二〇一七年)
その他　城郭放浪記ほか(インターネット配信)も参考にした。

謝辞

本著の執筆・刊行にあたり、資料や情報の提供、写真の撮影、原稿や図版の校正など、多くの方々に多大の御協力・御指導をいただいた。紙面を借り、御氏名関係機関名を列記した。ここに心より感謝の気持ちを表したい（敬称略・五十音順）。

朝日恵子、荒木和憲、石橋道秀、大庭敏男、後藤美香子、近藤貴子、下村寿美子、園田清美、高木直、土岐弘親、富田紘次、西原清純、濵岡明子、樋渡拓也、福田義彦、藤井祐介、真島伸幸、松尾千歳、松瀬京子、山下和秀、渡部俊哉

小城市教育委員会、鹿児島県立図書館、鹿児島大学附属図書館、神埼市教育委員会、公益財団法人鍋島報效会、佐賀県立図書館、佐賀県立博物館、佐賀市教育委員会、島原市役所観光課、白石町教育委員会、尚古集成館、武雄市教育委員会、武雄市歴史資料館、鳥栖市教育委員会、福岡市教育委員会、毛利博物館、山口県文書館

勝玉神社（佐賀市）、貴明寺（武雄市）、高伝寺（佐賀市）、種福寺（神埼市）、宗龍寺（佐賀市）、大徳寺瑞峯院（京都市）、天叟寺（柳川市）、天祐寺（佐賀市）、福厳寺（柳川市）、法泉寺（白石町）、本龍院（小城市）、陽興寺（白石町）、龍福寺（山口市）

また、株式会社碧水社のスタッフの方々、そして藤江雅子氏には、貴重な御助言をいただいた。

あわせて感謝申し上げたい。

加えて、本著にも登場する成松家の末裔にあたる成松研爾氏、また戦国期、藤津地方に旧領を有した嬉野家の末裔嬉野通史氏には、所縁をいただき、永くお付き合いをいただいた。ただ予期せぬことに、本著刊行の直前に、相次いで両氏の訃報に接した。生前の両氏の御指導・御協力に心から感謝を申し上げ、追悼の言葉にかえたい。

最巻末となったが、本著の出版について、株式会社 宮帯出版社社長の宮下玄覇氏をはじめ、社員の方々、とくに編集長の飯田寛氏、また校正を御担当いただいた田中愛子氏には、最後まで御指導・御助言いただいた。心より感謝を申し上げる。

〔著者紹介〕

川副義敦（KAWASOE Yoshiatsu）

1955年生。熊本大学法文学部史学科国史学専攻卒。熊本大学大学院文学研究科史学専攻修了。1980年佐賀県立伊万里高等学校教諭、1985年佐賀県立佐賀西高等学校教諭、1992年佐賀県立博物館・美術館学芸員、1999年武雄市図書館・歴史資料館学芸員となる。現在、西九州大学非常勤講師、西南学院大学非常勤講師、武雄市歴史資料館歴史資料専門官。主要著書に、『藩物語 佐賀藩』『佐賀偉人伝 平山醇左衛門』『佐賀県謎解き散歩』、主な分担執筆に、『神道大系 肥前国』『室町幕府守護職家事典』『佐賀県近世史料』『戦国大名家臣団事典』『九州の蘭学』『幕末佐賀藩の科学技術』など、また、展覧会図録の編集・執筆多数がある。

戦国の肥前と龍造寺隆信

2018年1月15日 第1刷発行
2019年6月15日 第2刷発行

著　者 川副義敦

発行者 宮下玄覇

発行所 株式会社宮帯出版社
京都本社 〒602-8157
京都市上京区小山町908-27
電話（075）366-6600　FAX（075）366-3377
東京支社 〒160-0008
東京都新宿区四谷三栄町8-7
電話（03）3355-5555
http://www.miyaobi.com
振替口座 00960-7-279886

印刷所 シナノ書籍印刷株式会社

 ISBN978-4-8016-0104-8 C0021